NOTES FROM HARVARD ON ECONOMICS

弄清美国主流在思考什么，对中国非常重要！

哈佛经济学笔记②

陈晋◎著

财新图书
Caixin book
series

湖南文艺出版社
HUNAN LITERATURE AND ART PUBLISHING HOUSE

博集天卷
CS-BOOKY

推荐序一

　　《哈佛经济学笔记》于 2010 年夏出版以后，深受中国读者欢迎，成为最畅销的经济类图书之一。这是预料之中的事，有幸成为本书推荐者之一的我很高兴。确实，当我们看到曼昆教授如何以美国总统顾问的角色，说服美国众议院要看到中美贸易的必要性并分析美国制造业工人失业主要是美国国内的原因时；当我们看到有着美国财长、世行首席经济学家和哈佛大学校长丰富经历的萨默斯教授从全球化角度讲解世界重大事件时；当我们看到曾任美国政府经济顾问委员会主席的费尔德斯坦教授剖析美国各项经济政策时，不得不感叹这些学者的国际化视野、丰富的阅历、深刻的见解和客观的态度，受益很大，启发很多。

　　在我们的期待中，作者推出了《哈佛经济学笔记 2》。这本书，既承继了第一本《哈佛经济学笔记》的文风，还凸显了四个特点。一是进一步深入经济学基础理论。如"经济学的诞生与演变"一章，专门介绍了斯密的人生观与世界观，讲解了经济学教科书的变迁。二是继续拓宽国际化视野。本书专门有"开放经济学"一章，分析了"荷兰病"、"最佳货币区"、"主权债务问题"等，并生动描写了国际货币基金组织（IMF）的困境，解读了希腊危机的影响等。三是介入了经济与社会领域，推出了"医疗体系的政治与经济"和"文化经济学"等章节。四是新闻性更强。第二本笔记的后半部分扩展到美国社会动态、天下大事以及哈佛校园生活，还包括毕业典礼嘉宾对毕业生富有人生启迪的谆谆教导。其中很多内容，如果不是经历哈佛多年熏陶，或没有对专家学者的深刻理解，都是捕捉不到也总结不出的。

可以说，《哈佛经济学笔记2》既信，且达，也雅。它有记者的客观中立，没有记者的感性发散；有学者的系统深入，没有学者的枯燥古板；有翻译作品的尊重原意，没有翻译作品的晦涩难懂；整体风格深入浅出，流畅自然。这本书在帮助我们克服语言障碍、文化障碍和博览群书的时间限制等方面，都起着良好的作用。当然，并非所有章节的内容都同样深入透彻。我相信，随着作者不断地探索和积累，"哈佛笔记"专栏会更上一层楼。

北京师范大学学术委员会副主任
中国社会科学院研究生院教授
国务院研究室宏观经济研究司原司长
2011 年 4 月 3 日于北京师范大学

推荐序二

陈晋的《哈佛经济学笔记》取得了巨大成功。这足以令既不深入，又不浅出，自己不知所云，读者更是如堕云雾之中的我辈经济学作者羡慕不已。

《哈佛经济学笔记2》比《哈佛经济学笔记》更注重休现专家学者看问题的思路和思维框架。如果读者对经济学思维方法而不仅仅是对结论感兴趣，阅读第二本笔记可能会在学术上得到更多的启发。二三十年前，当我在阅读外国经济学家著作的时候，我的注意力完全集中于理解作者的逻辑。如果觉得能够跟上人家的逻辑，把文章读懂了，就会心满意足。造成这种状况的原因很简单。当时的我对经济发展史及各种政策的运用毫无感觉，根本不能以自身经验为基础，辅之以逻辑分析，对西方经济学家的论著，特别是有关现实政策问题的著述，作批判性阅读。

现在，情况已经大有不同。中国经济的市场化改革已历时三十多年，中国经济与全球经济日益融为一体。我们对中国经济和世界经济的切身感受和我们多年积累的经济学训练，已经能够使我们对西方一流经济学家的思想作出独立判断。在尊重事实的前提下，在遵守逻辑演绎约定的基础上，我们同西方经济学家的讨论、辩论，已经成为中国经济思想进步的一条重要途径。对西方经济学或一笔抹杀或顶礼拜膜的时代已经一去不复返。但是，直到现在为止，中外经济学家直接面对面地交流、冷静地讨论大家都关心的问题的机会和时间还远远不够。

《哈佛经济学笔记2》所涉及的不少问题恰恰是中外学者目前

都非常关心的现实问题。陈晋对"开放经济"与"医疗体系"等问题的介绍，对中国学者了解西方学者的观点，特别是了解西方学者的思路，很有帮助。在陈晋所介绍的哈佛教授的授课内容中，我尤其感兴趣的是"开放经济学"一章。这一章以肯尼迪政府管理学院弗兰克尔（Jeffrey Frankel）教授的"开放经济条件下的高级宏观经济学"为主线，梳理归纳了弗兰克尔在若干重要问题上的主要观点。

这一章讨论的问题其实也是当前中国经济面临的重要问题，例如货币政策规则、汇率政策选择、资本账户开放与国际货币基金组织改革等。弗兰克尔有一句话相当著名：没有任何一种汇率制度在所有时期适合所有国家。其潜台词是，各国应该根据自身现实状况，因地制宜地选择汇率制度。他对中国政府的建议是实施一种具有较强弹性的中间汇率机制。尤其重要的是，他指出，如果中国央行一味通过冲销而非升值来应对升值压力时，央行会遭遇亏损，这其实是一种变相的财政赤字。这一点也可以看做西方经济学家对周小川行长"池子论"的一种质疑。

弗兰克尔还谈到，在资本自由流动、固定汇率制度与独立货币政策的三元悖论中，过去我们过分强调三者取二的角点解，而现在包括中国在内的很多国家的经验表明，三元悖论也存在三者兼顾的中间解。例如，中国就选择了部分资本项目管制与一定弹性的管理浮动汇率制，因此中国央行的货币政策也具有部分独立性。这里的一个问题是，类似于中国这样的"中间解"是否意味着巨大的资源错配与福利损失？对中国这样的大国而言，这样做是否得不偿失？我们过去十余年的经验是，双顺差导致中国累积了大量外汇储备。这一方面使央行面临巨大的冲销压力，另一方面外汇储备面临巨大的机会成本、汇率风险与隐性违约（债务国通胀）风险。这样的中间解对中国而言适宜吗？作为大国，中国必须要掌握货币政策的独立性，那么这意味着中国应该转变为更为严格的资本管制，还是应该实施更具弹性的汇率制度？

《哈佛经济学笔记2》介绍了一些著名经济学家思想的变化，思想的一贯性比逻辑的一致性更难满足。随波逐流、朝三暮四固然令人生厌，但食古不化、掩饰或固执的学者也不是好学者。其实，大思想家、大经济学家并不缺乏改变想法的例子。在较低的层次上，按陈晋的说法，经济学和服装业有相似之处：也有"时髦"和"过时"一说，而且每年不同。只不过在经济学中，"时尚"的形式更复杂，不一目了然，理性的成分更多，感性的成分更少。

　　对西方著名经济学家的各种观点不能不关注，但也不能全信。由于信息的不完全畅通、直接接触机会有限，有时老师的观点已经改变，学生却还在重复老师早已放弃的观点。如何在最前沿的政策问题上同西方学者交锋，是中国经济学家必须面对的问题。

　　《哈佛经济学笔记2》不但讲述经济学，还涉及经济学外的内容。哈佛第一位女校长的就职演说引起了我的很大兴趣。这位校长说："现在是对哈佛大学及其他大学在21世纪第一个10年中的作用进行反思的时候。"她指出："大学应该对我们的过去和未来负责，而不是完全，或哪怕是主要，对当下负责。""大学的性质决定了这是一个不安稳的、很难管制的地方，但这也是它要对未来负责的原因。拓展知识就意味着变化，变化让人们觉得不舒服。变化蕴涵着损失，也有收获；蕴涵着迷惑，也有发现。但不安稳和难以管制是思想自由、创新自由的必备条件。正是自由的思想和自由的创新在塑造未来。这种没有任何限制的想象力正是一所大学真正的依靠。""作为大学的成员，我们必须致力于不安稳、不舒适的位置，用怀疑的眼光审视一切，谦虚谨慎地发现真理；永远相信有更多的东西要学习，有更多的东西要讲授，有更多的东西要理解。""说服一个国家，一个世界去尊重那些致力于挑战社会基本认知的机构非常不容易。要得到他们的支持就更是难上加难。尽管如此，我们有责任去做大量的解释说服工作；我们要出色地完成我们的任务，使这些宝贵的机构——我们的大学——不但生存下来，而且在新世纪中更加茁壮。"本人出身工人，没有上过一天大学。但哈佛大学这位女校长对大学的描述，正是我想象中的理想大学。

余永定

中国世界经济学会会长

中国社会科学院学部委员

中国人民银行货币政策委员会前委员

2011 年 3 月 28 日于北京

前　言

十几年前，我在波士顿一家英文报社（*The World Times*）做研究员兼记者的时候，目睹了小公司朝不保夕的财务状况。尽管报纸本身定位清晰独特，公司人员精简高效，财政窘迫也是不争的事实。即便如此，当稳赚不赔的项目放在公司主席兼报纸主编克罗克·斯诺（Croker Snow）面前时，他却毅然决然地拒绝了。他的理由很简单，"那不是我们"（That's not who we are）。二十多岁的我并不明白这句话的意思。时间的流逝反而使这句话在我脑海里愈加清晰。当我谢绝找上门来请我做研究或翻译工作的时候，我更清楚写"哈佛笔记"专栏的意义。

通过"哈佛笔记"专栏，我想走近，也希望走进专家学者的思想，并适当与读者分享。我希望写谁的思想就像谁的思想，就像优秀的小说家，写哪个人就像哪个人。

第二本与第一本笔记之异同

从题材分布上看，经济学占第二本笔记的比例小于第一本《哈佛经济学笔记》，占总篇幅的一多半，即前四章。另一半也就是最后两章，基本都是经济学外的内容，但不无关系。我们无论做什么，都要扪心自问：我们为什么要在这件事上花这么多时间和精力？我们为什么在大学里日复一日、年复一年，做那些看起来周而复始的教学和研究工作？哈佛校长福斯特（Drew Faust）在 2009 年的毕业典礼讲演中就对此赋予重要意义。我们为什么要刻意追求经济增长？经济增长能不能带给我们幸福？能带给我们多少幸福？哈佛前校长巴克（Derek Bok）在 2010 年秋以"有关幸福的政治"为题的讲座中自问自答。同样，我的问题是：我们为什么要学习经济学？它的价值是什么？它的局限在哪里？只有跳出经济学讲堂，看到更广阔的世界，才能回答这些问题。从这个意义上说，这本书的后半部分和前半部分是紧密相关的。

第二本笔记比第一本更注重体现专家学者看问题的思路和思维框架，争取言之有物、言之有理，数据次之。人的思想和思维框架没有数据变化得那么快，所以笔记基本保持原貌，数据没有更新。对别人的思想理解不确切之处都是我的责任。

在写作风格和视角上，第二本书和第一本书一样，保持对事不对人的风格和记者客观的视角。"记者的视角"还意味着"哈佛笔记"专栏系列不同于教科书，不咬文嚼字，没有繁杂的技术性公式，更强调直觉的作用，深入浅出，突出理论的现今意义和实际应用。有的章节直接从现实问题入手，趣味性更强。

第二本笔记各章扼要

第二本笔记的前四章分别是从四门哈佛本科经济学课程而来，侧重经济学对社会和生活的影响。我们生活在一个开放的时代，正如哈佛大学东亚问题专家傅高义（Ezra Vogel）对邓小平的评价："邓小平使中国不仅仅是世界里的中国，而且使中国成为世界的中国。"中国在很多方面已经与世界接轨了。所以第一章就是2009年春季肯尼迪政府管理学院开设的开放条件下的高级宏观经济学。拿捏货币政策、汇率政策的灵活程度和资本市场的开放程度是这一章的重点。因为理论性较强，我尽量从直觉的角度写这些问题，让有初级宏观经济学背景的学生掌握主要变量之间的关系，从而有一个理论框架来理解报纸杂志上常见的新闻。2010年春季的希腊危机就应该在开放经济学框架下来理解和分析。这是课程之外的稿件，因此放在附录部分。

第二章直接从美国医疗体系的现实问题入手，理论性很弱，趣味性很强。这组文章能让读者近距离透视美国社会在医疗保险方面所作的政策选择及其体现的集体价值观。这一章的前三节写于2009年秋，人们热议医疗体制改革的时候，记录了当时的形势和一些专家的看法。后五节写于2010年秋，国会通过医改法案之后，从卡特勒（David Cutler）教授的一门经济学课程而来，比较系统。卡特勒本人曾经是奥巴马总统医改政策的主要起草人。他把立法过程中各方利益集团博弈的理由和过程、改革的动力和障碍、民主政治程序在这个具体政策领域中的运作，以及到 2010 年底之前的最新进展，都讲解得清清楚楚。我不知道中国能从美国的经历中借鉴什么，只能报道美国人对自己社会问题的分析和诊断，但也希望我的文章因此而更加客观。

第三章报道的也是美国经济学家的视角。这一章是美国经济学家对经济学"发家史"原汁原味的理解。通过追溯经济学的诞生和两个多世纪的演变，这组文章展现了经济学作为一个学科领域的动态变化，说明经济学与宗教哲学和社会发展密不可分。早期经济学家很少运用数学工具，即使像马歇尔（Alfred Marshall）和萨缪尔森（Paul Samuelson）这样把数理经济学推向高峰的里程碑式的人物，也清晰地意识到数学的局限性。马歇尔说，运用数学工具是为了更好地说明经济学问题，如果不行，就要毫不犹豫地弃而舍之；万万不能从数学模型出发，推导经济结论，然后视之为一成不变的真理。而现在的很多年轻经济学家恰恰忘记了这一点，忘记了前辈在数学推理之前对经济问题方向性的思考。从历史发展的角度看经济学的演变，有可能让更多感兴趣的人领导时代新潮流。

第四章是关于经济学中一个非常崭新的领域，涉及"文化"这个模糊不清、难以定义的概念。在生活中，我们无时无刻不感到文化的重要。"入乡随俗"、"近朱者赤，近墨者黑"、"常在岸边走，哪有不湿鞋"等俗语都说明"环境使然"的道理。经济学家怎样看待文化对经济的影响呢？这一章对这个问题有初步探讨，同时包括我个人对这个领域批判性的思考。"文化经济学"这个领域运用计量学研究经济学家感兴趣的话题，其研究手段和研究目的都是传统的。研究结果除了证明正常人的直觉以外，没有什么令人欣喜的发现。但从积极的角度看，这门课的意义在于它拓宽了传统经济学的研究范围，让经济学家也开始关心文化的作用。

第五章报道的是美国学者和社会精英对当代美国社会动向的思考。哈佛著名思想家桑德尔（Michael Sandel）和亿万富翁索罗斯（George Soros）的对话就反映了市场与道德和政治体系之间错综复杂的关系，突出了市场经济的局限性。"全球资本主义禁得起全球危机吗"和"美国还有实现'美国梦'的土壤吗"两小节反映了讲演者深切的社会忧患意识。最后一节哈佛前校长巴克的讲座把我们的视线带到人生的最终目的：人活着是为了追求幸福，而不是经济增长本身，那么我们所有的公共政策就不应该本末倒置。这组文章主要从校园里常见的一个半小时或两小时的讲座中而来，范围较广。在组织文章过程中，我以内容之间的相关性为线索，打乱了时间顺序。

第六章记录的是一些校园动向。前三节是哈佛两任校长和前文理学院院长对高等教育不同侧面的反思。中间四节是关于哈佛大学在 2008 年金融危机后的变化，反映了这个时代"节能减排"、"少花钱，多办事"的主旋律。最后三节是对 2008—2010 年三届毕业典礼嘉宾讲演的记录，其中不乏肺腑之言。《哈利·波特》的作者罗琳（J. K. Rowling）以自己的亲身经历告诉学生，不要惧怕失败，失败可能会有意想不到的好处。她说："贫穷使生活中一切似乎重要，但其实并不重要的东西悄然而去，剩下的只是最重要的、最不可替代的东西。我还活着。我的生活状况不可能比当时更糟糕了，这个最低点成为我重建生活的坚实基础。如果我在生活中的其他方面没有失败得那么彻底，或者在某一方面做得还说得过去，我就不会那么执著，那么坚定，那么义无反顾地追求那个真正属于我，我真心热爱的事业 —— 写小说。"其他讲演嘉宾对毕业生的忠告和建议也都渗透了过来人对生活的体验和理解，颇具人生启迪，值得回味，无论青年人还是中年人，都能从中获益。

书的末尾附上我在哈佛大学学习的心得体会，写于 2010 年夏。第一本《哈佛经济学笔记》出版以后，这是唯一关于我个人见解的文章，包括我对哈佛大学的总体印象、经济学对我的启发和我对经济学家这个职业群体的基本看法。这些观点至今没有改变。

"哈佛笔记"系列专栏的写作形式允许我跟踪专家学者的思想；结集成书的编辑过程促使我积累加工思想内容，系统、全面、深入地探讨每个我认为重要的或有趣的话题，最大限度地避免"新闻碎片化"。我也希望"哈佛笔记"专栏能为读者打开视野，开阔心胸，带来新的启迪，不足之处欢迎读者朋友指正。

陈　晋

2010 年 12 月 26 日

于美国马萨诸塞州剑桥

目 录
CONTENTS

第六章　**校园新闻**

后 记 / 251

第一章

开放经济学

　　我们生活在一个开放的时代。通过物品市场和资本市场，各国之间的经济政策和经济形势息息相关——更多的自由与更大的责任并存，危机与机遇同在。如何理解经济政策中跨国界的关系，如何掌握货币政策和汇率政策的灵活程度，拿捏开放资本市场的开放尺度，是这一章的重点。这一章以2009年秋季肯尼迪政府管理学院开放条件下高级宏观经济课程为主线展开国际经济理论，并附加2010年春季对希腊危机的报道，连接理论与实际。

第一节 国际金融中的"新时尚"

> 在一年的时间里，肯尼迪政府管理学院国际经济教授弗兰克尔总结的国际金融中的"五进五出"中就有两条实质性变化。"国际合作"的主旋律被"货币战争"所取代；欧元从挑战美元国际货币地位的货币之一变到自身难保。

2009 年 8 月下旬大热了五六天后，天气突然凉爽起来，哈佛大学随即在 9 月 2 日开学了。从仲夏酷暑到秋高气爽，中间似乎没有过渡。学生的思想也没有"转弯了"的时间，日程安排根本容不得他们回味暑期生活的丰富多彩，就必须立即转变角色，投入紧张的学习生活。

教授们都是有备而来。经济类课程的教学大纲，包括课程设置和文献目录，一般都长达八九页；大量的习题作业接踵而来。杰弗瑞·弗兰克尔（Jeffrey Frankel）在肯尼迪政府管理学院开设的"开放经济条件下的高级宏观经济学"（Advanced Macroeconomics For the Open Economy）也不例外。弗兰克尔简短介绍课程的目的和设置之后，进入正题。

第一堂课是关于汇率变化对贸易收支的影响。弗兰克尔花了不少时间推导货币贬值可以减少贸易逆差的马歇尔—勒纳条件（Marshall-Lerner Condition）。这之后的两周时间全部用来推导蒙代尔—弗莱明模型（Mundell-Fleming Model），让学生理解在开放经济条件下，尤其是国际资本自由流动的条件下，财政政策和货币政策分别在固定汇率机制下和浮动汇率机制下对经济的影响。接下来的四周时间用来讲解货币与通胀的关系，小的开放经济体（small open economies）和汇率机制。

弗兰克尔归纳的"旧五条"

有了这些知识背景，学生可以理解弗兰克尔 2009 年 9 月在《金融与发展》杂志（*Finance and Development*）上发表的文章，题目是《国际货币中的旧去新来》（*What's "in" and what's "out" in global money*）。在这篇文章里，弗兰克尔总结了五个"过时的"东西，指出了五个取而代之的"新时尚"。

第一个时尚很好理解：发展中国家越来越重要，而 G7 不包括发展中国家，所以其重要性会被包括发展中国家的 G20 取代。

第二个时尚与国际经济学中的"不可能三角形"（impossible trinity）有关。任何国家不可能同时拥有独立的货币政策、固定汇率和完全开放的资本市场。也就是说，这三者不可兼得。一个国家可以任意选择其中二者，完全放弃第三者，这种情况比较极端，叫角点解（corner solutions）。一个国家也可以在三者中有不同程度的取舍，例如，资本市场既不完全开放，也不完全对外关闭；汇率既不完全固定，也不完全浮动，而是在两者之间（intermediate exchange rate regimes，例如，有管理的浮动汇率，managed float）；同时有相对独立的货币政策。

20 世纪 90 年代末，经济学界普遍主张，完全浮动汇率或完全固定汇率总的来说比在以上三者中模棱两可要好。自从 2001 年以后，"反潮流"逐渐成为主流，越来越少的经济学家倾向角点解，而是主张具体问题具体分析。当然，国际货币基金组织（IMF）的成员中，有相当一部分国家的汇率政策一直就是在两者之间摇摆，既不完全固定，也不完全浮动。

第三个时尚是"操纵汇率"的指控被逐渐淘汰。"操纵汇率"自 1988 年以来成为美国法律中的一个说法，从更早的时候就是国际货币基金章程中的一条。在 2004—2008 年间，中国成为第一个面对这种指控的主要经济大国。那些主张中国放弃紧盯美元的汇率政策的美国国会议员现在应该对自己当年的指控后悔了。如果当年中国人民银行停止购买美国国债，美国的日子就没有现在好过。美国人要逐渐认识到，中国既然是美国最大的债权国，就会对美国的行为有所限制。

取代"操纵汇率"，同时又可以影响汇率的概念是"外汇储备"。仅仅在两年前，西方经济学家就给国际收支盈余的国家上课说："你们的外汇储备太多了，没有必要。"现在我们看到：正是那些被上课的国家——大量囤积外汇储备的国家——在其他条件一样的情况下，较好地渡过了 2008 年这次经济危机。

第四个时尚是"信用周期"的货币政策（the credit cycle view of monetary policy）取代狭义的"紧盯通胀"的货币政策（inflation targeting）。狭义定义的"紧盯通胀"的货币政策指的是中央银行每年给消费价格指数（CPI）的增长幅度设定一个可以接受的区间，然后围绕这一目标制定所有相关政策。在执行这些政策时，不参考资产价格、汇率情况或大宗商品价格，除非这些数据影响了消费价格指数。

美联储前主席格林斯潘正是因为在2007年没有顾及房市和股市行情，注意力完全集中在消费价格增长，没有及时抑制泡沫，才在一定程度上促成了这次金融危机。弗兰克尔说，事后看来，这是非常错误的。所以狭义定义的"紧盯通胀"的货币政策已经过时了。取而代之的是"信用周期"的货币政策。这是指货币政策应根据金融体系中的信贷情况酌情而定。

对小的经济体或小的发展中国家，由于大宗商品价格波动对它们的影响太大，弗兰克尔认为，货币政策应该在贸易条件（terms of trade，出口价格与进口价格之比）恶化的情况下允许货币贬值，而不是为了盯住CPI而让货币升值。例如，石油进口对一个国家非常重要，当石油价格猛涨的时候，出口相对进口变得便宜，这个国家的贸易条件恶化，从国外输入了通胀。这时，如果这个国家的中央银行紧盯CPI变化所代表的通胀，就应该采取紧缩的货币政策，这意味着让这个国家的货币升值。在供给情况突变时（supply-side shock），机械地紧盯CPI对这个国家不利。对这类经济体，即使要紧盯通胀，弗兰克尔建议，也应该用生产价格指数或出口价格指数，而不是消费价格指数作为货币政策的标尺（anchor）。

第五个时尚是美元会成为多种国际货币的一种（multi-international reserve system），而不再是单一的国际货币（unipolar dollar standard）。欧元和日元会更加重要，与美元并驾齐驱，国际货币基金组织的特别提款权（SDR）也从不被重视的奄奄一息的地位突然升高到引人注目的地位。二战之后，因为美元是国际硬货币，美国以美元计价举债，不受任何限制，这是"美元特权"。这种特权将逐渐消逝。

弗兰克尔说，即使在两年前，还有一些非常优秀的经济学家（美联储主席伯南克和哈佛大学经济系教授理查德·库珀等）认为，全球不平衡是因为一些国家储蓄过多造成的，而美国有低风险、高收益的金融产品，这些金融产品正好为那些国家的过剩储蓄提供一个去处，这是"周瑜打黄盖，愿打愿挨"。2007 年次贷风波和 2008 年金融危机的全面爆发证明美国金融产品的质量根本没有那么高。美国国债在危机爆发后突然成为最安全的投资产品，美元的比价不降反升。这被库珀用来证明，美元的吸引力犹在。但在弗兰克尔看来，这是美元作为国际货币最后的余晖。

与美元国际地位相关联的话题是对美国及世界储蓄形势的判断。弗兰克尔在 1996—1999 年间是克林顿民主党政府经济顾问委员会（Council of Economic Advisors）的三位委员之一。他与民主党经济学家库珀对一些税收政策的看法一致。他们都反对 20 世纪 80 年代初期（1981—1983 年）里根政府和本世纪初（2001—2003 年）小布什政府以鼓励储蓄为名的减税政策。弗兰克尔说，在这两次减税之后，美国储蓄不但没升高，反而下降了。

但是他们对美元的走势和美国经常账户大量赤字的可持续性的看法相反（关于库珀的见解，详见第一本《哈佛经济学笔记》中第 273~286 页"不信偏见的经济学家"）。弗兰克尔与大多数经济学家一样，认为美国经常账户的赤字太大，且已经持续了太长时间，美元迟早要大幅贬值，校正这种不平衡。美国的储蓄一直很低，在 2005—2007 年间，基本上就是零；现在因为经济危机，储蓄有所上升。

弗兰克尔认为美国需要提高储蓄，但是担心美国做不到。在他看来，美国"反储蓄文化"没有根本改变，消费者仍然有买房子、买车和其他耐用品的大量贷款；美国国会仍然允许用房屋贷款的利息部分抵税（tax deductibility of mortgage interest）。而且美国"婴儿潮"中出生的人口已经开始退休，他们的花销会大于收入，进入负储蓄的阶段；世界上很多其他国家也面临着人口老龄化的挑战。这种人口结构的变化使弗兰克尔认为全球储蓄过剩的形势就要终结了。

弗兰克尔归纳的"新五条"

一年以后（2010 年 10 月）弗兰克尔在另外一个场合讲起国际金融领域中的"五进五出"。与一年前的归纳相比，这次只有第二条完全不变。原来的第四条变成了第一条：在"盯住通胀"的货币政策中，不应该把"通胀"狭义地定义为消费价格指数的变化，也应该把资产价格考虑在内。弗兰克尔并不是说要像盯住消费价格指数那样盯住资产价格，但认为应该把资产价格作为参考数据之一，避免格林斯潘犯下的错误。20 世纪 80 年代主导货币政策的思想是盯住货币供给，90 年代的一段时间，货币政策曾经盯住汇率，21 世纪的货币政策一直把消费价格指数作为盯住的目标。现在看来，选择这个标尺本身就有问题。

第五条成为第四条，内容基本不变，美元的霸权地位面临多种挑战。美联储在 2010 年底宣布的第二轮量化宽松引起许多非议。如果其他国家不让自己的货币相对美元升值，他们的中央银行就会增发自己的货币，对冲美元资产的流入。这样做的风险是造成通胀。所以一些国家指责美国"不负责任"地印钞票，充斥国际市场，想把美国的经济复苏建立在其他国家的通胀之上。美联储不得已而为之的举措也会损害美元的国际地位。

与挑战美元相关的另一个新进展成为第五条。以前欧元被认为是挑战美元地位的货币之一，但 2010 年春的希腊危机以后，形势变了。欧元区面临爱尔兰、西班牙、葡萄牙等国家主权债务危机，欧洲中央银行（ECB）面临欧元区内不对称震荡（asymmetric shock）的挑战（每个国家对货币的需求不同，而 ECB 设置的利率却被用于所有欧元国家），而且劳动力市场不灵活，惯性太大，欧元自身难保。

"新五条"与"旧五条"相比，有两个实质性变化。第一条被改为"国际合作"被"货币战争"取而代之。以前人们要通过 G20 和 G7 等平台实现国际合作，现在"货币战争"的声音不绝于耳，时常出现在主流媒体的头版头条。既然货币战争成为主旋律，"操纵货币"就仍然是游戏的内容之一，所以第三条内容也被删掉了。如果货币战争演变为贸易战争，进而影响实体经济，那就太糟糕了。

对中美之间的贸易不平衡，弗兰克尔的态度是"各打五十大板"。中国应该鼓励消费，刺激需求，同时提高金融系统效率和公司治理体系，以便更高效地利用储蓄资金。美国在目前经济复苏微弱的情况下不得不在短期内采取宽松的货币和财政政策，但现在也必须采取行动，改变美国长期负债的局势。弗兰克尔举例说,改革美国社会保障系统(Social Security),推迟退休年龄,就应该是减轻政府赤字的主要办法之一。

在一年之内,弗兰克尔总结的国际金融"五进五出"就有两条实质性变化。这不禁令人想到经济学和服装业的相似之处:也有"时髦"和"过时"一说,而且每年不同。只不过在经济学中,"时尚"的形式更复杂,不一目了然,理性的成分更多,感性的成分更少。

第二节　防御"荷兰病"：价格信号与政府调节

> 当一个国家发现了新的自然资源，或一个自然资源丰富的国家发现这些资源的国际价格猛涨，或一个国家因为某种原因突然收到大量国际援助，这本来是好事。可为什么好事会变成坏事呢？价格信号突变误导经济资源重新分配就是所谓的"荷兰病"。防治"荷兰病"的"药方"可以多种多样，智利为防治荷兰病提供了一个基本样板，其中心思想就是要在大量外资涌入的情况下未雨绸缪，缓解价格信号对经济资源产生的误导。

在介绍斯旺模型（概述见《哈佛经济学笔记》中第204页"灵活运用经济学模型"）之后，弗兰克尔用一节课讲述"荷兰病"（the Dutch disease）。顾名思义，"荷兰病"源于荷兰。1959年荷兰发现了巨大的天然气田。荷兰政府采取了大规模的公私联营方式（public-private partnership），于1963年与Esso（Exxon Mobil的前身）和Shell一起开发。从此荷兰传统的制造业出现走下坡路的趋势，一蹶不振。1977年《经济学家》杂志（The Economist）把这个现象称为"荷兰病"。

当一个国家发现了新的自然资源，或一个自然资源丰富的国家发现这些资源的国际价格猛涨，或一个国家因为某种原因突然收到大量国际援助，这些本来是好事，为什么会致"病"呢？因为这些"好事"诱导价格信号体系在短期内作出过度反应，进而误导了经济体的人力物力重新分布。而这个新布局很难在价格体系作出纠正之后（价格反弹之后），相应地迅速调整，耽误了生产力的发展和生产效率的提高。2003—2008年，资源价格狂涨的情景仍然让人记忆犹新，影响了一批资源型国家。

具体来说，这些"好事"在短期内突然提高了一个国家的收支差额（balance of payments），使这个国家的货币面临升值的压力。如果这个国家实施固定汇率政策，那么大量外汇流入会导致货币基数和货币供给的增加，价格普遍上涨，尤其是不可（跨国）贸易的部分（non-tradable sector），其中房地产价格的上涨尤其突出。如果这个国家有浮动汇率政策，那么这个国家的货币会升值，使不可贸易产品的相对价格（相对于可贸易产品的价格）升高。这样的价格信号使人力物力从可（跨国）贸易产品（tradable products）的生产，例如传统制造业，流向不可（跨国）贸易的产品，例如房地产。要抑制生产资源的重新分布，就要抑制这个货币的真实升值（real appreciation）。中央银行可以采取对冲（sterilization，以本币资产置换外币资产，即买外币，卖本币）的办法，或把一部分外资滞留海外，控制其流入国内的节奏等办法达到这个目的。

"荷兰病"的另一部分问题与政府的自我节制、自我管理、廉政建设有关。当外汇大量流入、政府财政收入节节攀高时，政府很容易扩大开支，增兵买马把钱花出去，使经济过热。然而，当最初的"好事"逆转后，政府却很难迅速"瘦身"，从而导致赤字。也就是说，这些钱有很强的"顺周期性"。政府资源太多还有可能成为腐败的土壤，使不良机制苟延残喘。这些问题在资源丰富的发展中国家屡见不鲜。所以，政府必须在财源丰富时有意识地克制花钱的冲动，让这些钱"细水长流"，或者存起来，等经济衰退时，用这些钱刺激经济，达到"逆周期"的目的。

当然，丰富的自然资源未必就一定是件坏事，一些国家就比另一些国家自我管理得好：智利比玻利维亚好，澳大利亚比阿根廷好，挪威比委内瑞拉好。如何才能有好的绩效，避免不好的结果呢？弗兰克尔给出以下建议。

第五章　让中央银行从机制上独立于政府，不受政治干扰，只从技术层面管理经济。

第六章　制定财政预算规则，不允许政府在收入高的时候突然增大开支。

第七章　按照经济指标，从技术层面管理，投资国家主权基金（sovereign wealth fund），不受政治因素的影响。挪威的石油基金（National Petroleum Fund，现改名为 Pension）就做得很好。当石油价格很高的时候，他们把钱储蓄进这个基金，抵消油田的出油量日益减少的影响。

第八章 鼓励中央银行、主权基金分散投资，分散风险，甚至允许私人和私人机构持有外国资产。

弗兰克尔给学生作业中的一道题，就是根据最近《经济学家》中的一篇对智利的报道和这堂课的内容而出的。他要求学生解释，为什么智利总统巴切莱特 Michelle Bachelet 和她的财政部长在 2008 年 6 月的民意测验中表现最差，而在短短的一年以后，2009 年夏天的民意测验中遥遥领先。

原因可能有多种，但不可否认的是，铜出口占智利总出口额的 3/4；在 2008 年铜价猛涨的时候，这位总统和她的财政部长顶住压力，拒绝花费铜出口带来的高额收入。2008 年后期，金融风暴席卷全球，经济开始衰退。这两位领导人决定动用这笔钱，缓解经济衰退，真正实现了"逆周期"的财政政策。弗兰克尔说，这对资源丰富的国家来说非常难能可贵。

当然，巴切莱特之前的一届政府也应该给予肯定，因为他们推行了具有创新意义的财政自律，奠定了一部分基础。巴切莱特和她的财政部长进一步把财政纪律写入法律。2006 年通过的《财政责任法案》(*Fiscal Responsibility Bill*)明确了结构预算的作用，并创建了退休储蓄基金(Pension Reserve Fund)和社会经济稳定基金(Social and Economic Stabilization Fund，这个基金取代了铜稳定基金，Copper Stablization Fund)。

智利的财政纪律包括一系列规则。如果铜价在历史长期水平，经济处于充分就业水平(full employment)，政府的财政预算目标是实现相当于 GDP 的 1% 的盈余。这个数字后来降低到 0.5%，在 2009 年 3 月后进一步降到零。当经济进入衰退或铜价低于 10 年的均衡价格(10-year equilibrium price)时，政府财政可以赤字。铜价水平和充分就业水平是由经济专家判断的，不受政治家的影响。2008 年财政盈余高达 GDP 的 9%。当时专家组认为资源价格猛涨是暂时的，建议用一部分盈余填补赤字，把另一部分盈余储蓄在国家主权基金。政府也正是这样做的，政府债务因而降低到 GDP 的 4%。在 2008 年下半年，经济形势突变，而智利政府有足够的储蓄实施"逆周期"的财政刺激政策。

弗兰克尔认为，专家组的独立性非常重要，应该受到法律保护；就像中央银行的行长一样，从制度上独立于政治体系。他还建议，应该让这个

专家组根据宏观经济形势，决定政府财政支出的总额，民选出来的政治家
（领导政府的人）决定如何使用、分配财政预算。防治"荷兰病"的"药方"
可以多种多样，智利为防治"荷兰病"提供了一个基本样板，其中心思想
就是要在大量外资涌入的情况下未雨绸缪，缓解价格信号对经济资源配置
产生的误导。

第三节　机械货币政策与人为货币政策孰优孰劣

　　经济学家看待货币政策，一直有两种视角。一种受凯恩斯主义的影响，把货币政策看做一种"反经济周期"的政策工具。另一种视角主张中央银行根据一个经济体长期平均年增长率，每年机械地把货币供给提高一个固定百分点就可以了。过去半个世纪的经济思想史层层递进地否定了人为货币政策的有效性。这让我们理解，美联储在 2008 年金融危机时注入大量流动性，直接参与信贷市场是多么不同寻常，美联储主席伯南克的决定为什么备受争议。

　　弗兰克尔在讲授货币与通胀的关系时，内容丰富深入，涉及经济思想史和前沿性研究，远远超越了初级经济学中讲授的货币中性论（neutrality of money），即货币供给增加的比例会直接完全地传导为价格的增加比例，对长期经济生产总值没有任何影响。弗兰克尔讲的一些话题更加贴近我们在现实生活中对货币政策的讨论，让我们更理解这些议题的由来。

　　经济学家看待货币政策，粗略地分，一直有两种不同的视角。一种受凯恩斯主义的影响，把货币政策看做一种"反经济周期"的政策工具，主张中央银行应该有权力和能力在经济衰退时注入资金流动性，降低利率，鼓励投资和消费；在经济过热时，则进行相反的操作。这是人为的货币政策（discretionary monetary policy）。另一种视角的代言人是弗里德曼（Milton Friedman，1976 年诺贝尔奖得主），倾向机械货币政策（rule-based monetary policy）。他主张中央银行根据一个经济体长期平均年增长率，每年机械地把货币供给提高一个固定百分点就可以了；人为地变化货币供给和利率只会增加经济中的不确定性，适得其反。

　　机械货币政策的理论根基由来已久。过去半个世纪的经济思想史层层递进地否定了人为货币政策的有效性。了解这些思想史会使我们更加理解，美联储在 2008 年金融危机时注入大量流动性，直接参与信贷市场是多么不寻常——伯南克把人为货币政策推向了高潮。难怪哈佛大学经济系教授理查德·库珀称赞他在这次危机中表现得"不机械，不教条，大胆，富于想象力"。而反对人为货币政策的经济学家会用这个例子再次印证，中央银行制造通胀的冲动和偏向是多么强烈。

1. 总供给的价格弹性有多大

在讨论货币政策的有效性之前，首先要讲的是总供给曲线的价格弹性。极端凯恩斯主义者认为在短期内价格是固定的，总供给曲线是水平的，所以任何增加总需求的政策都会完全变成生产总值的增加，没有因价格增长而带来的挤出效应。古典经济学认为总供给由于被生产要素（有限的劳动力、资本和其他经济资源）限制，其曲线是垂直的，完全不受价格的影响（perfectly price inelastic），所以任何增加总需求的政策都不会影响总产出，而只会提高价格。显而易见，凯恩斯主义的观点在短期内更符合实际，古典经济学在长期更趋近实际。

事实是我们生活在极短期与长期间，所以总供给曲线稍微有一些正斜率。罗伯特·卢卡斯（Robert Emerson Lucas，1995 年获诺贝尔奖）把产出与价格变化，即通胀的关系放入正式模型（Lucas supply relationship）。总需求曲线可以因为两种原因向右移：货币供给增加或通胀预期升高。当货币供给增加，名义利率减小，真实利率减小（真实利率被定义为名义利率与通胀预期之差）。同样，当通胀预期升高，真实利率减小。当真实利率减小，投资增加，商品市场（goods market）需求增加（IS 曲线右移），总产出增加。这是短期现象。但从长期来看，总需求、总产出、真实利率都不变。唯一变化的是价格由于货币供给的升高而升高（货币中性论），名义利率由于通胀预期升高而升高。

2. 围绕菲利普斯曲线的争论：权衡通胀与就业之间的得失

研究通胀与经济增长（或就业）的关系一般都从菲利普斯曲线（Phillips Curve）讲起。比尔·菲利普斯（Bill Phillips）1914 年生于新西兰，1938 年到伦敦学习电子工程，在二战中参加英国皇家空军，在新加坡和印度尼西亚等国家抗击日军，有复杂的战争经历，曾经在印度尼西亚的集中营里向中国人学习中文。二战后，他在伦敦经济学院（London School of Economics）学习社会学，觉得厌烦后改学经济学，于 1951 年成为那里的讲师，1958 年成为经济学教授。1967 年他到澳大利亚国立大学一边教经济学，一边研究中国。由于身体原因，他于 1969 年退休回到新西兰，1975 年逝世，年仅 60 岁。在学术生涯中，他以工程师的眼光看待经济，试图用 20 世纪 50 年代的计算机雏形来模拟英国经济的运作。

历史充满偶然。菲利普斯留给后人的，最广为人知的财富不是他倾心尽力构建的模型（hydraulics model），而是他在 1958 年发表的论文，用英国的经济数据说明通胀率与失业率呈负相关。这个关系被后人称为菲利普斯曲线。萨缪尔森（Paul Samulson，1970 年获诺贝尔奖），罗伯特·索罗（Robert Solow，1987 年获诺贝尔奖）和埃德蒙德·菲尔普斯（Edmund Phelps，2006 年获诺贝尔奖）都以此为基础，更深入地研究货币、通胀和经济增长的关系。

弗里德曼和菲尔普斯分别在 1969 年发表论文，引入预期通胀（expected inflation）的概念，发现货币政策要见效的成本不仅仅是通胀升高，而且是通胀加速升高（accelerated inflation）。这个理论叫自然率假说（Natural Rate Hypothesis）。因为人们的通胀预期随着近期通胀水平的升高而升高，所以要让扩张性货币政策奏效，货币增长速度必须高于人们通胀预期里隐含着的货币增长速度。也就是说，中央银行只有制造出人们预期之外的通胀（inflation surprise），货币政策才会有效。

罗伯特·卢卡斯、汤姆·萨金特（Tom Sargent）和罗伯特·巴罗（Robert Barro）在 1972—1978 年间发表论文，利用"理性预期"（rational expectation）的概念，证明扩张的货币政策即使在短期也无效。他们假设，虽然人们的理性预期并不是每次都准确，但从长期来说基本上是对的（average across time），事后看来与真实值的出入总的来说是零（the expected value of the error term is zero）。如果这个假设成立，货币政策是否奏效就是随机的，根本无法预料。

3. 一道巧妙的考题

芬恩·基德兰德和爱德华·普雷斯科特（Finn Kydland 和 Edward Prescott，2004 年两人共同获诺贝尔奖）在 1977 年发表论文，第一次引入"时间不一致性"（time inconsistency）这个概念，说明政府必须主动制定法律，"把自己的手捆绑起来"，放弃制造通胀的权力。因为只有这样，人们才能相信政府反通胀是动真格的，而不是"口惠而实不至"的空头支票；只有这样才会真正降低人们对通胀的预期，从而降低在任何总产出水平上的实际通胀。

"时间不一致性"是一个重要概念。一个人（或一个机构，或一个国家）对今后的行为作出承诺，但时间证明，他（它）并不能履行诺言，那么他（它）起初的承诺就是时间不一致的。人们有时间去检验你的承诺，也就是说这个游戏是重复的（the game is repeated）。

弗兰克尔引用了他的一位合作者（伯克利大学的经济系教授）在给学生期末考试中的一道考题："你们在参加这个考试之前，一定都花了大量时间复习这学期的授课内容。我的目的是让你们学习、掌握这些内容，你们已经做到了。如果我现在取消这个考试，你们会很高兴，突然解放了，没有压力了；我也会很高兴，因为我不用批改考卷了。我们双方的福利都会提高，但是我不会取消这个考试，为什么？"

这个考题就是在考验学生对时间不一致性的理解。如果教授取消这个考试，学生也复习、掌握了教学内容，教授的目的达到了。但问题是这个游戏会重复。如果明年选学这门课的学生知道了这个消息，认为教授会在最后一分钟取消考试，考试只是一个"幌子"，就不会认真复习、掌握知识要点，那么这个教授就不会达到他的目的。

4. 如何让中央银行言行一致

中央银行总是声称要保持低通胀，但是行动上落实不了（dynamic inconsistency）。罗伯特·巴罗和戈登（Gordon）在1983年发表论文，用理性预期证明了中央银行总会有通胀偏好。他们认为，既然中央银行根本不能通过扩张的货币政策从长期减少失业，他们干脆就应该把目标放在稳定物价方面，最好保持通胀是零（time-inconsistency of non-inflationary monetary policy）。

抑制中央银行制造通胀的办法有多种。一种办法是让央行承诺遵守规则，例如，紧盯金价、货币增长、通胀率（价格指数）、汇率、出口价格、生产价格指数（PPI）或名义GDP等。遵守规则也有两个问题。第一，迄今为止还没有实证研究说明，遵守规则可以在不损失总产出或不增加失业的情况下保持低通胀。第二，严格地遵守规则会使中央银行丧失对短期经济波动（short-run disturbances）的应变能力。2008年的金融危机就是最好的例子。主张灵活货币政策的经济学家认为，幸好我们没有限制中央银行行为的法律，否则伯南克就不能酌情处理，就不能大胆地向金融系统注入流动性，金融系统就会陷于瘫痪状态，经济复苏根本无从谈起。

更严格地保障中央银行的言行一致的办法是，完全取消中央银行制定人为货币政策的特权，只有这样人们才能相信会有低通胀。如果不能通过民主政治渠道取消它们的特权，那么（在美国）总统就应该任命一个不屈不挠的央行行长，他至少在上任早期严格地抵制通胀，建立人们对他的信心，从而降低通胀预期。保罗·沃尔克（Paul Volker）和格林斯潘在担任央行行长初期都是这样。肯尼斯·罗格夫（Kenneth Rogoff）在他1985年发表的论文中说，总统在选择央行行长时，一定要选择一贯偏重打击通胀的人，因为这样可以帮助降低通胀预期。

与控制中央银行制造通胀有关的一个发现是1993年劳伦斯·萨默斯和阿尔伯特·阿莱西纳（Alberto Alesina）共同发表的论文。他们用数据说明中央银行与政府越独立，平均通胀率就越低。这引起了不少争议。有人怀疑他们对中央银行独立性的度量，更怀疑中央银行的独立性和低通胀率的因果关系，认为有可能是低通胀导致了这些国家的中央银行更加独立。有人说，只有任命非常保守的央行行长才能保障低通胀。有人反对把中央银行放在民主政治体系之外，指责他们是"精英主义"。其中，最重要的问题是，经济学家还不能证明，独立的中央银行可以在不损失产出（loss of output）或不增加失业的情况下保持低通胀。

5. 为什么通胀非常普遍，而通缩是个别现象

如果扩张的货币政策从长期来说不能减少失业率，为什么通胀非常普遍，且经常偏高，而通缩却仅仅是个别现象？这有四种解释：（1）政府认为扩张政策可以减少长期失业率。（2）政府认为物价稳定，相对于大量失业来说，没有那么重要；而且每隔几年的政府首脑大选也使政治家认为，就业率比物价稳定更重要。（3）即使政府宣布零通胀的政策目标，人们也不会相信。（4）政府既不想增加税收，也不想借贷，于是只能印钞票来支持开销。

罗伯特·巴罗和戈登 在 1983 年发表论文，证明即使中央银行的目标是对的——减少实际总产出与经济潜在总产出（potential output）的差距和实际通胀，人为的货币政策（discretionary monetary policy）也会导致过分通胀。以前的经济学家都因为实际经济总产出不可能超过潜在总产出，而不考虑政策制定者为超越潜在总产出而作出的努力。巴罗和戈登认为政策制定者的目标和努力是对的。在这个大胆的假设前提下，他们设计了一个损失函数（loss function），由实际总产出与经济潜在总产出差距的平方和实际通胀的平方组成。中央银行就是要达到一个通胀水平，使这个损失函数的值最小。一次微分的结果显示，中央银行的目标通胀率是正值，论文的作者称其为"通胀偏好"（inflationary bias）。这说明，人为的货币政策即使是在政策制定者有正确目标的情况下，也不能提高生产总值，而且还会导致系统性的通胀。

既然中央银行都有通胀偏好，为什么 20 世纪 90 年代，通胀率在世界范围普遍偏低？一种可能是，中央银行普遍认识到制造通胀只能在短期内刺激产出，对长期产出没有影响。一种可能是很多中央银行都紧盯通胀、汇率（或者固定汇率，或者货币联盟，或者货币局制度（currency board），或者中央银行有更大程度上的独立性。一种可能是，原材料价格降低，供给方面的良性波动（positive supply shock）与 70 年代初的石油危机相反。一种可能是，美国的宏观经济政策良好，美元作为国际货币给其他国家的通胀提供了很好的锚（anchor）。还有一种可能是，肯尼斯·罗格夫 在 2003 年的论文中指出的全球化进程和日益增加的竞争增加了总供给的价格弹性，减少了通胀倾向。

巴罗和戈登在 1983 年从理论上解释了为什么通胀是普遍现象，而且偏高，强有力地增加了主张机械货币政策的人的理论依据。就这样，货币政策的效果在理论上层层递进地被否定了。这种趋势与深受凯恩斯主义影响的经济学家对货币政策的看法背道而驰。后来，史丹利·费雪（Stanley Fisher）和约翰·泰勒（John Taylor）等经济学家引入价格和工资合同等因素，来说明凯恩斯主义政策的合理性。他们认为，因为价格和工资的变化是黏性的，所以经济调整不会一步到位，在短期内，货币政策对短期经济波动还是有一些作用。

6. 折中途径：选择外部标尺

1985 年和 1987 年，肯尼斯·罗格夫发表论文，史丹利·费雪在 1988 年也发表论文，试图探讨一条折中之路，既考虑通胀偏好，控制通胀，又考虑如何应对经济中的短期波动（short-run disturbances）。如果经济波动来源于总供给方面（supply-side shock），例如，卡特里娜台风对石油产地设施的破坏，即使扩张的货币政策也解决不了问题，那么货币政策制定者就应该干脆只追求低通胀。如果经济波动来源于总需求方面（demand-side shock），再假如货币政策的制定和运转的速度比经济中物价和工资调整的速度快，那么扩张的货币政策可以发挥作用，弥补总需求方面的缺欠。在这种情况下，中央银行到底应该遵守规则还是应该有人为扩张的能力，就取决于政策制定者的偏好：到底是控制长期通胀重要，还是在短期内应对总需求的减少重要。

既考虑通胀偏好，又考虑应对短期波动对经济带来冲击的折中办法是，有选择地设定外部标尺（anchor）。要求中央银行严格跟踪外部标尺可以限制中央银行制定货币政策中的随意性。有很多数据可以作为标尺：货币供给、消费价格指数、生产价格指数、出口价格指数、名义 GDP、黄金价格（或其他商品价格）、固定汇率等。选择哪个比较好呢？

这些标尺各有利弊。紧盯货币供给的问题是不能应对货币流通速度突变的情况，例如，1982 年美联储降低货币供给增长的速度来应对第二次石油危机带来的通货膨胀，但货币流通速度出人意料地降低了，所以经济总产出受的打击特别大（根据 PY=MV）。盯住通胀（消费价格指数或生产价格指数）的问题是不能应对进口价格突变，例如 20 世纪 70 年代两次石油危机那样的情况。当时如果紧盯通胀，就必须紧缩货币政策，使美元升值来降低通胀，这会使经济衰退更加严重。紧盯名义 GDP 要求准确度量GDP，发展中国家很难做到。紧盯黄金价格的问题是黄金供给波动剧烈。1849 年黄金供给突增，经济过热；1873—1896 年则相反，经济萧条。紧盯一篮子农产品和矿物质的价格指数的问题是，这些产品受进口价格影响太大，例如石油危机的情形。紧盯美元或欧元的汇率也有问题，当美元升值时（例如 1995—2001 年），这个国家的货币也不得不跟着跑。总之，没有十全十美的标尺。

但根据一个经济体的特点——经济中的短期波动源最有可能从哪里来，可以选择比较适合的标尺。如果选错了标尺，当经济波动发生，中央银行仍然机械地根据规则制定货币政策，那么这个经济体就会承受不必要的代价。弗兰克尔在最近的研究论文中，对不同类型的经济波动和不同国家的货币政策的外部标尺都有严格的论证，从而推导出相应的政策建议。

谁也不能准确地预测未来，我们就是在充满不确定性的世界里摸索。在处理不确定的情形时，就需要"酌情"，权衡利弊。中央银行或多或少都有"通胀偏好"，从机制设计的角度说，我们是否仍然应该给中央银行留有"酌情"的余地？虽然我们经历了2008年那样几十年不遇的严重的金融危机，机械货币政策和人为货币政策孰优孰劣，仍然没有定论。

第四节 因地制宜地选择汇率政策

汇率体制中，有很多不同程度的固定汇率和不同程度的浮动汇率，不是非此即彼。哪种汇率政策能够更好地促进经济发展呢？经济学家众说不一。固定汇率的优点常常对照于浮动汇率的弊端才能够显示出来；反之亦然。而未来经济波动的来源和性质是未知的，所以汇率政策是在很大不确定的环境下制定的。制定政策的经济学家不但要对本国经济的性质、特点和运作了如指掌，而且要预见未来有可能出现的波动的性质。这需要经济学家既有洞见，又有远见。

1. 从枯燥乏味到意趣盎然

在 10 月中旬期中考试前的一堂课上，弗兰克尔问学生考前还有什么问题。一个学生半幽默半试探地问："我们能不能带一张写满模型和公式的纸进考场？"弗兰克尔回答："试想，一个国家的固定汇率眼看就要支撑不住了，外汇储备消耗殆尽，利率屡攀新高，经济衰退严重。你是这个国家的经济顾问，国家总统（或总理）问你现在该怎么办？你能说'我要先去我的办公室一趟，查查有关模型和公式，然后回来再告诉你'吗？"大家都笑了。弗兰克尔说："我的考试形式是最传统的，除了铅笔和白纸，你们什么都不需要了。"

弗兰克尔的教学大纲中有好几大段话描述课程目的，其实质就是这个让学生听起来鞭长莫及的假想。学生也许在想：有几个人能当上总统的经济顾问呀？但肯尼迪政府管理学院开设这门高级开放宏观经济学课程的目的，就是要培养学生成为诊断经济状态、提出政策建议的经济学家；就像培养医生一样，让他们通过测量体温、血压、脉搏等一系列数据，诊断病人的健康情况，找出问题所在，然后对症下药。经济学家每次在谈及经济增长率、失业率、通胀率时脑子里思考的方式，就像医生在谈及体温、血压、脉搏时思考的方式一样。

如果我们真的把自己放在总统经济顾问的位子上，那么弗兰克尔讲的一切都是有意义的。在咀嚼枯燥乏味的经济理论时，学生要记得两句中国俗语："不怕做不到，就怕想不到。""心有多大，舞台就有多大。"这样想着，那些枯燥的东西就会变得意趣盎然。当然，即使没有"雄心"（或"野心"），纯粹的"好奇心"也能让我们打开心灵的窗户，走进别样的世界。简单的豁然开朗也可以滋润心田。

2. 澄清汇率政策

10月下旬弗兰克尔讲解汇率制度。首先要澄清的是，汇率制度的选择范围广泛，不是想象中的两个选择——固定汇率或浮动汇率——而是一个从完全浮动汇率到货币联盟（monetary union）的一个连续区间，有不同的浮动或固定程度。完全浮动代表这个区间灵活汇率政策的一个极端，货币联盟代表这个区间固定汇率政策的另一个极端。在两个极端之间，有很多不同程度的浮动汇率和不同程度的固定汇率制度。灵活汇率机制一端包括有管理的浮动汇率机制（managed float），固定汇率机制一端包括货币局（currency board）和美元化（dollarization）。在这之间还有中间体制（intermediate regimes），包括目标汇率区域（target zone / band）、盯住货币篮的汇率（currency basket peg）、爬行盯住汇率（crawling peg）、可调目标汇率（adjustable peg）等不同制度。

还要澄清的是，一个国家宣布的汇率机制和执行的汇率机制常常是两码事。政府言行不一致有多种原因。很多选择固定汇率的国家最终不得不放弃。经济学家奥布斯费尔德和罗格夫在1995年统计，历史上只有六个国家的固定汇率政策坚持了五年以上。很多声明选择浮动汇率的国家也没有完全浮动汇率。为什么这么说呢？如果一个国家的汇率真的完全浮动，那么它的汇率变化（variation）相对于外汇储备的变化应该远远大于那些选择固定汇率的国家，但事实并不是这样。这说明，声明采取浮动汇率体制的国家其实并没有让自己的汇率完全浮动；声明选择盯住货币篮汇率体制的国家实际上也没有真正这样做。

这些中央银行一般都公开说明，这一篮子货币里都包括哪些货币，但不点明这些货币的组成比例。弗兰克尔说，这是因为中央银行愿意给自己留有最大的影响汇率的余地；他们可以随时改变这个比例，也可以用"一篮子货币"的说辞掩盖"紧盯美元汇率"的实质。2008 年，弗兰克尔与哥伦比亚大学的经济学家魏尚进合作，测量中国在 2005 年 7 月汇率改革以后的实际汇率政策。他们用计量学方法推算出人民币盯住的货币篮中各种货币的比重，发现人民币汇率中 95% 的成分仍然是紧盯美元，所以他们总结中国的实际汇率机制变化不大。

正是因为中央银行言行不一，国际货币基金组织在 1999 年放弃了统计成员国的名义汇率制度，而改为按各国实际汇率制度分类。据国际货币基金组织 2004 年的统计，大约 1/4 的成员国采取固定汇率政策，一半以上的国家采取中间汇率政策，小于 1/5 的国家采取浮动汇率政策。在观察一个国家实际汇率机制时，经济学家又有两种不同的方法：一种是完全根据观察到的该国汇率变化，利用计量分析，得出这个国家实际汇率机制；另一种是把观察到的极端现象排除在外，然后用大部分汇率数据作计量分析，推导这个国家的实际汇率机制。显然，后一种办法得出的结论与这个国家的名义汇率政策更接近。由于选择极端现象的标准不同，排除的数据不同，经济学家判断一个国家的实际汇率机制的结果也不完全相同。

3. 比较固定汇率与浮动汇率政策

固定汇率政策与浮动汇率政策各有优点。固定汇率的好处包括以下几条：第一，从理论上说，固定汇率会减少，甚至避免汇率风险，鼓励国家之间贸易与投资。但要想对这一点进行实证检验却颇为不易，因为国家间贸易和投资的增长（或减小）有多方面因素，很难剔除其他因素，确定固定汇率在多大程度上促进了国家间的贸易和投资。第二，固定汇率可以为货币政策提供外部标尺（external anchor for monetary policies），避免国内政策制定者随意制造通胀。第三，固定汇率一般来说可以避免国家间货币竞相贬值（competitive devaluation）。第四，固定汇率可以避免与浮动汇率经常关联的投机泡沫。如果汇率面临的压力是由于经济基本面的变化，那么在固定汇率机制下，国内价格会调整，以反映这些变化；在浮动汇率机制下，货币面临升值的压力。例如，国内的生产效率和质量提高了，国内价格会随之提高，货币也面临升值的压力，大量热钱会流入，单向赌定货币会升值，造成投机泡沫（这里的第二条和第四条也是斯坦福大学经济系教授麦金农（Ronald McKinnon）建议人民币保持固定汇率的主要理由，详见第一本《哈佛经济学笔记》第 210 页"固定汇率倡导者罗纳德·麦金农"）。

浮动汇率也有几条好处：第一，它允许有独立的货币政策。浮动汇率使这个国家的政策制定者完全根据自己国家的经济情况制定政策。第二，浮动汇率可以自然调节贸易波动（trade shocks）。第三，允许这个国家的政府完全保留铸币税收入（seigniorage）。第四，这个国家的中央银行保留最终贷款人（借出钱）的能力。如果是固定汇率，中央银行最终贷款人的能力会受到外汇储备多少的影响。第五，历史上，不少国家曾有过因为不能维持固定汇率而发生金融危机的经历。浮动汇率机制可以避免类似的危机。

哪种汇率政策能够更好地促进经济发展呢？经济学家众说不一。固定汇率的优点常常对照于浮动汇率的弊端才能够显示出来；反之亦然。而未来经济波动的来源和性质是未知的，所以汇率政策是在很大不确定的环境下制定的。制定政策的经济学家不但要对本国经济的性质、特点和运作了如指掌，而且要预见未来有可能出现的波动的性质。这需要经济学家既有洞见，也有远见。有人认为（高希、古尔德和沃尔夫，2000 年），固定汇率的效果更好；也有人（利维和施图尔辛格，2001 年）认为，浮动汇率的效果更好；还有人（莱因哈特和罗格夫，2002 年）认为，有较少灵活性的汇率政策最好。

根据实际汇率政策，经济学家给国际货币基金组织成员国有不同的分类。因为分类不同，所以经济学家对这些政策实施效果的判断也不同。有经济学家说，采取固定汇率的发展中国家一般来说会有很快的经济增长。有经济学家说，强有力的货币政策对经济增长有好处，与汇率政策关系不大。更多的经济学家主张，具体国家要具体分析。唯一的定论是，没有一个汇率政策在所有情况下对所有国家都适用。

4. 最佳货币区域

既然没有一个汇率政策在所有情况下对所有国家都适用，那么就有一个如何因地制宜地选择最适合的汇率政策的问题。这个问题的实质是，在多大区域内，应该使用同样的货币；在多大区域内，应该使用不同的货币；在什么情况下应该使一种货币和另一种货币连接？连接到什么程度？思考这类问题的传统视角是从促进贸易和稳定商业周期的角度出发，设置汇率政策。这就是最佳货币区域（optimal currency area）理论研究的问题及其研究视角。

直觉告诉我们，越小、越开放的区域就越应该、也越容易与它周围的地区或最密切的贸易伙伴形成货币联盟，或者干脆就使用同一种货币，例如，现在的欧元。越大、经济发展越悬殊的区域就越应该使用不同的货币。当判断一个区域 A 和另外一个区域 B 是否应该形成一个最佳货币区域时，主要看 A 是否足够地开放，是否与 B 有非常密切的经济往来，它们经历的经济波动和经济周期是否有一致性和同期性，劳动力是否在两个区域中自由流动，它们的财政赤字（盈余）占 GDP 的比例是否差不多。事实上，这些条件基本就是东欧国家是否能够加入欧元区域的技术性条件。如果对这些问题的答案是肯定的，那么这两个区域就有很多经济上的共同特征，同样的货币政策就适用于这两个地方，它们就可以形成最佳货币区域。

5. 汇率政策主流思想的变迁

国际金融政策也有"入时"和"过时"一说（详见本章第一节"国际金融中的'新时尚'"）。金融界主导汇率政策的主流思想的多次演变再次印证了一句话："没有绝对的真理。"20 世纪 80 年代初，主张货币政策应该盯住货币供给的"货币派"（monetarism）成为主流。货币派代表人物弗里德曼（Milton Friedman）主张让汇率完全浮动。如果名义汇率变化太大，是否会打击实体经济（贸易投资等）？弗里德曼的回答是，只要货币供给保持稳定，或保持非常稳定的增长率，那么名义汇率的变化幅度就不会太大。

从20世纪80年代中期到90年代中期，国际货币基金组织、很多中央银行和经济学家倾向固定汇率政策（包括货币局制度）。90年代中后期，主张选择两极汇率制度（corner hypothesis）的经济学家成为主流：或者完全浮动汇率，或者完全固定汇率。2001年，斯坦利·费舍（Stanley Fisher）发表论文指出，采取中间汇率制度的国家数目比例已经从1991年的62%降到34%。政策制定者在选择汇率制度时，更多的是从稳定金融市场、减少投机的角度出发，从而倾向固定汇率。一系列的国家和地区选择了固定汇率机制：1983年以后的中国香港，1991年到2001年之间的阿根廷，1997年之后的保加利亚，都选择了货币局制度。巴拿马、萨尔瓦多和厄瓜多尔都选择了美元化。欧共体在1999年选择了货币联盟。

21世纪以来，经济学界基本主张盯住通胀和浮动汇率制度。弗兰克尔认为，从长期来看，汇率政策的主旋律还是越来越灵活，而不是越来越趋近固定汇率；中间汇率机制仍然有很大的生命力，与日益增加的跨国资本流动更加匹配。历史的车轮来回转，我们似乎又看到了20世纪80年代初的影子。

6. 因地制宜地选择汇率政策

在众多汇率政策选择中，没有好与不好，只有适合与不适合。政策制定者要像好的裁缝一样，量体裁衣。他们要因地制宜地选择政策和政策组合。即使同一个国家，它的情况也在不断变化，所以经济学家一致认为，没有一个汇率政策永远适合同一个国家。选择货币政策和汇率制度都是为了让这些政策更适合经济本身的特点和发展水平。

什么样的国家（或地区）更适合选择固定汇率呢？经济学家找出以下

特征：（1）这些国家迫切地需要外部货币标尺（为名义锚模式）。它们或者有恶性通胀的历史，内部金融机制不完善；或者政治局势不稳定，面对大量神经紧张的外国投资者。（2）一个国家 A 想和它的邻国 B，或和一个有密切关系的贸易伙伴 B 形成一体化。其他倾向选择固定汇率的初始条件包括：B 国的货币在 A 国的货币供给中已经占很大比例；A 国有同等完善的金融机构和机制。如果 A 是发展中国家，A 国公民在 B 国打工（或已经移民到 B 国），然后把工资的一部分寄回家。如果这些钱的数目庞大，那么这也会促使 A 国选择与 B 国货币有固定汇率。

两个国家的金融体系发展状况相似也是初始条件的一部分。一个国家金融体系的发展水平与汇率制度选择的利弊得失的计算息息相关。从广义上说，汇率的作用有两种：一种是汇率直接影响一个国家进出口的实体经济；另一种是汇率直接决定了一个国家的资产定价。越是小的开放的经济体，这两种作用就越突出。

2005 年哈佛大学经济学家格罗夫发表论文指出，金融体系不发达的发展中国家因为金融市场缺少广度和深度，很难应对金融波动（financial shocks）。如果这个国家采取的是固定汇率政策，中央银行可以用国内资产替代流出的外币资产，保证汇率不变，从而不影响进出口的实体经济。浮动汇率就没有这种好处了。相反，如果这个国家的金融市场很发达，当发生金融波动、外资想流出的时候，货币面临贬值的压力。发达的金融市场可以缓解资产价格的波动幅度。浮动汇率的副作用较小，同时允许有相对独立的货币政策来应对实体经济中的其他波动。所以，当金融市场变得发达和健全时，固定汇率的相对优势减少，浮动汇率的相对优势增加。

如何判断一个国家金融体系的发达程度呢？经济学家建议用一个简单的标尺：如果私有信贷（private credit）占 GDP 的比例大于 40%，就说明这个国家的金融业相当发达了。对金融业比较健全的发达国家，浮动汇率的优势相对多一些，使这个经济体在避免通胀的同时，根据自己的情况快速增长。

经济波动的不同来源影响着汇率政策的选择。如果大多数波动来源于这个经济体内部总需求的变化（尤其是货币方面的变化），那么固定汇率更适合。如果大多数波动来源于这个经济体以外的各种因素（例如贸易条件的变化和其他实体方面的原因），那么浮动汇率更适合。例如2008年，石油和大宗商品价格达到历史高峰。主要石油出口国和其他资源型国家（中东海湾国家和澳大利亚）的贸易条件大幅提高；主要石油进口国和其他资源匮乏型国家（例如日本）的贸易条件迅速恶化；而国际贸易在这些国家的整体经济中占很大比例，那么这些国家就适合采取浮动汇率机制来应对外部经济波动，这样可以缓和外部变化对这个经济体的影响。

7. 弗兰克尔对中国汇率政策的建议

具体到中国，弗兰克尔认为，中间汇率机制比较适合中国的情况。他给出五个理由。

第一，2007—2008年中国经济过热，通胀率达到6%，股市存在泡沫。在这段时间里，全球食品和能源价格普遍上涨，但高通胀中也有中国本身经济过热的因素。人为地控制价格不但效率低，而且最终不会见效。让人民币升值可以帮助冷却经济。这一条由于2008年的国际金融危机而不适用，但如果中国在2009年底或2010年走出低谷，经济出现过热，那时这一条仍然成立。

第二，2009年中期，中国外汇储备高达22000亿美元，远远超过了"以防万一"的备用所需，也使中央银行（中国人民银行，PBOC）对冲外资流入、控制货币供给愈加困难。中国人民银行不得不增加对冲债券的利率，这些利率甚至高于美国国债利率。也就是说，PBOC为了保持银根不变，在赔本对冲。这实际上是一种变相的财政赤字，以至于后来银根不得不扩大，货币供给增加。

第三，根据"斯旺模型"（Swan Diagram，详见第一本《哈佛经济学笔记》第204页"灵活运用经济学模型"），中国要达到对内、对外平衡（对内平衡指经济达到潜在生产力水平，不过热，也不衰退；对外平衡指国际收支平衡，资本账户和经常账户的变化之和是零，外汇储备不变），应该让人民币升值，也应该增加国内总需求。用斯旺模型的语言，就是"支出转换"（expenditure switching）和"支出增加"（expenditure increasing）。

第四，从历史的角度看，改变固定汇率政策的时间最好是在国际收支顺差非常多、本币有升值压力的时候，而不是在外汇储备消耗殆尽、有贬值压力的时候，因为这样可以避免危机。

第五，根据 Balassa-Samuelson 标准，人民币被严重低估了。Balassa-Samuelson 理论是指当一个国家贸易领域里的生产效率提高的程度比其他国家高，那么这个国家货币应该升值。一般来说，发达国家的生活水准没有像它的人均 GDP 所反映的那么高，而发展中国家，尤其是那些贫困国家的生活水准没有像它的人均 GDP 所反映的那么低。这是因为，虽然发展中国家不可（跨国）贸易的部门（nontradables，例如理发）的生产效率和发达国家的基本一样，但由于发展中国家的工资和物价水平低，不可贸易部门的生产总值被低估了。同理，发达国家在这些部门的生产总值被高估了。为稳定经济政策而实施固定汇率政策且经济快速增长的国家，常常会经历实际汇率大幅升值，由此导致非贸易品相对于贸易品的价格升高。这会刺激生产者倾向生产非（跨国）贸易品（nontradables，例如房地产），而消费者倾向消费可贸易品（可跨国运输的商品）。这也从一方面解释了为什么在最近几年，房地产价格相对于一般消费品直线上升，一般消费品相对于房地产价格日趋便宜。

2004 年，弗兰克尔把人民币当时的名义汇率和应有的实际汇率（这里指按购买力平价衡量的均衡汇率）相比较，发现人民币被低估了 35%。他声明，这并不说明人民币应该突然升值 35%。根据其他国家的经验和计量学分析，他估计在今后 10 年，人民币平均每年要实际升值 4%。中国劳动生产率不断上升，这种真实变化或者反映在中国的名义物价普遍上升，即通货膨胀，或者反映在人民币名义汇率升值。对小的开放经济体来说（例如中国香港），保持固定汇率比控制通胀重要。对中国大陆这样大的经济体，弗兰克尔认为，保持物价稳定比保持固定汇率更加重要。

对中国来说，弗兰克尔建议，人民币不需要完全浮动，有一个浮动空间或目标区域（band 或 target zone）比较合适。直接盯住美元，简单透明，而盯住一篮子货币的优势是分散风险。自 2005 年 7 月 PBOC 宣布汇率改革以来，人民币开始盯住一篮子货币。通过计量学分析，弗兰克尔发现，人民币仍然以盯住美元为主，汇率可浮动区间在 0.3% 左右，人民币有一些升值。2007 年 5 月，中国每天允许的浮动区间从 0.3% 增加到 0.5%，帮助美国政府抵挡国会保护主义的指责。但弗兰克尔认为，这个程度上的改变效果不大，因为以前的 0.3% 的浮动区间都没有用满。自从 2008 年中期席卷全球的金融危机爆发以来，人民币又再次紧盯美元，汇率保持基本不变。弗兰克尔说，美国国会应该觉得庆幸，因为如果中国当时真的让人民币大幅升值，美国的利率就不得不升高，经济更加难以复苏。

8. 弗兰克尔对其他国家汇率政策的建议

哪种汇率制度在一个国家更具优势，取决于这个经济体的特点和有可能发生的震荡的原因和性质。选择汇率制度时，要考虑到对国内经济各个方面的影响。最优汇率安排应该是能稳定宏观经济的安排，即能使产出、消费、国内价格水平和其他的宏观经济变量的波动最小化的安排。

弗兰克尔说，在过去的 10 年中，盯住通胀不但被用于发达国家，而且还用在其他国家。当出现以下供给方面的波动时，盯住通胀的货币政策和浮动汇率的政策结合会有问题。例如，2007—2008 年石油进口价格猛增，如果那些石油进口国的货币政策以瞄准通胀为核心，那么他们就会采取紧缩货币政策，让货币升值，但这样会严重打击石油进口国的实体经济，不符合情理。

对那些盛产并出口矿物质和农产品、受贸易条件变化（terms of trade shocks）影响很大的小国家（small commodity-exporters），弗兰克尔建议他们采取盯住以国内货币计价的出口产品价格（peg the export price，PEP），而不是盯住其他通胀标准或与其他国家相关联的汇率。例如，如果出口石油的海湾国家采取这个建议，他们的货币政策就会随贸易条件的变化而自动变化。

　　具体操作如下：每天中午以后，伦敦市场会得到当天的石油价格，每桶石油多少美元，石油出口国（沙特阿拉伯）要保持石油的国内价格——每桶石油多少迪拉姆（dirham）——不变，后者除以前者就会得出迪拉姆对美元的比价（dirham / dollar）。石油出口国然后动用外汇储备在这一天维持这个比价。因为伦敦市场以美元计价的石油价格每天不同，所以迪拉姆对美元的汇率也每天不同。虽然在浮动汇率机制下，当石油价格升高，石油出口国的货币会升值，但这种操作与浮动汇率不完全一样，因为这种操作给浮动汇率提供了一个货币标准，保证了石油出口国的石油国内价格不变。当石油价格升高，石油出口国应该采取紧缩货币政策，让本国货币升值，这就顺理成章了。

　　完全盯住出口产品价格也有问题。用以上办法推导出来的汇率每天不同，影响这个国家石油以外的产品生产和出口。如果汇率变化太大，石油以外的出口产品就会受到严重影响，生产这些产品的企业甚至会倒闭关门，导致这个国家出口产业结构单一化，与出口产业多元化（diversification of export industries）的愿望背道而驰。尤其是当汇率的变化代表短期变化、然后反向变化的时候，关门的企业不能起死回生，情况就更糟糕了。那么货币政策就应该缓和真实汇率的变化，直到长期汇率趋势明朗化。

　　弗兰克尔认为，缓解这个问题的办法是盯住一篮子出口产品的价格，而不仅仅是石油出口价格。他建议，这些国家的中央银行应着手建立每个月出口产品价格指数（peg export price index，PEPI），跟踪这个指数的变化。更进一步的解决办法是盯住生产价格指数（peg production price index，PPPI）。生产价格指数里包括所有出口产品价格，没有任何进口产品价格。弗兰克尔最后还提醒大家，实行固定汇率的国家要注意，不要过长时间地高估本国货币价值，否则在汇率、外汇储备和利率方面都会有很大压力；而且任何国家都不应该把汇率政策当成导致其他问题的替罪羊。

　　总之，任何一个国家的汇率政策都需要"量体裁衣"，不能一概而论。固定汇率制度当面对经济基本面变化的时候就会显得非常尴尬，不合时宜；

浮动汇率制度当面临货币层面的变化的时候会遇到挑战。不同的汇率制度在不同条件下都有可能导致或助长不同性质的危机。汇率制度成功与否，最终取决于它与这个经济体本身的特点和其他宏观经济政策的相容性。所以，任何事情都不能绝对，因地制宜至关重要。

第五节　拿捏资本市场开放程度

　　弗兰克尔讲授的开放条件下高级宏观经济学课程的后半部分主要是关于国际资本市场一体化的运作及影响。开放资本账户和金融市场是好事还是坏事？中央银行应该如何对待和管理外资？经济学家没有定论，他们也是在逐渐摸索的过程中，不断地通过实践检验理论，不断反思，丰富发展经济理论。学生看到的是循序渐进、层层深入的思考和实践的过程，而不是板上钉钉的结论。

1. 开放资本市场的程度

　　资本市场是应该开放，还是应该封闭？这个问题听起来似乎只有两种选择：或者开放，或者封闭。其实不然，这中间有很多程度不一的阶段。我们真正要讨论的问题是"资本市场应该更加开放，还是更加封闭"。任何事情都有一个"度"。掌握"尺度"，拿捏"分寸"，就是掌握各种事物之间的"平衡"。资本市场也不例外。

　　对资本市场开放的程度，基本上有三种度量办法。

　　第一种是国际货币基金组织（IMF）使用的直接度量法——根据各成员国家在二十几个方面的表现，评价其开放程度。这些方面包括居住在国外的人（non-residents）是否可以在这个国家直接投资（FDI）、间接投资（portfolio investment）、买卖房地产等。居住在这个国家的人（residents）是否可以在外国做同样的事情。

　　第二种衡量资本市场开放程度的标准是从价格方面判断。如果资本市场完全开放，那么同一种物品——无论是股票还是其他资产——的价格在不同国家（减去运输成本）都应该是一样的（the Law of One Price），否则就有套利的可能。如果同一种物品在两个国家的价格差距很大，却没有人利用这样的机会套利，就说明资本管制阻碍了市场达到自然平衡。与此

同时，不同国家之间的利率也有很大不同。利率差距越大，说明汇率风险
（exchange rate premium）和货币风险（currency risk）就越大。发达国家之
间的障碍主要是汇率风险；发展中国家之间的风险主要是由于国家无法偿
还债务（default risk）、阻碍资本自由流动的制度障碍等造成的货币风险。

第三种衡量资本市场开放程度的标准是从数量上判断。如果资产可以
在世界范围内自由流动，那么一个国家的投资就不受自己国家储蓄的限制，
可以通过提高利率来吸引外国投资。马丁·费尔德斯坦在 1980 年对很多国
家的投资和储蓄作回归分析，发现一个国家的投资与储蓄密切相关。这说
明资本在国际市场并没有完全自由流动。

大多数通过"价格方法"和"数量方法"研究的结果都表明资本市场
的开放程度在世界范围内仍然很低。其中一个原因是所谓的"本国偏好"
（home bias）——任何国家的人都会因为对自己国家比较了解，而倾向在自
己国家投资——他不会在全球范围内配置资产，分散风险，达到最优收
益—风险组合（optimal portfolio diversification）。

2. 资本市场开放的利弊

法国、意大利等发达国家一直到 1990 年才真正开放资本账户。20 世纪
90 年代初，新兴市场开始效仿。开放金融市场有很多好处。无论是本国资
本还是外国资本都会有更大的投资空间，更多的选择余地，可以更好地分
散风险。外资流入有利于降低企业融资成本，对本国贷款人有好处，容易
形成投资热潮（investment boom），增加劳动生产率（output per worker）。

这对外国投资者也有好处，因为他们可以赚到比在自己本国投资更高
的资本回报率。而且外国金融机构的进入会增加国内金融市场的竞争，迫
使国内金融机构学习外国公司的经营模式，提高经营效率。开放的金融市
场也会把政府的所作所为曝光于光天化日之下，使不愿受约束的政府必须
要考虑国际资本市场的反应，不能为所欲为。

原则上说，对资本—劳动比很小的发展中国家来说，或者对经历短期
外部冲击的国家来说，暂时从外国借钱发展经济，渡过难关，从长期来说

是件好事。这就像"借别人的鸡下蛋",然后蛋再生鸡,进入良性循环。学术上解释这个现象的专有名词是跨时优化配置带而增进的福利(welfare gains from intertemporal optimization)。

这个概念听起来复杂,实际上简单。比如,一个穷人家的孩子是应该早早辍学打零工,帮助支撑家计,还是应该借钱读书,毕业以后找到好工作,使家庭生活有质的提高,打破穷人家庭的恶性循环? 答案显然是后者。再比如,一个本来有小康生活的人突然遇到一件他自己不可控制的不幸的事,例如家人病了,医疗费用猛增,他的经济突然变得捉襟见肘。这时,他是应该勒紧腰带,省吃俭用,负担医疗费用,还是应该借贷,尽量不影响或少影响他的正常生活,等困难过去以后,慢慢还债? 答案显然是后者。在类似情况下,从长期来看,借贷是最明智的做法。

开放资本市场增加市场运作效率的同时,也潜藏着巨大风险。资本市场本身就是不完美的,所以各种危机才屡见不鲜,每隔几年就有一次,不是这个国家就是那个国家。而且国际私有资本的流动不是逆经济周期的,而是为经济周期推波助澜,加剧经济波动。也就是说,资本家的钱从来都是"锦上添花",不会"雪中送炭"。只有政府才有可能像凯恩斯主张的那样,反其道而行之(详见《哈佛经济学笔记》中第 105 页"凯恩斯理论的利与弊")。

当资本可以自由流动时,它自然会流向高回报的地区。按照经济理论,发展中国家的资本—劳动比率小,资本的边际回报率会高于发达国家的资本回报率,资本应该从富国流到穷国。而现实却正好相反,总的来说,资本在从穷国流向富国。这就是著名的"卢卡斯悖论"(Lucas Paradox)。

但也有经济学家认为,这根本就不是什么悖论。哈佛大学经济系教授理查德·库珀早就把这个现象解释得顺理成章(详见《哈佛经济学笔记》中第 273 页"不信偏见的经济学家:库珀解读经济热点问题")。他不但"见怪不怪",而且指责经济学术界误入歧途。他说:"很多问题在正常人看来根本就不是问题,只有'经济学家'把它们看成巨大的问题。为什么呢? 因为他们领域里不现实的假设和整个领域越走越窄的趋势,挡住了他们的视线。他们当中时常会有人用复杂的数学模型或其他复杂的推理方式推导出一个在正常人看来非常平淡无奇的结论。而这个平淡无奇的结论却会被经济学家们高度赞扬，成为这个人在经济学领域晋升的资本。这只能说明经济学作为一个学术领域已经在错误的方向上走了多远。"

开放资本市场与经济增长有没有必然联系？经济学家们做了大量研究之后的答案是否定的。他们逐步改进以前倾向开放资本市场的结论，层层增加这个结论的适用条件。开放资本市场只有在经济发展到一定程度，人民生活比较富裕，国内本身的资本市场比较发达，金融机构经营管理水平达到一定水平，各种规章制度比较健全，宏观经济政策有所节制，宏观经济指标都正常的情况下才是好事。经济学家普遍认为，开放资本市场应该放在其他市场改革之后。

3. 国际资本流动的周期性

20世纪70年代中期到80年代初，石油输出国拥有巨额石油收入，他们通过银行把钱借给发展中国家。1982年墨西哥首先不堪重负，不能按时还款付息，点燃发展中国家的债务危机，在很大程度上造成了拉丁美洲"失去的十年"。20世纪90年代初，国际游资又重新聚集到发展中国家。这一轮吸引外资的国家被称为"新兴市场"（emerging markets）。在这一轮资本流动中，危机也是此起彼伏。

1994年底墨西哥再度发生货币危机（详见《哈佛经济学笔记》中第57页"挽救墨西哥：国会制约政府"）。1997年7月亚洲金融危机在泰国爆发，然后在印度尼西亚、马来西亚和韩国出现连锁反应。1998年8月俄罗斯不能偿付国债，直接导致大西洋彼岸美国的长期资本管理公司危机（Long-term Capital Management Crisis），波及南半球的巴西。2001年2月土耳其被迫放弃固定汇率，2002年1月阿根廷被迫放弃货币局制度（currency board）。

2003—2008年期间，国际资本再次进入发展中国家。这次浪潮的宠儿是中国和印度（正是在这个背景下，兴起了"中印比较"热潮）。2008年在美国爆发的次贷危机再次席卷全球，甚至波及较小的经济体——匈牙利、拉脱维亚、乌克兰和巴基斯坦。各国先后出台各种财政、货币刺激政策，提高信贷市场的流动性，稳定总需求。

4. 外资流动的管理办法及相应弊端

既然国际资本的性质是"唯利是图",不承担任何社会义务,有顺周期性,那么就存在如何管理外资流动的问题。首先,我们要知道任何事情没有十全十美的。无论管理者怎么做,都会有这样或那样的问题。管理外资的关键在于寻找、选择适合当前经济形势的政策组合,扬其(外资)长、避其(外资)短。这需要审时度势,理解各种变量之间在理论上和实际上的相互关系,然后像经验丰富的厨师一样掌握"火候",见机行事。

当外资蜂拥而至,中央银行可以坐视不管,任其流入。这样做的问题是货币基数(monetary base)增加,货币总供给也随之增加,通胀压力加大。中央银行也可以对冲(sterilization),通过减少本币净资产(net domestic assets)来抵消增加的外汇储备,以保持货币基数和货币总供给不变。这样做的问题是时间越长,对冲越难以持续,因为减少本币净资产需要中央银行卖出对冲债券,让货币回笼;债券卖得越多,央行支付的利息就要越高;当对冲债券的利率比外汇储备中以外币计价的资产利率还高时,中央银行就是在赔本对冲,造成变相的政府赤字(quasi-fiscal deficit)。中央银行还可以选择让本币升值。以本币计价的资产在外国投资者眼里变得贵了,这样可以抑制外资流入。不过,这样做带来的问题是,本币升值对出口不利,打击出口会对 GDP 有冷却作用。中央银行还可以选择重新实施资本管制,阻止资本流入。这样做的问题是很可能不见效。人们有各种方法逃避管制。高报出口价格(over invoice exports),低报进口价格(under invoice imports),把余额留在国内账户,就是常用的规避限制外资流入的方法。

大量外资流入使大量外资流出成为可能。任何风吹草动都有可能在转瞬之间改变国际资本的偏好,使其迅速撤资,经济进入萧条。例如,本币被高估、财政赤字过大、政局不稳、裙带资本(crony capitalism)主义、投资者过度悲观等心理因素都会成为外资撤离的原因。即使自己国家的经济基本面很好,自己国家的外资动向也会受到其他国家的影响(contagion effect)。美国 2008 年的金融危机使国际资本迅速从其他国家撤资,然后买入被认为流动性最强、最安全的投资产品——美国政府债券——就是最好的证明。一旦大量外资突然流出，实体经济会受到很大影响。与其他国家的贸易关系、汇率政策（例如竞相贬值）、投资关系等，也会影响实体经济。

当外资纷纷撤离，中央银行又面临几种选择。它可以听之任之，但这样做的问题是，如果因此而导致货币供给基数降低幅度太大，可能会导致经济衰退，企业破产。中央银行也可以对冲外资的减少，但这不是长久之计，只能拖延时间。中央银行也可以让本币贬值，但贬值本身可能会增加通胀。中央银行还可以关闭资本账户，不让外资撤离。但人们同样可以"上有政策，下有对策"，绕道而行。低报出口价格（under invoice exports），高报进口价格（over invoice imports），把余额放在海外账户就是常用的规避限制资本流出的方法。

总之，没有十全十美的、绝对正确的外汇政策。所谓"管理外汇"就是要使外汇政策扬长避短。这一政策的优劣最终取决于它与其他宏观经济政策的兼容性，以及是否适应这个国家经济发展的水平。

5. 经常账户大量赤字危险吗

20世纪90年代初那一轮外资流入主要被发展中国家用来填补贸易赤字。21世纪以来，这些国家吸取教训，基本都有贸易盈余，外资流入主要变成外汇储备的空前增长，远远超过偿付近几个月的进口数额和偿付短期债务的需要。

大量贸易赤字危险吗？传统古典经济学认为，如果一个国家的资本—劳动比（capital to labor ratio）很低，或者经历某种短期震荡，大量贸易赤字可能是最优选择。如果是前者，就是"借别人的鸡下蛋"；如果是后者，就是借别人的钱渡过难关，等经济好转以后再偿还。

但经验表明，经常账户大量赤字的发展中国家很容易陷入危机。每次危机都是经济学家反思经济理论的机会。经济学家逐步把古典经济学的结论一次次加上适用条件。如果政府财政基本保持平衡，大量贸易赤字不是问题，因为在这样的条件下，借来的钱（外资）没有被政府部门浪费，而是支持了私营经济的发展。一般来说，当经常账户的赤字大于 GDP 的 4%时，经济学家就会认为这个国家比较危险了。

在 1994 年墨西哥金融危机后（详见《哈佛经济学笔记》中第 57 页"挽救墨西哥"），经济学家又加了一个条件：国家储蓄要保持高位，大量贸易赤字才不是问题，因为在这样的条件下，外资没有被政府浪费，也没有用于消费，而是用于私有投资，为将来的经济增长打下基础。

在 1997 年亚洲金融危机以后，经济学家再加一个条件：私有投资必须是有效的、良好的投资，大量贸易赤字才不是问题。如果外资被用于建造那些没有人住的高档别墅，或者海边公寓（就像泰国一样），或者是不需要的钢铁公司（就像韩国一样），经济还是会出问题的。哈佛大学国际经济学教授理查德·库珀（Richard N. Cooper）对经常项目赤字的理解不同（详见《哈佛经济学笔记》中第 273 页"不信偏见的经济学家"）。

根据凯恩斯和蒙代尔—弗莱明模型，货币贬值会增加出口，减少进口，带动 GDP 增长。但经验表明，货币贬值经常与经济衰退相伴而生。弗兰克尔解释，这主要是因为货币贬值常常与高利率形影相随。中央银行在被迫贬值时总会提高利率，以稳住外资，保卫本币汇率。但与此同时，高利率也增加了债务负担，使一些企业破产倒闭，冷却经济，甚至使经济陷入萧条。

第六节　再看国际货币基金组织：左右为难

当外资大量撤离、企业关门倒闭、实体经济进入衰退时，人们痛定思痛，大量的分析评论接踵而至：这一切到底是谁的责任？每次危机之后，人们都会对国际货币基金组织（IMF）在其中的表现评头论足，但对应于每一种指责，都有相反的声音。这一节是在《哈佛经济学笔记》的萨默斯系列中第 54 页"剖析国际货币基金组织（IMF）"之后，第二次审视 IMF。

当外资大量撤离、企业关门倒闭、实体经济进入衰退时，人们痛定思痛，大量的分析评论接踵而至：这一切到底是谁的责任？当一个惨痛的交通事故发生，到底是因为这条路和交通规则设计得不好，还是因为司机开车不小心？仁者见仁，智者见智。

萨默斯认为司机应该有责任。国际金融学家、诺贝尔奖获得者罗伯特·莫顿（Robert Merton）认为，现代金融市场可以快速让你达到你的目的，但是每次事故的危害也愈加严重，所以维护这个体系也就更加重要，要格外小心谨慎。还有人指责，是 IMF 所代表的西方经济学和经济学家导致了这些危机。弗兰克尔反驳，这个因果关系错了，就像医生总是在人们临终前的病榻边忙碌，但这并不意味着是医生导致了病人的死亡。

每次危机之后，人们都会对 IMF 在其中的表现评头论足，但对应于每一种指责，都有相反的声音。弗兰克尔列举说明。有人认为，很多国家高估了本国货币，在国际收支出现问题时不情愿贬值，才造成了金融危机，所以 IMF 应该支持更加灵活的汇率机制，这样才可以避免危机。反驳者认为，我们需要的不是汇率的灵活性，而是汇率的稳定性，因为更多的灵活性只会给政府操纵汇率更大的空间。他们倾向货币局或美元化来保持金融局势的稳定性和公信度。

有人认为，IMF 应该有更多的经济资源，这样在危机爆发时，就会有更大的实力帮助危机国家渡过难关；危机中的国家就不至于勒紧腰带减少支出那么多，危机对 GDP 的打击就不会那么大。反驳者认为，IMF 的资源不是太少了，而是太多了。正是因为 IMF 有那么多资源救助危机国家，所以他们的损失才不大，至少不够大到让他们吸取教训、引以为戒和达到警戒其他国家的目的。IMF 出资帮助危机中的国家恰巧给其他国家发出了这样的信号：即使花销方面不小心谨慎，导致入不敷出，也不必担忧，IMF 照样会施以援手。这就是所谓的"道德风险"问题（moral hazard problem）。

有人主张，资本账户应该关闭，在国与国之间设立一堵无形的"墙"，挡住外资肆无忌惮的冲击。反驳者认为，金融业应该更加开放。这样，无论是个人还是国家，都可以在更广阔的范围、最大限度地利用国际资本市场。

有人认为，IMF 在救助危机国家时所设置的减少支出的标准过于严格，使危机国家经历了过深的经济衰退，这没有必要。反驳者认为，我们需要更加严格的宏观经济管理规则和纪律，否则投资者（无论是外资还是国内资金）都不会愿意把投资保留在这个国家。

有人认为，IMF 在救助危机国家时的"药方"（或救助的条件，即 conditionality）都是换汤不换药，没有"量体裁衣"，根据不同情况，因"国家"而异。反驳者认为，IMF 的救助条件太严格、太具体，影响了一个国家的内政和主权；我们应该把从 IMF 借钱的标准简单化、程序化、标准化，所有符合 IMF 要求的国家都可以无一例外地借到钱。2008 年 IMF 的短期贷款设施（short-term loan facility）其实就是这种"有条件的信用线"（contigent credit line）。

有人主张，IMF 的贷款对象应该是最贫穷的国家，而不是经济发展很快的新兴国家，因为新兴国家已经有能力吸引私有外资，不需要 IMF 的帮助。反对者认为，从 IMF 贷款的利率应该更高，接近私有市场利率，减少"补贴"的性质，因为 IMF 没有减少贫困的义务，削减贫困是世界银行的任务。

有人指责，美国对 IMF 的影响太大了，与自身经济大小不成比例。但美国国会却认为 IMF 在被一些欧洲社会主义者把持，美国没有足够的声音和影响。

　　总之，公说公有理，婆说婆有理，不一而足。谁是谁非，取决于你的视角和目的，不是单凭某一方面的客观分析就能得出结论的。弗兰克尔在介绍这些观点时也没有明显的倾向性。

附：解读希腊危机

2010年春季的希腊危机有愈演愈烈之势，引起热议。本文记录了当时的主要矛盾及多方观点。其中多处涉及开放经济学理论，所以附加在此。读者可以利用前面的理论框架，理解这则新闻；也可以利用这则新闻，洞察开放条件下国家间的经济关系。

1. 希腊危机及国际援助

2010年5月初，希腊债务危机愈演愈烈，救助方案层层升级。5月2日，欧盟和国际货币基金组织宣布对希腊实施1100亿欧元的救助方案。这是对一个国家最大的援助，相当于希腊 GDP 的一半。希腊同意在2014年前把财政赤字减少到 GDP 的3%，而这个目标的一半都要在今年完成。随即，抗议示威游行在希腊首都雅典此起彼伏，以致政府机构瘫痪、社会秩序大乱。全球股市也随希腊形势的变化而变化。5月4日，欧美股市全线大跌；6日，道指盘中暴跌近千点，大有蔓延全球之势。

5月10日，欧盟27国财长被迫决定设立总额为7500亿欧元的救助机制（European Financial Stabilization Mechanism），帮助可能陷入债务危机的欧元区成员国，防止危机蔓延。其中，4400亿欧元由欧元区国家以政府间协议的形式提供，600亿欧元将由欧盟委员会从金融市场上筹集，国际货币基金组织将提供2500亿欧元。IMF 还承诺，如果欧盟成员国家需要进一步援助，IMF会按照既定贷款项目和程序，照章办事，再次与欧盟合作。

希腊主权债务危机的起因很简单。2009年10月，新上台的希腊社会党政府宣布，2009年财政赤字占 GDP 的比例将达到13.6%，远远高于欧盟《稳定与增长公约》（*Stability and Growth Pact*）允许的3%的上限。希腊公共债务已占 GDP 的115%，大幅超出欧盟限定的60%的上限。希腊财政系统的可持续性由此遭到质疑。2009年底，全球三大评级公司下调希腊主权债券评级。2010年4月底，标准普尔进一步将希腊主权债务评级降为"B⁺"，使其成为垃圾债。

救助希腊，一方面需要欧盟和IMF的财政支持，另一方需要缓解金融市场的流动性紧缩。2008年经济危机中的"有毒资产"是与房屋贷款有关的次级债券及其衍生品；现在的"有毒资产"是希腊主权债券，葡萄牙、爱尔兰、意大利和西班牙的主权债券紧随其后。德国银行、法国银行都持有大量"有毒资产"，短期借贷利率由此突然上升，于是银行普遍惜贷，造成欧洲金融市场流动性减少，经济紧缩。这也在不同程度上影响到美国和其他国家。

为缓解流动性紧缩，欧洲中央银行（ECB）采取与美联储在次贷危机中类似的救助方式，同意购买低质量国家债券和私有债券，推出3-6个月的贷款设施；并且，为应对美元短缺，还与美联储互换货币（dollar liquidity swap lines）。其中，中央银行间互换货币的运作是这样设计的：外国中央银行（这里指ECB）以本币作为抵押从美联储借美元，然后把借到的美元转手借给本国想买美元的金融机构；在贷款到期后，外国中央银行（ECB）以借贷时的汇率把美元还给美联储，并偿还利息；这样美联储不承担任何汇率风险和利率风险。

在ECB宣布这些措施之后，欧洲债券市场有明显好转；不过股票市场仍然起伏不定，这说明任何外围救助都不能取代希腊政府本身"瘦身"的努力。希腊政府向欧盟和国际货币基金组织许诺的减支计划（austerity measures）中，包括取消公务员奖金，公务员薪水降低14%，增值税从21%提高到23%~24%，平均退休金减少11%，高收入人员的退休金减少更多。虽然这些措施很有可能会使2009年已高达9%的失业率进一步恶化，但"瘦身"就意味着勒紧裤带过日子，就是要达到"又让马儿跑得快，又让马儿不吃（少吃）草"的目的。

2. 是否应该挽救希腊

希腊危机爆发超过半年，绵延不断，主要原因之一是国际社会不能当机立断地采取救助措施。越早救助，问题的严重程度越轻，救助成本就越小；越是拖延，救助的成本就越会成倍扩大。在这种情况下，国际社会几乎无一例外，都会拖到不得不救的最后一刻。这样的例子屡见不鲜，例如1994—1995 年墨西哥货币危机（详见《哈佛经济学笔记》中萨默斯讲课系列第 57 页"挽救墨西哥"）。

而不能当机立断的原因又是解决危机需要承担风险，担当责任和经济负担。这种事情谁愿意做？国际社会内部分歧诸多，议而不决。救助类似危机中的国家是国际货币基金组织的本职工作，国际货币基金组织比其他组织更有可能通过自己的条件性约束（conditionality）使希腊履行减缩开支的承诺。但欧盟是否愿意求助于国际货币基金组织在 2010 年初又是一个问题，涉及欧盟领导人的面子问题——是否愿意承认欧盟不是一个真正的联盟。

肯尼迪政府管理学院国际经济教授弗兰克尔在 2010 年 2 月份撰文，说欧盟仅仅是一个货币联盟，不是一个财政联盟（fiscal union），这是人尽皆知、不可回避的事实。如果欧盟的主要国家——德国、法国——的纳税人愿意为希腊危机埋单，那没问题。问题是他们不愿意。他们的想法是，希腊政府一贯机构庞大、效率低下，为什么花钱慎重、责任心强的政府要为花钱随意、责任心弱的政府埋单？所以德国、法国的领导人一方面宣称不会对希腊危机坐视无睹，另一方面屈于国内的政治压力，迟迟拿不出解决方案，一拖再拖。弗兰克尔说，其实那些财政纪律良好的北欧成员国家最应该支持希腊从国际货币基金组织那里借钱，否则这些钱就得从他们自己纳税人的口袋里出。他们或者是务实一些，选择从国际货币基金组织那里借钱，或者是死要面子（硬撑着"欧盟是一个真正的联盟"）活受罪（自己借钱给希腊）。

欧盟从起初的犹豫不决到最后同意救助；从顾全面子，不愿意求助国际货币基金组织到被迫同意求助；援助计划从 1100 亿欧元贷款增长到 7500 亿欧元，再增长到由全球多家央行支持的 1 万亿美元援助计划，这其中的周折可想而知。要想成功救助希腊，救助计划就要足够快、足够大、足够有信誉（credible），这样才能阻止事态进一步恶化蔓延。但弗兰克尔（Jeffrey Frankel）持异议。他说，这种想法是基于国际社会一定会救助希腊的假设上的。如果这个假设成立，我们就要担心"道德风险"（moral hazard）的巨大副作用，欧盟在《马斯特里赫特条约》（Maastricht Treaty）和《稳定与增长公约》中强调的财政纪律在实践中就无法落实。弗兰克尔在 2 月份时主张，让希腊债务问题再严重一些，等到希腊政府从资本市场上借不到款，难以为继，他们才能认识到希腊需要的体制改革是多么重要，多么迫在眉睫，多么不可避免。

多年来，欧盟国家间主权债券利率一直相差无几，这非常奇怪。这说明资本市场不分青红皂白，把希腊债券和德国债券等同视之。直到 2009 年底这两个国家的国债利率差才迅速拉开。弗兰克尔说，这才是正常的，这本身不是坏事。他认为，国际社会并不一定要救助，更不能没有鉴别地全部救助，至少应该有一两个在危机中破产的案例，起到"杀鸡给猴看"的警示作用。2008 年 9 月雷曼兄弟（Lehman Brothers）的破产和 1998 年 8 月俄罗斯政府不能为国债按时还款付息就是这样的例子。救助谁、让谁破产的标准看起来随意，没有规则，但这比另外两种选择要好：右派支持的让所有陷入危机的公司或国家都破产和左派倾向的救助所有陷入危机的公司和国家。当然最好的选择是让那些最该遭到破产厄运的公司或国家破产。

3. 普遍主权债务问题及对策

如果一两个国家有债务问题，在不能调整汇率的情况下，他们可以通过降低物价和工资来刺激出口和投资，然后走出困境。但是主权债务沉重的问题非常普遍，依靠出口解决国内问题难以实现。严格地说，欧元区的 16 个成员中，没有一个国家的政府赤字目前控制在 GDP 的 3% 以内；他们的平均赤字在 GDP 的 7% 以上。除希腊以外，爱尔兰、意大利、西班牙、葡萄牙的赤字和债务问题都很突出，而且这些国家的人口老龄化使政府在今后医疗保险、退休金方面的负担更加沉重，政府赤字及债务状况很难有根本改观。

如何在缺少欧盟中央集权的情况下，控制欧盟成员国家的财政赤字呢？哈佛大学经济系教授马丁·费尔德斯坦在 2010 年 5 月 18 日的《华盛顿邮报》发表文章，建议欧盟学习美国州政府在这方面的经验。美国 50 个州都有各自的税收政策和财政预算，州与州之间互不干涉；州政府的赤字率和负债率普遍很低。即便是财政赤字突出的加州，赤字占州 GDP 的比例也仅仅是 1% 左右，总负债率小于州 GDP 的 4%。为什么呢？因为每个州的法律虽然允许州政府为基础设施项目（infrastructure projects）在资本市场融资，发放债券，但严格禁止州政府为维持日常运作（例如公务员薪水等）的固定花销而借贷。这使得州政府的债券在资本市场比较受欢迎，州政府可以以低成本（低利率）融资。

费尔德斯坦也注意到欧盟成员国与美国州政府之间的不同。欧盟毕竟没有中央政府，成员国还需要按照自己国家的经济发展情况采取逆经济周期的财政政策，也有各自国防的需求，所以在制定类似美国州政府那样的法律的时候，要留有余地和适当的灵活性。例如，当成员国的 GDP 呈现负增长的时候，所允许的财政赤字的程度应适当放宽。如果欧盟各成员国有这样约束开支的法律，那么这些主权国家的国债在资本市场就会受到青睐；这些国家可以相对容易地融资。欧洲中央银行也可以采取措施鼓励成员国制定这样的法律，例如，只接受在宪法中有赤字上限的国家的债券为抵押。

4. 是否应该保卫欧元

希腊危机爆发以来，欧元已经显著贬值。2010 年 5 月 17 日，欧元对美元汇率创近 4 年的新低，1 欧元兑换 1.216 美元。欧元的命运前途未卜。5 月 6 日，普林斯顿大学的著名经济学家克鲁格曼（Paul Krugman）在《纽约时报》的专栏中指出，希腊有四条出路：（1）希腊员工接受降低工资、勒紧裤带生活、降低生产成本的现实，直到希腊的产品和服务便宜到再次吸引投资、就业机会不断增加的时候，情形才能转危为安。（2）欧洲中央银行采取宽松货币政策，购买大量政府债券，接受通胀的后果，以缓解经济紧缩的痛苦。（3）加强欧洲财政联盟，使柏林成为欧盟的华盛顿，对陷入危机的国家给予财政支持，缓解欧元区中受债务拖累的国家紧缩财政的困难。

这三种选择从政治层面说，都是困难重重。如果不能兑现，那么剩下的唯一选择就是希腊脱离欧元。这似乎不可想象，但是如果欧洲领导人仍然不能坚决果断、重磅出击，那么这是唯一的出路。这就如同 2001 年阿根廷不得不放弃与美元的固定汇率一样，一直被认为不可能的事不但变得可能，而且成为现实（从 2011 年 1 月中旬的形势看来，欧盟一直向第二和第三个方向发展）。

保卫欧元是政治决心和经济现实相互较量的过程。欧元区的建立首先是欧洲各国政府的政治决策。1979 年成立欧洲货币体系（European Monetary System），1992 年签订的《马斯特里赫特条约》（Maastricht Treaty）都是在政治决心的驱动下，政府间协商的结果。没有政府的决心与努力，就不会有 1979 年欧洲货币单位（European Currency Unit）的诞生，更不会有 1999 年欧元的启动和 2002 年的欧元全面进入流通领域。当然，这中间也有经济因素。欧元取代 16 个国家的货币，从理论上说，减少了汇率变化的不确定性，有利于促进国家间的贸易和投资。这种好处在实践中有多大，学者的看法不尽相同（详见本章"比较固定汇率与浮动汇率"）。

拥有共同货币最根本的问题是，欧元区各经济体差别很大，没有一种利率适合所有的国家，客观上需要各自实行符合自身经济状况的利率政策。然而现实情况却是，欧元区只有一个欧洲央行决定货币政策，各国无法根据各自情况，通过货币政策调节自身宏观经济。一般来说，形成欧洲央行的货币政策时，能真正得到关注的只是最大经济体的经济状况，即德国和法国。如果其他国家的经济周期与德、法完全一致，尚无多大问题。但如果各国经济周期不同步，宏观调控就有问题。现在欧元区成员国不仅没有独立的货币政策，连财政政策调整的空间也受到了极大的限制。英国没有加入欧元区，在此时就充分显示出保留自己货币的优越性了。牺牲各成员国独立的货币政策就是统一货币的最大成本。如果同一利率不适用于所有国家，那么欧元区并非是"最佳货币区"（Optimal Currency Area，详见本章"最佳货币区域"一节）。

货币联盟有这么多根本的问题，为什么希腊还在 2001 年加入欧元呢？

除了有加入欧洲发达国家经贸组织的荣耀以外，还有一个实际好处：以欧元计价的希腊政府国债利率在 2001 年后显著降低，并持续了好几年。希腊10 年国债利率有时比德国国债利率高出不到 30 个基点（basis points）。欧元提供了一个"隐性保护伞"（presumed implicit guarantee），希腊政府可以以低成本借贷。这在某种程度上促使了希腊政府在花销上大手大脚，而这个隐性保护伞就是德国、法国等主要欧盟国家的信誉。

最佳货币区域是否需要政治统一，既有统一的中央政府，且有权力和能力在区域之间实施财政转移支付（transfer payment）？哈佛大学经济系教授格里高利·曼昆（Gregory Mankiw）对这个理论基础表示怀疑。他说，19 世纪的美国有统一货币，当时的联邦政府非常小，几乎没有转移支付的功能，但统一货币没有什么问题。当然，当时的劳动力市场没有现在的"刚性"（例如保护劳工权益等法规），工资自动调整，非常灵活。虽然勒紧裤带生活、让工资和价格调整是一个痛苦的过程，但相对于脱离欧元可能比较容易。曼昆承认，在 19 世纪的美国，人们可以跨州选择居住地，没有任何障碍；而希腊劳动力几乎可以肯定不能随意在欧盟国家移民，因为他们不说德语或法语；语言障碍限制了劳动力的自由流动。如果工资和劳动力市场都不能灵活调整，那么欧元的生命就接近尾声了。

5. 希腊危机对美国的影响及其深层意义

希腊危机对美国的影响有多种。首先，最直接的影响是美国金融机构持有"有毒资产"的数量。根据美联储理事丹尼尔·塔鲁洛（Daniel Tarullo）2010 年 5 月 20 日在众议院听证会的证词，美国 10 大银行持有 600亿美元的和希腊有关的有毒资产，占他们"第一层资产"（Tier 1 Capital）的 9%。但如果欧洲主权债务进一步恶化，这些银行以及其他持有有毒资产的各种基金都会损失更大。其次，欧洲主权债务危机引起利率普遍升高，流动性减少，美国也无法置身事外，有可能导致美国再次经历次贷危机中的困境。在融资成本升高的情况下，一些机构的资金链有可能断裂，被迫贱卖资产，导致资产价格暴跌，各种抵押资产贬值，人人都面临破产的挑战，就像 2008 年 9 月雷曼兄弟破产后的情形一样。塔鲁洛说，虽然这种情形发生的可能性很小，但不是没有。最后，欧洲的金融动荡会影响与美国的贸易。欧洲从美国进口的物品占美国物品出口（merchandise exports）的1/4。欧洲经济衰退会减少对美国出口的购买力。更重要的是欧洲经济动荡有可能给全球经济复苏蒙上阴影。全球经济的大气候对美国出口和美国金融机构的健康程度有更直接、更显著的影响。美联储帮助欧洲中央银行也是为了自保——保护美国经济不受或少受外部经济动荡（external shocks）的影响。

在欧洲债务阴霾的笼罩中，美国财政状况也被与希腊相提并论。美国赤字是 GDP 的 9.9%，总债务是 GDP 的 53%（关于美国债务及赤字的详细情况，见《哈佛经济学笔记》中第 102 页"费尔德斯坦讲财政政策：美国的账本"）。美国保守派把普遍的主权债务危机解释为现代"福利国家"的危机：是这些国家的福利政策——失业金、退休金、医疗保险等社会福利政策——导致了债务危机，而且人口老龄化会使"福利国家"面临的主权债务更加严重。在保守派看来，奥巴马的医疗改革方案正在扩大医疗保险覆盖面，增加政府的医疗花费，与减少赤字的愿望背道而驰。如果不改善美国的退休金政策（详见《哈佛经济学笔记》第 125 页"美国社会保障制度的挑战与出路"）、失业金政策和医疗保险政策（关于美国医疗体制的现状及改革，详见本书第二章），使这些政策"瘦身"，希腊的今天就是美国的明天。

克鲁格曼在 2010 年 5 月 13 日的《纽约时报》撰文，说明美国与希腊的不同。希腊国债的利率大约是美国国债利率的两倍，这说明投资者预计，希腊政府有还不起债的可能，而美国政府几乎完全没有。美国政府总债务占 GDP 的比例仍然远远低于希腊政府。更重要的是，美国有冲出危机的清晰路径，而希腊没有。由于财政刺激政策和宽松的货币政策，美国经济从 2009 年中期开始恢复增长，现在失业率有所下降，政府税收有所增加。在今后几年中，美国的赤字情况会有所好转。而希腊的出路仍不明朗。它没有自己的货币，不能通过贬值促进经济增长；脱离欧元在政治上似乎不可想象；降低政府职员的工资、接受通货紧缩和经济零增长还不知道是否行得通。

克鲁格曼承认，美国长期债务负担不可小视。他指责美国最富有的 1% 的人享受了 39% 的小布什政府制定的减税政策的好处。他认为，美国债务负担的主要原因是持续上升的医疗成本，好在奥巴马政府已经着手控制医疗成本，提高效率。美国长期债务状况要通过改革医疗系统和其他增加税收的方式来解决。他谨防那些美国保守主义者利用欧洲债务危机否定美国的福利政策，威胁 2010 年 3 月份刚刚在国会通过的扩大医保覆盖面的医疗改革（*PPACA* 的立法，详见本书第二章）。

哈佛大学肯尼迪政府管理学院经济学家丹尼·罗德里克（Dani Rodrik）认为，希腊危机更深层次的意义是它昭示了"世界经济的政治不可能三角形"（the Political Trilemma of the World Economy）：经济全球化（economic globalization）、政治民主化（political democracy）和主权国家（nation state）三者不可兼得。我们要想保留民主政治和国家主权，我们就不得不限制全球化；如果我们要进一步全球化，同时保留国家主权，那我们就不得不牺牲民主政治；如果我们要保留民主政治，并且深化全球化，那我们就必须削弱国家主权，寻求更大范围的超国家主权的国际治理（greater international governance）。这与萨默斯在 2008 年春季开设的全球化课程中的思维框架有相似之处。萨默斯在课上通过具体事例，多次说明政府主权（national sovereignty）、公共利益（public good）和国际一体化（international integration）三者不可兼得（详见《哈佛经济学笔记》第二章"萨默斯讲课系列"）。

第二章
有关医疗体系的政治与经济

美国医疗体系一方面费用昂贵，高于其他发达国家，另一方面治疗效果不均，质量各异；一方面1/6的人口因为没有医疗保险而消费不起医疗服务，另一方面5/6的有医疗保险的人口过度消费，浪费资源，造成"冰火两重天"的局面。奥巴马总统在2009年9月9日黄金时间就医疗体制改革的讲演中，晓之以理，动之以情；深谙世故，又超凡脱俗，誓言要改变现状。但是他面临的政治、体制和预算方面的限制太多。无论现实多么不合理，改变现状也是困难重重。本章前三节记录了2009年医改前夕的争论，后七节以曾经参与策划医改的哈佛大学经济系教授卡特勒在2010年秋季开设的一门经济学课程为线索，阐述为什么美国医疗改革举步维艰。

第一节 美国医疗体制现状

> 虽然美国 GDP 的 16% 都花在医疗方面，仍然有 15% 以上的人没有医疗保险（大约 4000 万人）。美国医疗体制改革的核心问题在于如何控制医疗成本，同时扩大医疗保险的覆盖面，并且还要给医务人员动力，提高服务质量和治疗效果，激发研发人员创新的积极性。如何把这些看起来相互矛盾的目标协调统一起来，就是这次体制改革的挑战。

（2009 年）入秋以来，国会上辩论的主要议题之一是医疗体制改革。美国医疗体制中的问题非常棘手，也非常紧迫。棘手是因为很难平衡多方面的利益，无论怎么改，都会有人抱怨。紧迫是因为医疗费用在无节制地增长，其中政府承担的医疗保险和医疗补助（Medicare 和 Medicaid）在迅速侵蚀大量财政收入。奥巴马总统在 9 月 9 日晚黄金时间对国会上所有议员就医疗改革发表公开讲演。他把医疗问题定义为美国国债问题。他说："如果我们让医疗费用一如既往地增长下去，政府在这方面的费用很快就会比在所有其他方面花销的总和还要多。"

美国政府承担两类人的医疗费用：医疗保证计划（Medicare）承担 65 岁以上老人的费用；医疗补助项目（Medicaid）承担低收入人群的费用。这两个国家医疗项目在 1966 年是政府总花销的 1%，现在是 20%，而且迅速上涨，挤压政府在其他方面的预算。2000—2008 年，美国经济增长了 4.4 万亿美元，其中 1/4 都花在了医疗方面。国会预算办公室（Congressional Budget Office）预计医疗方面的花销会从现在占 GDP 的 16% 上涨到 2035 年占 GDP 的 30%。

Medicare 和 Medicaid 覆盖面以外的人群一般是通过雇主提供的集体医疗保险（employer provided group health care plan）保障医疗需求。这些保险是私营保险（private health care plans）；Medicare 和 Medicaid 是国家对老人和穷人提供的公费医疗。它们各占所有医疗费用的一半。

目前雇主把在医疗保险方面的花销和其他花销一样，从营业额中减去，然后计算利润，再根据这个利润缴税。也就是说，雇主给员工购买的医疗保险的费用属于公司税前收入。而员工个人也不为收入（salary and wage）以外的医疗保险和其他福利缴税。国家为了鼓励人们拥有医疗保险而损失了这部分税收。这样的税制鼓励雇主少付工资，多提供福利。所以雇主提供的集体医疗保险一般来说太宽松（too generous），病人自己负担的部分（co-payment）太低。

多数经济学家认为这个 1954 年通过的法案早就应该被取缔，开始对雇主提供的医疗保险征税。但有组织的工会反对这个建议，担心这样做会损害美国中产阶层的利益。而白宫曾经保证过，不会对中产阶层提高税收。反对工会的人指责说，工会就是利用税收法律的缺欠，向雇主要求非常宽松的医疗保险计划，然后反过来再向员工证明自己存在的价值；他们有意忽略"羊毛出在羊身上"的道理：从公司的角度说，员工成本是工资加福利，一方面多了，另一方面就会少。

虽然美国 GDP 的 16％都花在医疗方面，但效果不好，还有 15％以上的人没有医疗保险（大约 4000 万人）。2008 年 9 月份金融危机以来的 12 个月中，没有医疗保险的人数又增加了 600 万。最新数据（9 月 9 日）表明，现在的贫困率是 20 世纪 90 年代初以来最高的。相比之下，法国在医疗方面的花销是 GDP 的 11％，而所有法国人都有医疗保险。而且，美国医疗服务质量不好，治疗效果不均，价格更是满天飞，几乎没有客观标准。人口老龄化只会使问题更加严重。

没有医疗保险的美国人是既不符合 Medicare 和 Medicaid 的标准，也没有雇主提供医疗保险的那些人。他们或者失业，或者是个体户（self-employed），或者是小公司的雇员。小公司往往没有能力提供医疗保险，他们员工的唯一选择就是买个人医疗保险（individual health plan）。而这样的私人保险因为逆向选择的缘故（adverse selection），价格昂贵（个人医疗保险的价格是集体保险价格的三倍以上），他们无法承受，于是成了医疗体制外的游民。只有因突发事件，他们进入大医院的急救室的时候，才不必担心医疗费用。

美国医疗费用连年攀升的另一个原因是国会为了保护病人利益制定的法律（medical malpractice laws）。病人有权利根据这些法律为医疗事故上诉医生（医院），如果胜诉，医生（医院）要负法律责任。医生为了避免这些责任，一方面购买保险（medical malpractice insurance），一方面要求病人作过多的检查、测试，采取保守治疗。从他们的角度说，所有的成本反正都是由病人的保险公司承担，医生不在乎，病人也不在乎。这就导致保险公司不得不提高保险的价格（insurance premium）。即使是雇主提供的集体医疗保险计划，一家四口人每年的健康保险也要在 13000 美元以上，个人保险价格就更高了，那些小公司和失业人员根本无法承受。

在如何降低私营医疗保险价格的讨论中，保险市场是不是一个充分竞争的市场，是其中一个焦点。在美国 34 个州里（美国共有 50 个州），有 75％的保险市场被控制在 5 个或更少的保险公司手中。在亚拉巴马州，一个保险公司控制了将近 90％的市场份额。一种增加竞争的办法是允许保险公司跨州营业，另一种办法是国家创建公立的保险机构，与私营保险公司竞争，以降低产品价格、提高服务质量。共和党人士一般倾向前一种方案，民主党人士大多倾向后一种方案。

美国医疗体制改革的核心问题在于如何控制医疗成本，同时扩大医疗保险的覆盖面，并且还要给医务人员以动力，提高服务质量和治疗效果，激发研发人员创新的积极性。如何把这些看起来相互矛盾的目标协调统一起来，就是这次体制改革的挑战。

第二节 奥巴马政府的医改思路

> 奥巴马在讲演中晓之以理，动之以情；深谙世故，又超
> 凡脱俗，誓言要改变现状。但是他面临的政治、体制和预算
> 方面的限制太多。无论现实多么不合理，改变现状也是困难
> 重重。

奥巴马在 2009 年 9 月 9 日黄金时间的讲演中，明确指出极左派的想法、极右派的想法和他自己的主张的区别。极左派希望国家主导医疗，效仿加拿大样本，给每个人都上保险，承担绝大部分费用（single payer），严格限制私营医疗保险。极右派希望取消雇主用税前收入购买集体医疗保险的制度，扯平集体保险价格和个人保险价格的区别，让医疗和其他物品和服务一样受市场竞争的制约，减少甚至取消人为的市场扭曲。奥巴马说，双方的立场都有道理，但是都会对现有体制造成严重的冲击。他主张对现有体制"取其精华，去其糟粕"。

他希望把没有保险的美国人包括进医疗体系。他相信，美国这样的发达国家不应该让那些没有医疗保险的中产阶级因为医疗费用而倾家荡产，我们不应该眼看着那些已有疾病的患者（pre-existing conditions）被私营医疗保险公司排除在外，也不应该允许那些保险公司在接到病人的账单后找各种理由拒绝付账。

奥巴马曾经主张创建国有医疗保险机构与私营医疗保险公司竞争，降低保险价格，吸纳上千万没有医疗保险的人。但共和党议员强烈反对，认为这些举措是政府完全掌管（take over）医疗体系的第一步，与他们倡导的高效运营的私有经济理念背道而驰。

所以奥巴马在讲演中变换了表述方式。他说，要用四年的时间创建一个新的医疗保险市场（a new insurance exchange），为小公司和个人提供非常有竞争力的保险价格。如果他们还付不起这样的价格，政府会通过减税的办法鼓励他们上保险。在这个新的医疗保险市场，为了让私营保险公司

更加"诚实"，政府会设立一个非营利性医疗保险机构，以便让没有医疗保险的人加入。

为了争取共和党议员的支持，奥巴马有意采纳重要共和党人的想法。对那些私营保险公司不愿意接受的已患病的人，奥巴马采取共和党前总统候选人麦凯恩（John McCain）的建议，由政府提供低价格的保险（low-cost coverage）。为了减少故意讹诈医院（医生）的诉讼案件，奥巴马命令卫生部部长采取小布什时期的思路，对那些在这方面努力试点的州政府提供资金支持。例如，一些州政府鼓励医院及早承认医疗过失，赔礼道歉。一些州政府特意提高病人（病人家属）控告医生的门槛（要求第三方医疗鉴定等）。

奥巴马政府预计这次医改在今后10年中的成本是9000亿美元。钱从哪儿来？奥巴马在讲演中保证，他不会在任何增加财政赤字的医改方案上签字。他要求"羊毛出在羊身上"：用医疗改革中节省出来的钱偿付改革费用。少花钱，甚至不花钱，还要多办事，谈何容易！

很多改革方案都需要眼下增加投入，以后才可能见到好处，而且这仅仅是一种可能，能否实现还要看落实情况。一种省钱的办法是剔除医疗保证计划花销中的大量浪费，通过改善医疗系统的信息设备和流程，减少重复劳动和行政成本。但是提高计算机系统本身就需要资金投入。减少医疗补助项目花销令65岁以上的老人担心，这是否会影响他们的医疗福利。奥巴马决定成立由医生和医疗系统专业人士组成的独立调查小组，调查可以避免的浪费，推广最佳管理体系（一些州的医疗质量和医疗成本明显比其他州好）。

在9月9日的公开讲演中，奥巴马晓之以理，动之以情；深谙世故，又超世脱俗，誓言要改变现状。但是他面临的政治、体制和预算方面的限制太多。前不久，奥巴马还提议取消房屋贷款利息部分免税（tax deductability of mortgage interest）的制度；提议对社会公益事业捐款减税幅度设定上限（cap the highest tax bracket for charitable contributions at 28%）。但国会议员对这两项提议都非常冷淡。无论现实多么不合理，改变现状也是困难重重。

第三节 右派经济学家的异议：应该 "国退民进"而不是"国进民退"

哈佛大学经济系教授费尔德斯坦和曼昆分别撰文指责奥巴马政府医改思路中的问题：大搞医疗平均主义，打击医疗科技创新等。他们更倾向用"国退民进"的方法来应对美国医疗体系中的各种挑战。

在此起彼伏的反对声中，很难区分哪些是政府提案中真正的不足；哪些是既得利益者在为自己的利益说话；哪些是因为党派或个人原因，根本就不愿意看到奥巴马入主白宫，于是鸡蛋里挑骨头，政府的提案再完美，动机再真诚，也是不好的。但有一点可以肯定，人有不同的信仰，有人更相信政府，有人更相信市场。相信市场的人看到的是相信政府的人的种种弊端。

哈佛经济系教授马丁·费尔德斯坦先后在 2009 年 7 月 28 日和 8 月 18 日就医改问题在《华尔街报》发表评论员文章，指责奥巴马为了 15% 的人的利益，牺牲 85% 的人的利益。奥巴马医疗改革的整体思路在他看来是错的：奥巴马在追求医疗方面的平均主义；奥巴马增加医疗保险覆盖面的办法不仅仅是建立在减少医疗保证计划（Medicare）支出的基础上，而且是建立在要减少所有人医疗支出的基础上。费尔德斯坦怀疑，这会降低医疗服务的总体数量和质量，影响人们的健康。他认为，解决医疗问题的办法不应该是"国进民退"，而是"国退民进。"

他说，奥巴马这次改革的首要目的是为低收入人群谋福利。政府通过医疗补助项目（Medicaid）每年为低收入人群承担的医疗费用已经将近3000 亿美元，还要再为这些人在今后的 10 年中多花 9000 亿美元。这是不是有些过头了？其实奥巴马所说的"低收入人群"指的是较低收入人群，是泛指，这些人在奥巴马的定义中是美国中产阶层，真正的低收入人群已经包括在 Medicaid 的覆盖范围当中了。

费尔德斯坦说，即使要提高奥巴马所说的那些低收入人群的福利，我们也应该想出更经济实惠、更高效的办法。奥巴马提出的通过增加最高收入人群的个人所得税来填补财政缺口的办法不会奏效。经验告诉我们，把最高收入人群的35％的边际税率提高到45％，只会打击他们工作的积极性，减少他们的收入，进而减少从这些人那里收上来的税，增加财政赤字。

奥巴马医疗改革的第二个目的是减缓政府医疗开支的增长。费尔德斯坦认为，控制成本不是高高在上的官僚用一刀切的指令就可以解决的；市场才是控制成本最好的机制。"国退民进"意味着减少政府在医疗费用领域的份额。他说，增加病人负担费用比例的最简单的办法是提高医疗保证计划和医疗补助项目中个人承担部分的上限：这个限度以下的费用由病人自己承担，超过部分由国家承担。他还建议提高病人每次看医生的费用（co-payment，目前在15美元左右，由病人自己负担），这样病人在与医生预约之前会更加慎重，仔细考虑有没有必要为小病看医生。

现在的问题是，有医疗保险的人动不动就去看医生，医生知道病人有国家医疗保险（Medicare 和 Medicaid）或私营医疗保险，随意要求病人作各种检查；检查越多，他们的收入就越多。这就造成了美国医疗业"冰火两重天"的局面：一方面，有保险的85％的人医疗消费过剩，有大量浪费；另一方面，个人医疗保险价格太贵，门槛太高，有15％的人买不起保险，几乎完全没有医疗消费。

费尔德斯坦认为，控制医疗费用增长的更长远、更根本的办法是鼓励人们建立"医疗储蓄账户"（health savings account），鼓励他们储蓄税前收入的一部分，为老年以后医疗花费作准备。这和他主张建立个人退休储蓄账户（personal retirment savings account）的思想一脉相承（详见《哈佛经济学笔记》第三章"费尔德斯坦系列"）。他的主要目的是要每个人为自己的行为负责——承担自己的医疗费用和退休养老费用——而不是依赖政府解决这些问题。这样的好处是每个人可以酌情而定，而不是政府用"一刀切"的方式替你作决定。

设计政府医改方案的人员指出，医院花销的一半都是人们临终前最后一年的医护费用。他们打算通过"成本—效率研究"（cost effectiveness research,

CER）甄别哪些治疗是花销相对小、效果相对大的，进而是国家和私人医疗保险应付的花销；哪些是得不偿失的治疗，是不必要的浪费。奥巴马在 2 月份通过的财政刺激方案中已经为 CER 提供了 100 多万美元的创建资金。

费尔德斯坦认为，CER 的规定根本无法从病人的具体情况出发，会"一刀切"，不够尊重病人的个人意愿，而且还会打击医药创新的积极性；科研人员会担心，CER 会因为他们的新发现"太贵了"而被拒之门外。费尔德斯坦主张允许私营保险公司跨州营业以增加竞争，降低加入保险的门槛；没有必要创建国有保险机构（或医疗方案），因为那样只会导致国家成为整个医疗体系的最终付款人。

虽然医疗费用连年增长，但费尔德斯坦认为，GDP 也会连年增长，我们负担得起；我们不能让"国进民退"抑制美国医疗体系中最好的部分。85％有医疗保险的人过度消费也有好的一面：分散的市场机制使美国拥有最先进的技术治疗疑难病症，很多有保险的其他发达国家的病人到美国来看病就是最好的证明。

曼昆在 9 月 20 日《纽约时报》发表评论员文章，指出医疗费用增长的主要原因是医疗技术的更新换代；医疗系统中有浪费，但不是主要原因。他认为，医疗技术方面的创新即使价格昂贵，也是好事，比没有创新要强。

把所有人都纳入医疗保险系统听起来充满人道主义情怀，很有魅力，但现实是严峻的，每个人和每个国家都面临预算限制，而且医疗成本越来越高，我们没有办法实现两全其美。经济资源的不平等是自由社会一个不诱人的特点，但这是自然而然的。在医疗成本占整体经济比例日益增长的今天，我们必须决定我们愿意失去多少自由，限制多少自然的经济资源的不平等来换取所谓的"公平"。

民主制度下，精英治国就是聪明人在制约聪明人，谁也不服谁，谁也不能走极端。民主党在 100 人的参议院中占 57 个席位。另外还有两名独立议员既不是民主党也不是共和党。他们在这个问题上估计会站在民主党一边。民主党还需要说服至少一名共和党议员，才能拿到 60 张赞成票，才可以阻止共和党的拖延策略（opposition filibuster），进而通过议案。国会博弈的产物自然是某种程度的折中，折中的程度如何还需拭目以待。

第四节 模拟联合国峰会：联合国千年发展目标可行吗

> 卡特勒把学生分成八个小组，分别代表政府、大学、国际组织和医药研究与生产厂商行会等部门的利益，要学生设身处地地站在这些国家或组织的位置上为今后作计划、作承诺；同时让观众席上的学生思考：我们是否有足够的资源、足够的能力、足够的决心在2015年以前实现联合国千年发展目标？我们是否能在如何采取行动的问题上达成一致意见？如果答案是否定的，我们应该怎样重新设计蓝图？

2010年秋季，大卫·卡特勒教授（David Cutler）为本科生讲授有关健康的商务与政治的课程（the Business and Politics of Health）。卡特勒的特色是，他是哈佛大学经济系在医疗体系方面唯一的专家。他的才干在1987年刚从哈佛大学本科毕业时就崭露头角：他的毕业论文经过修改被主流专业期刊发表，经常被引用（具体内容见《哈佛经济学笔记》第164~165页）。卡特勒因而从经济系获最高荣誉奖（Summa Cum Laude）。四年以后（1991年），他从麻省理工大学（MIT）获经济学博士；随后在哈佛大学任讲师，1997年晋升为终身教授。

卡特勒与波士顿各大医院、哈佛公共卫生学院、哈佛肯尼迪政府管理学院都关系密切。1993—1995年，他还是哈佛大学讲师的时候就服务于克林顿政府的经济顾问委员会（CEA）和国家经济委员会（National Economic Council），参与医疗改革和社会保障体系等方面的研究。进入新世纪以来，他参加过民主党总统候选人的智囊团，但因小布什成功连任两届总统，卡特勒的努力付之东流。

政治风水轮流转。当2008年民主党总统候选人奥巴马独树一帜的时候，卡特勒被纳入他的旗下，进而在奥巴马入主白宫之后，成为2010年3月在国会通过的美国医疗改革法案的主要策划者之一。为了在医疗政策方面提出洞见，卡特勒还与医疗技术领域保持联系。他是医药研究所成员（Institute of Medicine），也是老年研究联盟（Alliance for Aging Research）的技术顾问组的成员。

9月份整整一个月，卡特勒都在讲关于健康的宏观形势，解释大量跨时间、跨地域的数据图表，看起来鞭长莫及。例如，健康如何定义，如何度量？是不是国家越富有，人们越长寿以及诸如此类的巨大问题。答案很多时候与人们的直觉相吻合，但也不乏洞见。健康并不仅仅指一个人是否有明显的疾病，它还包括心理和生理等各方面不同程度的健康。因为包括的内容太广，很难度量，研究者一股用死亡率（mortality rate）、预期寿命（expected life expectancy）等容易统计的数据作为衡量一个人群健康程度的宏观指标。

一个国家的经济发展水平当然不是影响健康的唯一因素。在古巴、朝鲜、大约10年前的中国，人们的寿命较长，国家却相对贫穷；而美国人的寿命相对于高收入的经济水平来说是比较低的。这里判断的标准是从回归分析而来（横轴是人均GDP，纵轴是预期寿命，把所有国家的数据都放进去，通过回归分析，找到平均的趋势线，然后看一个国家的数据点是在这条曲线之上还是之下来判断）。

纵观人类健康历史，人的平均寿命从18世纪缓慢提高，从20世纪初迅速提高。可想而知，18—19世纪的工业革命对经济发展的促进作用，20世纪初公共卫生体系的建立（例如，清洁用水、上下水道、室内厕所等公共工程）和20世纪中期医药技术的突飞猛进（例如，消炎药和各种疫苗的发明）都是延长人们寿命的基本原因。这其中有洞见的问题是，如何排列这么多因素的轻重缓急？这个问题的答案意味着：贫困治理者在努力提高人们健康程度的时候，应该如何分配有限的资源，同时又能取得最大的成效。

模拟联合国峰会

直到10月5日科特勒组织了一次别开生面的模拟联合国峰会，他的授课意图才清晰可见。这之前一个月的那些宏大形势、数据分析突然显得有用而系统。他要学生把自己放在国家和世界卫生医疗体系的设计者的位置上，在了解问题复杂性的前提下提出自己的政见。出色的学生要有全局观、时代感和责任感。

卡特勒把学生分成八个小组，分别代表博茨瓦纳大学医学院（University of Botswana）、南非政府、美国外交部、中国政府、世界银行、联合国儿童基金会（UNICEF）、艾滋病服务组织国际委员会（International Council of AIDS Service Organizations）、美国医药研究和生产厂商行会（Pharmaceutical Research and Manufacturers of America，PhRMA）。学生用一周时间准备在联合国峰会上的发言：想象你自己就是这些组织的代表，你在联合国峰会上会怎么说？联合国 2000 年采纳的千年发展目标（UN Millennium Development Goals）能否在 2015 年按计划实现，尤其是其中三项与健康有关的目标？每个小组选 2~3 名代表到讲台前讲演 6~7 分钟。

准备这个发言需要一定的背景知识和材料。学生首先要了解联合国千年发展目标的具体内容。联合国在 1970 年就提倡发达国家为贫困国家每年提供相当于各自国民生产总值（GNI）0.7% 的国际援助（Overseas Development Assistance），包括美国在内的部分发达国家一直没有达到这个标准。

联合国在 2000 年设立了千年发展目标，敦促各国在 2015 年前在以下八个方面"达标"：（1）消除贫困和饥饿；（2）普及初级教育；（3）向妇女赋权（使妇女变得强大，empower women），鼓励男女平等；（4）减少婴儿夭折率（child mortality）；（5）改善母亲的健康状况；（6）与艾滋病、疟疾、肺炎和其他疾病作斗争，减少疾病传播；（7）确保环境的可持续性；（8）在全球范围，寻求伙伴关系以求共同发展。这八项内容都有各自的量化指标。其中，第四、第五和第六条都与健康有关。学生还要了解各自所代表的国家或组织的宗旨及其为实现这些健康目标所作过的各种努力。这些信息很容易搜集，只要找到这些组织在互联网上的网页就能掌握基本情况，做出漂亮的 PPT 演示。

学生的挑战是要设身处地地站在这些国家或组织的位置上为今后作计

划、作承诺。卡特勒曾经讲过艾滋病在世界范围的迅速蔓延，举例说明一些国家的成功策略（例如泰国对商业妓女的行为规范）和存在的问题。博茨瓦纳和南非都是艾滋病蔓延的高发地，大约 1/4 的人口都有不同程度的性病。

他们的研究性大学、他们的政府应该采取什么立场、什么措施、什么手段才能扭转恶性循环的态势？美国作为发达国家的代表对世界上疾病蔓延和贫困国家应尽怎样的义务？如何才能最有效地花美国纳税人的钱？美国对迅速崛起的发展中国家有什么期望和要求？（例如，代表美国外交部的学生要求中国政府在特定的扶贫项目上与美国有相应的承诺）。中国作为发展中国家的代表有哪些责任和义务？如何既承担应有的责任和义务，又不打肿脸充胖子，既尽力而为又量力而行？各种国际组织如何才能促进联合国千年发展目标的实现？医药研究制造商的企业行会怎样才能既帮助贫困国家，又保护自己的知识产权和一定的经济利润？

从全社会的角度思考问题

在"代表们"展示各自的 PPT 之前，卡特勒让观众席上的学生思考以下问题：你们要边听边想，他们有哪些领域没有提到，而这些领域又是应该提到的？我们是否有足够的资源、足够的能力、足够的决心在 2015 年以前实现联合国千年发展目标？我们是否能在如何采取行动的问题上达成一致意见？如果答案是否定的，我们应该怎样重新设计蓝图？

你也许在想：我这么一个年轻人初出茅庐，人微言轻，哪能帮助联合国设计蓝图？或者想，我这么一个平头百姓的小人物自己的事情还管不过来，哪里管得了远在天边的非洲难民或艾滋病患者？其实不然。如果你只想"管理好自己的事情"，就不必上大学，上中专或技术学校就够了——既不浪费自己的时间和精力，也不浪费别人的时间和精力。学一种实用的技能，不用为找工作发愁，可以生活得很好。一个正式管道工（plumber）的收入比大多数本科毕业生，甚至很多研究生毕业的人的收入都高很多。在大学里滥竽充数，敷衍了事，既骗别人也骗自己，何必呢？

如果你选择上大学，选择接受博雅教育（或通识教育），你的目标就不仅仅是个人生活得好坏的问题，而是你能不能使别人生活得更好。你不但要成为一个能辨别是非、有主见的公民，而且还要成为国家的"栋梁之才"，以天下为己任，有全局观，有时代感和责任感。如果只为自己求生存、谋出路，就不需要上大学。即使上大学，你也很难把自己放在国家和社会体系设计者的位置思考问题。

总结发言

在八组代表结束讲演之后，卡特勒问观众席上的学生：你们觉得哪组代表的讲演最有说服力？哪组代表的说服力最弱？假如你是联合国秘书长，你会怎么做？联合国应该起到怎样的作用？当然，你会持之以恒地办教育、办职业培训，加强妇女的力量，加大宣传力度，理顺信息传播流程，扩建服务设施，培训医护人员等。即便如此，你预计 5 年以后的形势会怎样？

最后，卡特勒即席调研：相信联合国千年发展目标在 2015 年之前实现有 50％以上可能性的同学请举手，有 25％以上可能性的同学请举手，有 10％以上可能性的同学请举手。结果显示，绝大多数人对实现这些目标的可能性持悲观态度。卡特勒说，即使今天所有代表的承诺都付诸实施，改变人们的行为和地区文化也需要相当长的时间。

卡特勒反问，如果你（联合国高管层）明明知道你提出的目标实现不了，为什么还要提出呢？卡特勒自问自答，或许提出目标的本身就会帮助我们明确目的，统一路径，协调行动。那么你们再想想，10 年以后的形势又会怎样？卡特勒清晰地意识到任务的艰巨，言谈之中流露出倾向扩建医疗服务设施、更多地培训医护人员这条途径。"明知不可为而为之"似乎是具有远大抱负的人的共同特点。

第五节　西方医疗体系的横向比较与历史演变

> 一个理想的医疗体系应该既平等又高效，还能鼓励发明
> 创造和使用先进医疗技术，而这些理想目标的本身就是相互
> 矛盾的。在这些矛盾中的不同选择体现了一个社会的价值取
> 向，没有任何一个国家的医疗体系完美无缺。

10月中旬期中考试以后，卡特勒开始进入他的"拿手好戏"——讲解医疗体系。一个国家医疗体系的运作太复杂了。一些专家用来解释这个体系的图示看起来像一团乱麻，无从下手。卡特勒让学生从医疗体系最基本的社会功能入手，思考这个体系中的三个基本组成部分及相互关系：需要医疗服务的病人、提供医疗服务的医护人员和医疗保险（私营的保险公司或国家保险）。保险公司从客户（病人和健康的人）那里根据条件（financing rules）收取保险费（premium），提供保险覆盖面（coverage），再根据付款规则（payment rules）付给医护人员；医护人员根据一定的就医原则（access rules）接纳病人。

一个理想的医疗体系应该既平等又高效，还能鼓励发明和使用先进医疗技术。"平等"意味着所有人只要有病，就应该受到同等质量的治疗；"高效"意味着没有过多或不足或错误地使用医疗资源；但"平均主义"的医疗体系往往不利于发明创造最新技术。高效率与保护隐私权有时也不能兼得。例如，把所有病人的病历都放在网络上，所有人随时都可以查询，虽然高效，但侵犯了病人的隐私权。正因为医疗体系的理想目标本身就是相互矛盾的，没有任何一个国家的医疗体系完美无缺。我们都生活在矛盾中，而在这些矛盾中的不同选择体现了一个社会的价值取向。

西方医疗体系之间的横向比较

美国医疗体系与加拿大、日本、西欧国家相比而言，更加市场化，更加不平等。加拿大、法国和英国都是国家通过税收，垄断医疗，成为唯一

支付医疗费用的主体（single payer），这样，所有公民无一例外，都平等地纳入国家医疗体系。在加拿大，各个州政府充当这一角色，医生的收入大约只是美国医生收入的一半。

这样做的问题是医疗供给受到限制：挂号难，排长队，有重大病情的人等不及排队只能到美国来动手术。医生下意识地少用手术（rationing），手术是医生不得已而为之的最后策略。结果是，加拿大人动手术的概率小，总数少，但各种健康程度指标却比美国人高。相比之下，美国人动不动就手术治疗，效果并不好。美国在医疗方面的花费现在是 GDP 的 16%，而加拿大的医疗花费是 GDP 的 11%。英国人来美国看病的地理条件没有加拿大人那么便利。有经济能力的英国人可以付高价，正当地迅速见到医生，不用排队或者少排队。加拿大没有这个合法渠道，有钱没钱都一样，医疗体系一视同仁。

日本也非常注重平等就医，把病人承担的费用（co-pay）压缩得很小，医生的利润很薄。那日本医生怎么办呢？他们的对策是一方面提高周转率，几分钟就看一个病人，紧接着就看下一个；另一方面多开药，以药补医。结果是，日本人是吃药最多的，照片子最多的，做各种检查测试最多的人口。所以有人说，日本的人均寿命最高与日本医疗体系毫无关系。

美国相对于其他主要发达国家的优势在于医疗技术更新快，发明创造多。美国医疗费用占 GDP 的比例从 20 世纪 60 年代的 2% 增长到现在的16%，部分原因是现代治疗思想和手段与 50 年前截然不同。20 世纪 50 年代，医生对心脏病人的建议经常是吃止痛药和卧床休息，这当然也是最便宜的治疗方法，完全没有现在的高科技。当新的更有效的医疗技术、设备和医药被发明出来时，新的问题也产生了：成本和价格太高产生了不平等和公平与否的问题。美国不搞平均主义，高成本、高价格自然而然地就把很多人排斥在外了。

西方医疗体系的演变过程

二战以来，西方医疗体系基本经历了四个发展阶段。20 世纪 50、60年代，英国成为全民医疗的"领头羊"。全民医疗是指所有人向政府缴纳医疗保险，政府用这些保险费来承担所有医疗成本。1945 年工党领袖克莱门特·艾德礼（Clement Attlee，1883—1967 年）击败保守党领袖丘吉尔，成为英国首相。他决定按照自由主义经济学家、社会改良家威廉·贝弗里奇（William Beveridge，1879—1963 年）在 1942 年写的著名报告（*Social Insurance and Allied Services*）建造社会保障体系。贝弗里奇的理念是，所有生病的人——无论富有还是贫穷——都能够就医，而且都能够得到同样质量的治疗；费用不应该是任何人的障碍。当所有人都能享受宽厚、人道的服务，不受价格的限制，那么人们的倾向就是过度消费，使医疗供给显得供不应求，成为"瓶颈"。

20 世纪 70—80 年代，医疗领域改革的主旋律是控制成本。70 年代的两次石油危机使美国经济进入滞胀阶段。80 年代初，美国经济衰退，政府赤字开始膨胀，医疗体系感到成本的压力。每当经济衰退的时候，那些国家主导医疗支出的政府就不得不削减医疗开支。最近 20 年，医疗体系主要以增加竞争为手段来控制成本。加拿大、法国、意大利和日本都增加了病人承担的费用的比例（cost sharing）。保险公司和医疗组织之间都增加了竞争。这些策略在一段时间内起到一定作用，但不久新问题又出现了。医疗组织（医院、医生）开始不同形式的合并，以提高讨价还价的能力。1999 年英国建立国家医疗质量研究所（National Insitute of Clinical Excellence），主要任务是评估新医药技术的成本与效益。这与美国医改中被共和党指责的"死刑委员会"（death panel）的意思类似。

接下来，第四阶段的医疗改革方向应该是什么呢？美国体系面临的主要问题是连年递增的医疗成本；不均匀的医疗质量；大约 1/6 的美国人没有医疗保险（在正规医疗体系之外），不能平等就医，消费不起；与此同时，另外 5/6 有医疗保险的人过度消费医疗资源，造成浪费。卡特勒倾向的答案是，医疗供给统筹管理（rationing），改革付账体系（payment system），增加病人承担的费用比例，增加在预防疾病、健康宣传等方面的投资。

第六节 美国医疗体系的演变过程

几届美国总统曾经都有"国家主导"、"全民医疗"的愿望，但面对巨大的反对势力，他们的努力大多不了了之，效果甚微。2010 年 3 月国会通过的《病人保护和经济适用医疗法案》在"全民医疗"方面迈出了重要一步。

任何重大体系的改革都有自己的历史。美国的医疗改革并不是最近两三年才引人注目的，它有大约一个世纪的历史。1912 年泰德·罗斯福总统（Teddy Roosevolt）就承诺要建立国家医疗保险，但在竞选中输给民主党候选人威尔逊。30 年代经济大萧条，失业率在 20％以上，富兰克林·罗斯福总统考虑了国家医疗保险，但没敢向国会正式提出议案，因为他在 1935 年已经提倡并签署了《社会安全保障法案》（Social Security Act），成为"罗斯福新政"（New Deal）的一部分。这个法案通过设立专门税收（payroll tax）来发放退休金、失业金、残疾保险等（详见《哈佛经济学笔记》第 125~133 页的"美国社会保障制度的挑战与出路"）。这项举动已经极富争议，罗斯福不想再引出医疗保险的问题火上浇油。二战后，杜鲁门总统再次积极倡议国家医疗保险，但被美国医疗行会（American Medical Association，AMA）组织的社会舆论击败。

1954 年美国税务局（Internal Revenue Services）规定，雇主为雇员购买的医疗保险可以作为营业成本，从利润中扣除，从而可以相应降低营业税的纳税基数，于是医疗保险和给职工的其他福利都变成可以减税的花费（tax deductible）。这个规定使雇人单位采取"增加职工福利，降低职工工资"的雇人策略；私有医疗保险也随之迅速扩张。以至于现在，当公司主管与工会讨价还价时，公司主管开诚布公地说："我们明年只能让你们的收入提高 3％，你们自己决定在福利和工资之间如何分配这 3％。"言下之意，羊毛出在羊身上，反正公司利益不能损害。正是因为这个税收政策，大公司的医疗保险（和其他福利待遇）愈加宽厚，有些保险还包括每年两次或三次的例行洗牙费用。

1962 年肯尼迪总统在国家医疗保险方面的努力遭遇了和杜鲁门总统一样的阻击。60 年代，大约 1/3 的美国老人的收入在贫困线以下，与现在有很大不同。现在生活在贫困线以下的主要是儿童。1965 年医疗保证计划（Medicare）和医疗补助项目（Medicaid）应时而生——医疗保证计划承担65 岁以上老年人的医疗花费，医疗补助项目承担收入在一定程度以下穷人的医疗花费。左派抱怨，这样的覆盖面还不够大。右派抱怨支出太高，国家负担太大。这是一对永恒的矛盾。1976 年卡特总统再次主张国家医疗，再次遭到挫败。在最近的公开讲话中，他指责当时的马萨诸塞州参议员泰德·肯尼迪（Ted Kennedy）煽动国会，反对他的主张。

80、90 年代，社会福利的覆盖面逐渐扩大。不但老人有社会退休金（Social Security）和医疗保证计划，穷人有医疗补助项目，孩子、孕妇和其他有困难的妇女都被纳入社会保障体系之中。只要人们发现一类值得同情的人，国会政客就有理由把他们纳入进来。这些类别的人一旦享有国家福利，政治家就休想再减少这些福利。如果他们在国会倡议要减少某类人的福利，他们回到自己州的时候，不但会遭到这些人的强烈指责，还会受到一定程度的迫害。把鸡蛋砸到他们私人汽车的门窗上等类似新闻屡见不鲜。

1993 年，第一夫人希拉里·克林顿牵头再次起草国家医疗保险的议案。卡特勒作为经济顾问委员会（CEA）成员也参与其中。各种反对声音此起彼伏，震耳欲聋，最后克林顿夫人意识到国会投票无望，不得不撤回长达 24 万字的议案。1997 年国会通过的《国家儿童医疗保险项目》（*State Chilren's Health Insurance Program*，SCHIP）使国家税收承担的儿童医疗保险的覆盖面扩大到几乎包括了所有儿童。从 2003 年起医疗补助项目开始负担病人处方药（prescription drug）的费用。这样，国家承担医疗支出的比例越来越大。

2009 年 12 月参议院以 60 比 39 的多数票通过《病人保护和经济适用医疗法案》（*Patient Protection and Affordable Care Act*，PPACA）。2010 年 3月 21 日众议院以 219 票比 212 票的微弱优势通过这个法案，两天后由奥巴马总统正式签署为法律。这部法律要在今后四年中逐步实施，旨在继续扩大国家保险的覆盖面，让人们更健康，有更多经济安全感，同时通过提高运作效率减少长期国债。国会预算办公室（CBO）预计这个法案会使 3000 万没有医疗保险的美国人纳入保险；在今后 10 年国家要承担 9380 亿美元的医疗费用，但同时减少国债 1380 亿美元。这个法案通过之前的情况，见本章前三节。

第七节 美国最新一轮的医疗改革

最新一轮的美国医改具有里程碑式的重大意义，但也因此备受争议。卡特勒作为这次医改的策划者之一，深入其中，把故事娓娓道来。

卡特勒在 2009—2010 年间是奥巴马政府医疗改革的主要策划者。为此，他声明，他要尽量客观，不戴有色眼镜看问题。卡特勒在 2006 年就接到当时还是参议员奥巴马的办公室工作人员电话，邀请他为奥巴马出谋划策。当时参与奥巴马医疗改革智囊团的还有其他经济学家和医疗专家。卡特勒说，为政治家作类似的政策咨询，都是义务工作，"你别想从中有任何经济报酬，因为政治角逐最忌讳金钱利益导向；除非这位政客在今后的总统竞选中顺利成为总统，你随之进入政府，正式领政府工资，那就是另外一个情形了"。

卡特勒简单介绍了总统候选人的竞选班子：竞选经理（campaign manager）统筹管理日程安排部门、对外关系部门和政策内容部门的主管。政策内容部门又分为社会政策、经济政策和国防政策三大部分。社会政策再分为医疗政策和教育政策。卡特勒是奥巴马医疗政策顾问团队的主力队员。他说，在给总统候选人提政策建议时，我们要让候选人清楚政策方向和改革动力，但尽量少说政策细节——一方面要减少成为其他总统候选人攻击的靶子，另一方面也要考虑，今后一旦成为总统，他可以有更多政策回旋余地（在《哈佛经济学笔记》第 252 页"比较奥巴马和麦凯恩的经济政策"一节里，卡特勒也提到过这个策略）。

最新一轮的医疗改革主要有三个目的：（1）让"几乎"所有人都有医疗保险。卡特勒解释，这里"几乎"这个词的意思主要是指把非法移民排除在外。从人道主义说，他们也应该被包括进来，但是"让所有人都有医疗保险"这个议题本身就已经非常有争议了，如果移民问题再夹杂进来，问题就会更复杂，更不可能在国会通过。（2）改变人们的就医规则（access rules），让人们知道去哪里看医生（accessibility），并且价格合理，可以承受（affordability）。（3）改革付账系统，真正使公共医疗体系运作通畅。

如果看病价格太高，政府就要给予穷人补贴。美国有两个州政府基本实现了全民医疗的体制：东部的马萨诸塞州和中部的犹他州。卡特勒接着上网操作，即席演示马萨诸塞州州政府的医疗网站是如何运作的。它把人们分门别类，通过价格补贴向穷人和弱势群体提供政策倾斜，鼓励他们购买医疗保险。

一般来说，美国家庭平均医疗保险价格是每年 13000 美元，占平均家庭收入的 1/4。如果雇主不提供保险，一般家庭很难承受。美国平均个人医疗保险价格是 5000 美元。很多没有正式工作的年轻人，或者在不提供保险的小公司打工的人即使买得起身体健康保险，也选择不买，他们宁肯扛着，赌"自己身体永远健康"，或者赌"自己每年省下的保险金足够自己在大病中的医疗费"。数据显示，有些年收入在 75000 美元以上的美国人也属于这个类别。他们是什么样的人呢？卡特勒解释，他们是到你家来修理管道的管道工（plumber）。有经验的房主都知道雇用管道工是多么昂贵。

美国医疗成本高昂有多方面原因：（1）美国医疗中高科技含量大，手术频率高。（2）目前付款规则是医生按工作量收费（pay for service）。这种规则鼓励医生给病人多检查、多化验、多手术。表面上看，病人接受很多治疗，多多益善。实际上，除了浪费以外，效果不佳。如果医生的收入是固定工资，那么医生就有消极怠工的可能。（3）临终前医疗成本直线上升。人一生中医疗花费的绝大部分都在临终前的最后几个月，甚至最后几天。（4）美国医疗体系中行政工作量太大，行政成本远远大于加拿大等其他发达国家。有漫画讽刺付款规则和程序复杂至极，以至于医院里行政工作人员看起来比医护人员还忙，他们在文件成堆的办公室里同时用电话联系各个部门。这幅漫画称医院的付款办公室为"intensive billing unit"（密集的计费单位），与医院里"intensive care unit"（重症监护病房）遥相呼应。

卡特勒对问题的诊断是，医生对收费模式非常敏感。按工作量收费的机制只会降低医生治愈病人的动力。要提高医疗系统的效率，就必须改变这种激励机制。卡特勒主张，应该按照病人的整体病历、治疗效果付账，而不是按照医疗程序付账。但他没有细说，这一思想如何落实在医护人员的人头或小组上。

以卡特勒为代表的左派经济学家倾向压低医生的利润，以提高医疗系统的整体效率。卡特勒在 2008 年被各大杂志转载的名言是："不错，这样做肯定会让医生生气，但他们又能怎么样呢？难道他们能转行成为职业篮球运动员吗？"言下之意是，他们受了那么多年的医学训练，已经不可能改行了。此外，卡特勒还主张，投资医疗体系中的电脑系统，分享数据库，改变并简化付账程序。奥巴马在总统竞选中为此承诺 500 亿美元，后来在 2009 年 2 月国会通过的财政刺激计划中落实了 300 亿美元。

2010 年 3 月正式通过的《病人保护和经济适用医疗法案》(*PPACA*) 为了增加医疗保险覆盖面，降低了医疗补助项目的受益门槛，同时继续缩小 "面包圈中间的漏洞"(donut hole)。所谓 "面包圈中间漏洞的问题" 是指一种现象：穷人的花费由国家承担，富人自己有钱，只有中间阶层的人感觉力不从心；或者从保险公司的角度说，小费用覆盖了，巨额费用也覆盖了，但中间级别的花费还没有着落。这种中间区域没有被政府或保险公司覆盖的现象被称为 "面包圈中间的漏洞问题"。

这部法律(*PPACA*)鼓励企业为职工提供医疗保险，鼓励医药研究及创新，建立医疗保险交易市场(establish health insurance exchanges，卡特勒在网上即席演示的马萨诸塞州保险交易市场就属于这一类)；要求保险公司不能因为入保申请人的已有病情(pre-existing conditions)而把他们拒之门外；根据入保险计划的人群的健康程度对保险公司提供不同程度的补贴。为了减少美国联邦政府的财政负担，这部法律还包括各种增收节流的措施：增加高收入人群的边际税率，增加医药公司和医疗设备公司为国家缴纳的各种费用；所有公民都必须有医疗保险，否则要罚款，除非他们收入极低或有其他特殊原因。

卡特勒有意没有提及这次立法中争议最大的 "死亡裁决委员会" 的提议，共和党称其为 "death panel"(死亡小组)，非常引人注目。这是针对临终前医疗成本太大而想出的措施。当人奄奄一息的时候，昂贵的仪器或药物可以延长生命几天，或者几小时。问题是，这样做值得不值得？卡特勒在以前的课程中回答学生问题时，曾经说："我会很高兴成为这个委员会的成员。你能想象这个委员会的工作多么有意思吗？"事实上，为了这部法案能顺利通过国会，所有与死亡裁决委员会有关的提议全部被删除了。

即便如此，由卡特勒主导策划的这个医疗改革法案在众议院仅仅是险胜（219∶212），赞成和反对的票数非常接近，显示了有关这部法案的巨大分歧。它面临来自左派和右派两方面的指责。主张国家应该"大包大揽"统筹医疗的左派人士认为，这次改革的步伐还不够大，离全民医疗还有很大距离。极端自由主义者（libertarians，保守党中的极右派）认为，国家主导成分太多，有向"社会主义"迈进的趋势，"要求每个人必须有医疗保险"的本身就限制了消费者的选择，而且成本太大，扭曲了劳动力市场自然的供需平衡（关于福利对劳动力市场供给的影响，详见《哈佛经济学笔记》中"公共财政领域里的前沿性研究"一节第 165 页）。生活中本来就有很多不可调和的矛盾，在公共领域里更是如此。

第八节　医疗保险中的"道德风险"和"逆向选择"问题

美国法律要求，医院急诊室对所有病人——无论有保险还是没保险——都来者不拒，一视同仁。这样的规定有什么问题？购买医疗保险与购买其他消费品有什么本质上的不同？这个区别给政府管理医疗保险业带来怎样的挑战？

人一旦有病，费用高昂，一般人难以承受。为了保持在有病和没病时的花费都差不多（也就是把巨额医疗费用平均摊在每个月上），让人们购买医疗保险。保险公司通过对健康人和病人都征收同样的保险金（premium）来分散风险，把人们不可预计的不确定性变为可预计的已知的月供保险金，从而提供有价值的服务。

医疗保险中的"道德风险"问题：右派的担心

任何保险都有两个问题：道德风险（moral hazard）和逆向选择（adverse selection）。道德风险在医疗保险上体现在两方面：（1）买保险的人可以不那么注重保持健康，疏忽大意。他们会想："反正生病了会有保险公司付钱看病。"（2）医生对有保险的病人也可能会多检查、多治疗（over treatment）。医生会想："反正病人不介意价格，都由保险公司承担。"这导致了医护人员做很多无用功。例如，让可住院也可不住院的病人住院治疗、没完没了地照片子化验、过多咨询等——效果不明显，浪费资源。保险公司的付账原则使医护人员没有动力采取有价值、但低成本的治疗方案。

大约15年前，美国联邦政府立法，要求所有医院的急诊室接纳所有病人——无论有没有保险都来者不拒，一视同仁。这样做看起来使社会保障体系看起来更宽厚仁慈，但也使道德风险问题更加突出，人们主动掏腰包买保险的动力随之减小。那些时有工作时没工作，或者只有非正式工作，或者没有雇主负担医疗保险的年轻人就更愿意扛着不买保险，反正有紧急情况他们就可以进急诊室得到治疗。急诊室的成本要被社会化，也就是说，从缴纳保险的人的身上出。这就造成了没有医疗保险的人"搭便车"的道德风险。

有保险既有好处，又有成本，那么就有一个最佳保险程度的问题。理论上说，当分散风险的边际好处等于道德风险的边际成本时，这个保险程度最好，不多也不少。以费尔德斯坦为代表的右派经济学家担心过度保险带来的道德风险，主张取消公司通过购买医疗保险为员工提供福利而在税收上享受的优惠政策（tax advantage）。这不但使大公司员工、小公司员工、个体户和临时工在劳动力市场上不平等，扭曲了劳动力市场的供需平衡，而且导致了一部分有保险的人过度消费医疗资源，一部分没有保险的人根本消费不起的不平等局面。右派经济学家建议，提高病人看病付账的比例或者提高保险公司的报销门槛（higher deductibles，保险公司不报销低于一定额度的医疗费用，也就是说，小额花销由病人自己承担）。

以卡特勒为代表的左派经济学家则主张，改变医生收费体系，不让他们觉得检查治疗程序多多益善。几乎所有的医生都觉得自己比别的医生高明，自己的治疗方案是最佳的。癌症患者是应该手术还是化疗？手术医生会告诉他应该手术，化疗医生会告诉他应该化疗。这并不全然是因为他们根据自身利益有意误导你，而是因为他们的有些反馈是下意识的。这就如同在实地调查中，你会发现有 3/4 的人认为自己开车的技术高于平均水平。这是人的心理因素在作怪。

医疗保险中的"逆向选择"问题：左派的担心

与买其他很多商品不同，买保险有逆向选择的问题。卡特勒在 PPT 中写出两句话，让学生判断是否正确。第一句话是："让保险产品（insurance plans）充分竞争，让消费者有选择，这对消费者有好处。"第二句话是："相互竞争的保险公司必然为消费者提供更多的价值。"这两句话看似合理，却不适合医疗保险领域。例如，生产一辆汽车的成本与谁买这辆汽车无关，但医疗保险的成本与谁买保险息息相关。正是因为这个区别，一些看起来是常识的结论不适用于医疗保险领域。

让我们把想买医疗保险的人简单地分为病人和健康人两个客户群。保险公司的基本运作模式是用健康人的保险金来补贴病人的巨额花费。保险公司根据预计的医疗费用、行政成本和 5% 左右的利润，计算出所有加入保险的人每人应该付的保险金。那么，健康人的比例越大，病人的比例越小，保险公司计算出来的月供就越低。医疗保证计划和医疗补助项目因为是国家主导的医疗保险，属于非营利性质，不需要市场宣传等成本，所以比私营保险公司的运营成本低，从税收中征收的保险金也相对低廉。

因为这个运作模式，健康人不愿意与病人买同样的保险产品，他们愿意买保险金价格低（月供低）的产品，这是情理之中的。保险公司为了迎合健康人的需求，就设计保险价格低的产品，但他们仍然要保证一定的利润，于是就只能减少医疗覆盖面，如采取允许报销的内容少、报销程序严格等办法。不愿意购买覆盖面少的医疗保险的病人就只能停留在保险金价格较高的产品上。价格较高的产品因为病人比例高、健康人比例小而入不敷出，不得不提高对每个客户的保险金价格，导致比较健康的人再次退出，买更便宜的保险。久而久之，这个价格高、覆盖面高的产品就只剩下最严重的病人。这个保险产品恶性循环，最终关闭。竞争的结果是，市场上只剩下保险价格最低、覆盖面最小、只适合健康人的保险产品，而最需要保险的病人却无处可去（这与萨默斯讲的"竞次"（race to the bottom）这个概念一样，详见《哈佛经济学笔记》书中"萨默斯系列"第 48 页）。

对这个问题，政府该怎么办呢？一种办法是通过立法，制定规章制度，不允许保险公司这样或那样做，一旦违反就要罚款或接受其他处罚。一种办法是由克鲁格曼（Paul Krugman）为代表的左派经济学家倡导的国家大包大揽的全民保险和全民医疗。克鲁格曼说："自由竞争的市场在医疗保险领域中根本行不通。"这次立法（PPACA）采取了一种折中的办法：政府根据某个医疗保险产品的客户群的健康程度（例如，年龄、性别等数据）对这个产品给予补贴，这样保险公司就没有甩掉病人这个包袱的动力了。同样，对心理健康（mental health）的需求也很特殊，很多保险产品因为人们对心理健康的需求量大、效果不明显而不愿意覆盖这方面的花销，政府就把这一项单列出来，专门补贴；客户的其他医疗需求由正常的保险产品负责。

在左派经济学家的策划下，为避免保险公司的"逆向选择"问题，这次立法（PPACA）采取"三管齐下"的措施：一方面降低私营保险的门槛（降低保险价格），一方面扩大国家医疗保险（医疗保证计划和医疗补助项目）的覆盖面，另一方面要求所有人（贫困线以下等特例除外）都有医疗保险。如果国家不能要求"所有人都有保险"，那么前两方面都会导致经济损失，无法持续，所以第三方面至关重要。但是极右派指责，这个硬性规定是限制人身自由，违反美国宪法。佛罗里达州的检察长已经把联邦政府告上法庭，结果如何还需拭目以待。

第九节　模拟美国国会投票：为什么医改举步维艰

在"公说公有理，婆说婆有理"的情况下，到底哪一方的理由更充分或更有道理呢？这里有两种决策情形：一种是有绝对权威的领导，他说了算。在这种情形下，答案取决于领导对未来的愿景和他的价值理念：符合他的价值理念的，对他的未来愿景有利的一方会占上风。另一种决策情形是没有绝对的领导，完全民主。在这种情形下，答案取决于双方的博弈。美国国会的决策情形就属于后一种。

11 月 9 日卡特勒教授第二次组织学生进行模拟表演。这次是模拟美国国会对医疗体系改革的投票。学生在课下被分为四组，分别代表众议院共和党议员、众议院民主党议员、共和党州长联谊会（Republican Governors Association）会长和保险公司主席或首席执行官。然后，每组派两名代表在课上到前台讲演，也是表演——想象着你自己就是政治家或保险公司利益的代言人，你会怎么说？

共和党的声音

11 月初的全国选举使共和党在众议院成为多数党，其党魁约翰·博纳（John Boehner）即将在 2011 年 1 月份成为众议院发言人。学生模拟他的思路，就 2010 年 3 月由奥巴马签署而成为法律的医疗体系改革方案（*Patient Protection and Affordable Care Act，PPACA*）发表政见。

首先，我们要把小公司、小企业的利益放在重要地位。美国经济主体由中小企业组成。如果他们购买医疗保险的价格因为入保人数小、分散风险的规模小而高于大公司为雇员买医疗保险的价格，那么小公司和大公司就不是在同一起跑线上竞争。我们主张，按照小公司的类别，例如建筑业、修理业等，让他们各自形成购买医疗保险的团体，增加他们的入保规模，这样保险公司就不能在价格上区别对待；就能减少小公司的运营成本，提高他们的竞争力。

其次，我们反对扩大政府医疗保险的覆盖面，主张建立私人医疗储蓄账户（Health Savings Account），让每个人对自己的身体健康和医疗成本负责。这种账户的运作类似于一些养老储蓄金账户（IRA 和 401k 等），主要目的是鼓励人们把一部分税前收入放进这个账户。无论就业还是失业，无论换多少工作，这个账户都跟随个人；一旦生病，专款专用。有这种账户的人不用为存入账户的那部分收入缴税，所以他们有动力存款。这是鼓励储蓄、抑制消费，尤其是减少人们依靠国家医疗保障的好方法。

最后，我们还主张允许保险公司跨州竞争，增加消费者选择，降低保险价格；对医疗花费高于一定额度的自费部分，国家要免去对这部分收入的税收，减少一次性巨额医疗费用对一般家庭的负担。

民主党的声音

模仿众议院民主党的学生的思路与卡特勒上课的思路如出一辙。卡特勒是民主党奥巴马从总统竞选到入主白宫过程中经济政策的智囊之一，也是起草 *PPACA* 议案的主要策划人之一。民主党对美国医疗体系的分析和矛头主要指向体系中的低效率、高浪费、高价格、行政人员臃肿、付账体系繁杂而且激励机制适得其反等缺陷。他们认为，其中最重要的问题是，美国还有大约有 1/6 的人没有医疗保险。民主党想通过提高医疗体系运作效率、减少浪费的办法来解决这些人的医疗保险问题。

美国 GDP 的 16% 花在医疗方面，但整个医疗体系却不尽如人意。各种抽样调查显示，人们的满意程度很低。没有医疗保险的人中有很大一部分是年轻人；他们不在大公司工作，没有公司提供的固定福利，也不愿意自费购买医疗保险，凭借身体健康、年富力强，选择待在医疗体系之外。对这些人，民主党主张要专门策划一种保险产品，叫"青年医疗"（Youth Care），让他们买得起医疗保险。让这部分人有着落的另一个办法是，让家庭医疗保险覆盖 26 岁以下的直系亲属，也就是说，这些人仍然可以停留在他们父母的医疗保险上，推迟成为"独立成年人"的年龄。另一部分没有医疗保险的人是年龄较大、体弱多病的人。这部分人最需要健康保险，也最没有经济实力购买保险。他们是私营保险公司最想甩掉的包袱，也是最想拒之门外的客户。只有依靠国家财政的支持，他们才能被纳入医疗体系之内。

民主党并不想削减国家医疗保险（医疗保证计划和医疗补助项目）的覆盖面和条件，只是想把国家医疗保险资源运作得更加高效，例如，提高医疗保险中自费部分的上限（医疗保险一般不报销小额医疗费用，这个额度叫 deductible），从而不用为报销小额花销耗费行政资源。民主党主张提高医疗质量，降低医疗成本和价格，扩大加入医疗保险的人数。他们还建议，通过鼓励疾病预防、加强关于身体健康的公共宣传等措施来降低医疗费用。

共和党州长联谊会的声音

模仿共和党州长联谊会会长的学生主张增加市场竞争、避免浪费和尊重州政府的权力。2010 年 3 月份通过的法律（PPACA）要求所有人都必须有医疗保险。这个硬性法规已经受到一些州（佛罗里达州和弗吉尼亚州）法律部长的质疑，他们认为这个强制性规定侵犯了人权，不符合宪法；他们要层层上告，直到最高法院。

这个硬性法规之所以成为 PPACA 中的主要一条，其原因是法律制定者想通过把健康人囊括进来的办法来降低医疗保险价格。而共和党提倡的办法是把这个想法颠倒过来：通过降低医疗保险价格来吸引更多的人加入保险。增加市场竞争是降低保险价格的一种手段；允许、鼓励使用非品牌药物（generic drugs，主要医疗成分和作用都一样，只是没有品牌）是另一种手段。共和党州长联谊会会长说，每个州都应该有自己决定自己事务的权力分馏塔；我们必须倾听选民的心声，然后找到提高运作效率的共同点。

我们认为，国家为穷人提供医疗保险的项目医疗补助项目占用了联邦财政收入的 10%，覆盖面太大，其中浪费约占总费用的 1/3。我们要严格审查申请这个项目的人的资格，面对面会谈，看看他们到底是否符合申请条件。同时，我们也要重视疾病预防；做宣传工作的成本比生病后的治疗成本要小得多。

这个州长联谊会的会长目前是密西西比州人。学生模仿他的经历和心态，介绍密西西比州在降低医疗成本上的成功经验，鼓励其他州如法炮制。密西西比州改革了医疗方面的法律，减少了控告医生的诉讼案件大约一半。原来，医生非常担心病人或病人家属制造理由控告医生，于是采取两种应对办法。一方面，他们谨小慎微，多做检查、化验分析等工作，尽可能地规避自己的责任；另一方面，购买诉讼保险以防万一。无论哪种办法都大大增加了医疗体系的成本。"羊毛出在羊身上"，这些花费最终都会落在病人身上。即使暂时落在病人的保险公司身上，保险公司也会将这些成本转换为更高的保险价格。保险价格越高，选择不入保险的人就越多，保险公司分散风险的能力就越差，然后保险价格会更高，恶性循环。现在，关于起诉医生的法律更加严格，故意敲诈医生的可能性减小了，一切有关成本都随之减少。

医疗保险公司的声音

模仿医疗保险公司首席执行官的学生把私营保险公司的视角表演得一览无余——任何场合都可能成为他们游说政客的机会。

首先，我们需要税收政策的支持。对那些买不起私营保险、又不符合医疗保证计划和医疗补助项目医疗保险条件的人来说，我们希望国会允许他们用税前收入购买医疗保险，也就是说，他们买保险的钱可以免税（tax deductible）；国家给予税收补贴。

其次，我们需要政府对购买医疗保险的企业、组织和个人都予以不同程度的税收补贴。

最后，我们需要州政府立法规定，所有人都必须有医疗保险。如果联邦政府的硬性规定被最高法院判决违反宪法，那么我们希望各个州政府能对自己州的居民有这样的硬性规定，就像马萨诸塞州一样；否则我们会处于两难境地：一方面，法律规定我们不能因为申请人的已有病情而拒绝接受他们入保险；另一方面，身强力壮的年轻人选择不加入保险。这样的结果只能是，入保险的病人比例越高，健康人比例越小，保险的价格就会越高，然后恶性循环，以至于保险公司本身入不敷出，最终垮台。

总之，我们需要税收政策的支持和倾斜。只有这样，我们才能降低保险价格，吸引更多的个体户和小企业加入保险；才能有更多人生活在医疗保险覆盖面之内。"如果你们支持自由竞争的市场经济，你们就必须支持我们、帮助我们；否则自由竞争的医疗保险市场本身就不会存在。"这句结束语看起来自相矛盾，其实不然，符合医疗保险的市场运作规律（详见本章中"医疗保险中的'逆向选择'问题"）。

为什么美国医疗改革举步维艰

无论对复杂的医疗体系问题，还是任何其他什么问题，只要你仔细倾听，都会发现"公说公有理，婆说婆有理"。那么，到底哪一方的理由更充分或更有道理呢？这里有两种决策情形：一种是有绝对权威的领导，他说了算。在这种情形下，答案取决于领导对未来的愿景（vision）和他的价值理念：符合他的价值理念的，对他的未来愿景有利的一方会占上风。当然，如果纯粹靠个人和领导的私人关系来占上风，那就是腐败了。另一种决策情形是没有绝对的领导，完全民主。在这种情形下，答案取决于双方的博弈。美国国会的决策情形就属于后一种。

卡特勒用后半堂课的时间总结各种提案，并通过提问启发学生进一步思考未来前景。目前，佛罗里达州政府已经在联邦法院系统中的区级法院上诉联邦政府健康与人力服务部（United States Department of Health and Human Services），认为 *PPACA* 法律中，联邦政府要求所有人都必须有医疗保险的硬性规定违背宪法。如果败诉，他们会层层上告，直到美国最高法院。

如果原告胜诉，那么支持 *PPACA* 立法的民主党议员怎么办呢？首先，我们要思考这个硬性规定意味着什么。硬性规定的意思是，如果你没有医疗保险，联邦政府有权力罚款。这和"人人都必须纳税"的硬性规定的意思是一样的：如果你不按规定纳税，你就必须交罚款。美国宪法规定，国会有权利和责任制定税收政策。如果把这种罚款叫做一种"税"，那么最高法院就没有理由判决联邦政府的硬性要求违宪。问题是，如果真的把这种罚款叫做"税"，那么修正过的*PPACA*能否再次被国会通过？要知道，共和党执掌的众议院几乎人人"谈税色变"。

美国宪法还规定，联邦政府有权为跨州贸易（interstate commerce）制定政策。联邦政府司法部部长（Attorney General）可以在最高法庭为政府争辩，既然保险公司可以跨州竞争，保险业是跨州贸易，由此而生的问题是，"所有人都必须有医疗保险"的规定是不是政府适当地使用宪法赋予的这个权利？如果不是，那么联邦政府会败诉而归，"人人必须有医疗保险"的硬性规定最终会从法律中取缔。如果这种情形发生，后果又会怎样？

民主党人担心，医疗保险产业会从此走向衰败，因为选择不买医疗保险的大部分人是身体健康的人；医疗保险中的病人比例会增加，保险价格会升高，比较健康的人会逐渐退出保险，保险体系中病人比例会更高，由此恶性循环，最终瓦解医疗保险产业（详见本章中"医疗保险中的'逆向选择'问题"）。共和党人不那么担心"逆向选择"问题。他们相信医疗保险的卖方和买方都有应变能力：这些公司会自由组合，由小变大、变强；同时，购买医疗保险的企业和个人也会用不同的方式联合起来，扩大入保规模，增加讨价还价的能力，所以取缔"人人必须有医疗保险"的硬性规定对保险业不会有什么严重后果。

卡特勒说，经济学家中，认为医疗保险产业中"逆向选择"问题至关重要的人大约有3/4；认为不那么重要的经济学家是少数，大约占1/4。如果这个问题真的像大多数专家认为得那样重要，那么在没有"人人必须有保险"的硬性规定的情况下，为了让私营医疗保险业能够正常运营，政府就要根据加入某个医疗保险计划的人群的平均健康程度，对其提供更加优厚的税收补贴。因为只有这样，保险公司才不会把"已患病的保险申请者"拒之门外，也不会有意把体弱多病的人群像"甩包袱"一样留给社会。当然，即使美国最高法院判决联邦政府没有规定"人人必须有医疗保险"的权力，我们还可以寄希望于各个州的政府确立这样的硬性规定。

11月初的国会议员人选中，民主党败给共和党。众议院中，共和党成为多数党。参议院中，民主党由绝对多数（100 个席位中的 58 个席位，加上 2 个独立议员——他们既不是民主党，也不是共和党；当他们与民主党的立场一致时，民主党就有 60 票的绝对多数）变成微弱多数（52 个席位），基本不可能阻止共和党对民主党提案的阻挠（除非共和党议员支持民主党的主张，这种可能性在目前的政治气候中几乎没有）。共和党的声音有变强的趋势。他们反对扩大医疗保险的覆盖面，有意让 2010 年 3 月通过的法律（*PPACA*）走回头路。

卡特勒预计，共和党会通过审批 2011 年政府预算的机会阻挠 *PPACA* 的执行，至少会"偷工减料"，克扣执行 *PPACA* 的预算。民主党不会轻易认输，即使他们没有足够的票数在国会阻止共和党的议案。当共和党主导的议案被放到民主党总统奥巴马的桌子上，奥巴马也不会签署，不会使其成为法律。

从 11 月初的议员大选到 2011 年 1 月初新议员正式到华盛顿组成新国会的两个月，被称为国会的 "lame duck"（跛脚鸭）时期；即将被替换的议员叫 "lame duck"（跛脚鸭）议员，他们的下台日期近在咫尺，他们也没有动力主宰任何事情。但是，重要的财政、外交决策问题不管这些人事变动，仍然接踵而至，而且层层叠加、迫在眉睫。如果没有国会新的投票，小布什总统在 2001 年和 2003 年的两次减税政策就会在 12 月 31 日过期，税率会恢复到减税之前的水平，包括 100 万美元以上的遗产税会从 2010 年的零税率恢复到以前的 55%；国会还要对另外 12 项政府预算投票表决，否则联邦政府无法正常运转；参议院还要对俄罗斯战略武器裁减条约进行表决。此外，国会还要决定移民法改革和税收改革等一系列方案。

国会的日程安排早已满满当当，而且每一项议案都争议非凡，进退两难。所以卡特勒预计，国会在 2011 年春季会吵得不可开交，没有任何一方会轻易妥协；僵持不下的结果是延迟政府整体预算的通过，甚至导致联邦政府像 1995 年和 1996 年那样暂时停止运作。卡特勒对佛罗里达州对 *PPACA* 中"人人必须有医疗保险"的法律挑战也显得忧心忡忡。他透露，他已经应邀组织专家组在佛罗里达的法庭上提供证词，说明这个硬性规定为什么必不可少。

第十节 州政府控告联邦政府

> 所有的争论似乎都归结到一个问题：国会有没有权力对公民不参与跨州商务作出规定。"人人必须有健康保险"的硬性规定是不是国家侵犯公民自由，违背宪法？如果联邦政府败诉，这对医疗产业、对政府本身、对每个公民都意味着什么？

11月23日卡特勒在上课伊始就告诉学生，他已经在上周五（11月19日）通过法律程序向佛罗里达法院递交了由众多经济学家签字的证词。证词非常正式，长达16页。卡特勒分别概述佛罗里达州政府的理由和经济学家支持被告的理由。

原告方说，虽然宪法规定联邦政府有权力规范跨州贸易，但这个权力只能用于规定贸易的某一方不许干什么，不能用于规定贸易的某一方必须干什么；如果联邦政府跨越了这个权限，就是违宪，因为美国宪法明确规定：凡是宪法里没有明确枚举的联邦政府应有的权力，就完全属于州政府。如果这次法庭判决联邦政府的做法是符合宪法的，那么这个案例的逻辑也可以被联邦政府援引作为先例，用在其他地方。比如，美国人必须购买某个美国厂家生产的汽车以保护国家经济利益；美国人必须购买绿色食品以保护环境等，这不是可笑吗？

卡特勒组织的经济学家支持被告方——联邦政府健康与人力服务部（United States Department of Health and Human Services）。他们在证词中主要说明医疗产业的特殊性，而且每个人都不可能逃脱这个医疗市场。即使你自己选择生活在这个体系之外，我们这个社会作为一个整体也已经作了悲天悯人的道德选择，不允许你自生自灭。当你因为天灾人祸不得不进入医院的急救室的时候，无论你有没有保险，有没有能力付账，我们这个社会都会为你承担治疗成本。也就是说，没有保险的人在急救室的治疗成本被社会化了，摊在了所有纳税人的头上。

健康不同于其他产品，还因为它的不确定性太高，一旦有病，花费太大；如果没有保险，很少有人能承受得起这么大的费用。这与汽车、食品等物品完全不能相提并论。卡特勒说，他对宪法的很多细节不是很清楚，不能预计这场官司的结果，但他可以肯定自己在经济方面的逻辑推理和数据运用是无可厚非的。

2010 年 12 月的进展

12 月中旬，弗吉尼亚州司法部部长控告联邦政府的结果初步揭晓。法官亨利·哈德森（Henry Hudson）比较保守，倾向保护州政府的权力。他说，所有争论似乎都归结到一个问题：国会有没有权力对公民不参与跨州商务作出规定。他的答案是否定的，即国会没有这样的权力，尽管以前联邦司法系统一度倾向允许联邦政府利用税收的手段管理跨州商务。哈德森把这个问题看做公民自由问题，基本判决弗吉尼亚胜诉。但他拒绝全盘否定 PPACA 的立法，也没有阻止 PPACA 的执行。

支持"每人必须有医疗保险"这个硬性规定的人仍不死心。他们说，这个硬性规定按照 PPACA 的措辞，直到 2014 年才生效。他们有足够的时间反驳第一判决，坚持上告，直到最高法院。在这期间，他们要努力执行 PPACA 的其他部分：建立保险交换平台（insurance exchanges），便于人们购买身体健康保险，禁止私营保险公司"甩包袱"行为等。他们要给选民造成一种印象：PPACA 势不可当、势在必行。而事实上，这个判决会加强国会中反对派共和党的声音。共和党会利用这个判决，利用审批政府预算的机会，克扣执行 PPACA 的经费，想方设法阻挠 PPACA 的落实。

如果美国最高法院最终否定"每人必须有医疗保险"的硬性规定，同时允许 PPACA 的其他部分继续进行，那么由于"逆向选择"的问题，私营保险公司和国家医疗保险就有破产的危险。共和党也不会喜欢这个结局。到那时，如果他们与民主党合作，设计一套"胡萝卜加大棒"的方案来取代这个硬性规定，就可以绕开"违宪"的指控。

"胡萝卜加大棒"的策略可以有多种实施方法。例如，国会可以选择给所有买保险的人税收补贴，对没有医疗保险的人没有补贴，而且可以限制买保险的时间：如果你拒绝在这段时间里购买医疗保险，你就不会有政府补贴，不能享受某些政府福利待遇。重新修改立法的问题是，排队等待时间长（因为国会的议事日程太满），讨论时间长，一旦讨论起来，其他有关医疗体系的问题也会被夹杂进来，议而不决的可能性太大，*PPACA* 就会走回头路，最终胎死腹中。

如果共和党到那时仍然拒绝与民主党合作，一意孤行，那么1/6没有身体健康保险的美国人就仍然不能纳入医疗体系，一切努力付之东流。美国历史上，通过规范私营保险行业来实现全民医疗保险的一次伟大尝试就会彻底失败。那样的结果只能说明：国家大包大揽，作为唯一付账人（single payer）是实现全民医疗的唯一途径。

2011 年 2 月的进展

据 2011 年 2 月 3 日《金融时报》报道，佛罗里达区法官罗杰·文森（Roger Vinson）已经裁决 *PPACA* 的这项硬性规定违宪。理由与弗吉尼亚区法官说的类似：如果联邦政府能够要求 "人人必须买健康保险"，是不是联邦政府也能要求人人都吃绿菜花呢？美国联邦司法部不服，决定继续上告。

预计这项官司明年（2012 年）会进入美国联邦最高法院，最终取决于九个最高法官的政治理念。有人分析，法官安东尼·肯尼迪（Anthony Kennedy）的意见至关重要，因为他在有的案件上与保守派联盟，在有的案件上与自由派联盟，无法估计；而且近年来，最高法院的裁决大多以 5∶4 告终。还有人比较乐观，认为除了两个非常保守的法官以外，其他七位法官都会支持 *PPACA* 的。

联邦政府的某个部门（健康与人力服务部（U.S. Department of Health and Human Services））被告上法庭并不独特。美国联邦环保署（Environmental Protection Agency，EPA）就面临 13 个州的诉讼。在没有国会山制定的更强大的法律保护下，州政府挑战 EPA 限制各个州碳排放的权力。得克萨斯州的总检察长就指责这些环保规定提高了他们的生产成本，损害了他们的就业率。在华盛顿国会山的各派议员议而不决的情况下，很多州不愿意等待，干脆在保护环境方面自立门户，各搞一套。加州就准备在 2012 年开始实施自己的配额交换制度（cap-and-trade，详见《哈佛经济学笔记》第 155 页 "比较征收污染税与配额交换制度"）。还有很多州自由结合，成立各自区域的减排机制。区域温室气体行动（the Regional Greenhouse Gas Initiative）、中西部温室气体减排协议（the Midwestern Greenhouse Gas Reduction Accord）、西部气候行动（the Western Climate Initiative）都属于这一类。

　　再回到医疗改革的话题。更麻烦的事是，在双方争执期间，州政府是否应该执行 *PPACA* 的其他部分？佛罗里达州政府不愿意在这方面继续花时间和精力，想等最高法院的裁决。联邦政府坚持，佛罗里达州政府已经收到了联邦政府为执行 *PPACA* 的部分拨款，他们应该执行。在这种情况下，也没有任何明确的法律条义作指导，怎么办呢？

　　哈佛大学医疗法专家西达·斯科克波（Theda Skocpol）教授说，这些法律和政治上的争执让人们的视线误入歧途。*PPACA* 的真正意义在于：联邦政府让医疗保险价格变得可以让人承受，把穷人也纳入医疗保险体系。即使最高法院判决 "人人必须有健康保险" 的硬性规定违宪，只要奥巴马仍然主掌白宫，*PPACA* 法案中其他更重要的部分仍然会得以实施。

第三章
经济学的诞生与演变

在"宗教与资本主义的兴起"这门课上，哈佛大学经济系教授弗里德曼向学生解释：对宗教问题的思考如何影响了亚当·斯密及其同时代人的思想，孕育了现代经济学，又是如何影响后来两个世纪人们的思想变迁。阐述经济思想与宗教思想相互关系的意义，一方面在于理顺经济思想史，说明斯密思想革命的重大意义，也说明经济学与哲学思想密不可分的历史渊源；另一方面在于从更深层次上理解宗教信仰对当代选民在经济政策上的态度，从而进一步影响经济政策的制定，提高经济政策被广大选民接受和认可的程度。

第一节　斯密生活的时代背景

> 宗教在 18 世纪的英语世界里至关重要，渗透在人们政治和经济生活的方方面面。正是出于对当时宗教问题的思考，亚当·斯密才写下了《道德情操论》和后来的经典著作《国富论》。

2010 年是哈佛大学执行新年历的第二年。以前新学年是从 9 月中旬开始，现在被提前到 9 月 1 日。华氏 90 度以上的高温让人觉得暑假似乎还没结束，新学年就急促地开始了。校园里拿着地图找教室和宿舍的新生随处可见；银行和电话公司办事处里偶尔还有陪伴新生入学的家长的身影；马路上搬家公司的大卡车和其他车辆穿梭不息；哈佛广场在清静了一个暑假之后又显得热热闹闹，沸沸扬扬。

教室里却是另一番景象。空调把温度降低了华氏 20 多度，令人清静了不少。教授们都是有备而来，有条不紊地综述课程内容、课程设置和对学生的期望。有的教授一丝不苟地穿着西装革履，有的教授穿着工作便装。服装不说明任何问题，在这里，说明问题的是教学大纲。当学生看到发到手的长长的读书目录、上交作业论文和参加考试的时间表及课程最终成绩的计算方法时，就会意识到等待他们的是什么。有不少人在第一堂课结束前就中途退出——这是每个学生在开学前两周尝试和选择课程的权利。剩下的人就是打算死心塌地学这门课的人了。

本杰明·弗里德曼（Benjamin M. Friedman）是哈佛大学宏观经济学家，对金融市场在货币政策和财政政策中所起作用的研究尤其深入。他是地地道道的"哈佛人"。他的本科生、研究生、博士生文凭都从哈佛获得，从 1972 年加入哈佛经济系教师行列，执教至今。他基本没有政府工作经历，但他对经济政策的见解被一些有丰富政府经历的人首肯。此外，他倾向从经济思想史的角度研究经济政策与社会发展的关系。他于 2005 年出版的《经济增长的道德结果》（*The Moral Consequences of Economic Growth*）就是这种思想的成果。

　　这学期他为本科生主讲的"宗教与资本主义的兴起"（Religion and the Rise of Capitalism）的课程也是从这个角度入手的。课程主要研究对宗教问题的思考是如何影响亚当·斯密及其同时代人的思想，并孕育了现代经济学，又是如何影响后来两个世纪人们的思想变迁和人们对当代社会经济问题的看法。弗里德曼说，现代经济学的诞生不是用简单的启蒙思想——思考从以神为中心的世界转变到以人为中心的世界——就可以解释的。

　　斯密对市场经济和公平竞争的理解正是起源于他对当时一些宗教问题的思考，例如人性和道德情操的思考。弗里德曼声明，这门课不是关于马克斯·韦伯（德国政治经济学家和社会学家，1864—1920 年）的新教与资本主义的理论，因为那是另外一门课程的内容。他还说，他本人只研究英语世界里（Anglo-Saxon）的思想变迁史，不涉及其他语言文化；这并不是因为其他文化思想不重要，而是因为他不是那些方面的专家。没有跨语言、跨文化比较的好处是，我们可以看到美国经济学家对西方经济学的诞生和演变原汁原味的理解。

斯密生活的时代背景

　　讲现代经济学的起源当然主要是讲被誉为"现代经济学之父"的苏格兰人亚当·斯密（1723—1790）。在他之前，根本就没有"经济学"这么一说。一般来说，人们都有不同程度的守旧，重大思想突破或者不受重视、被边缘化，或者被当做异己分子的代表，遭到指责唾弃。即使作者在去世后很多年被平反，在有生之年还是饱受摧残。但斯密在思想领域的重大突破却被迅速、广泛地接受，尤其是在与苏格兰有密切（烟草）贸易往来的北美新大陆更受欢迎（详见《哈佛经济学笔记》第 6 页"亚当·斯密与乔治·华盛顿"）。1776 年出版的《国富论》在 13 年内就再版五次，斯密本人也名声远扬。这是为什么呢？

　　这就是时机的作用。《国富论》既有理论突破，又有被接受的社会土壤。弗里德曼用很多图片和引语把学生带到了三个世纪以前斯密的出生地苏格兰。首先，学生要理解宗教在 17—18 世纪人们生活中的重要性。宗教在当时的英语世界里无处不在，渗透在人们政治和经济生活的方方面面。教会里的等级和人脉关系直接影响着人们的工作机会和经济收入。宗教通过对大学和其他学校千丝万缕的联系，直接影响思想的产生和传播（1636 年哈佛大学就是在这样的背景下为培养牧师而创建的）。相反，宗教对当代大学的影响微乎其微。神学院在哈佛校园里一个很偏远的角落，很多人甚至不知道哈佛还有神学院。耶鲁大学神学院的位置更加偏远，从主校园到那里要走很远。弗里德曼有意克制他对这种现象的主观褒贬，尽量停留在客观介绍层面。

其次，学生要了解 18 世纪下半叶苏格兰浓厚的思想氛围。当时各种沙龙、俱乐部层出不穷，思想非常活跃。爱丁堡的学会选择（Select Society）就是其中之一。成员包括斯密在格拉斯哥大学（University of Glasgow）读大学时的主导老师富兰西斯·哈迟森（Francis Hutcheson，1694—1746 年）。他被认为是苏格兰启蒙思想的鼻祖之一，曾任道德哲学教授。1752 年斯密步他的后尘，接替了这个位子。

1750 年斯密结识比他大 12 岁的大卫·休默（David Hume，1711—1776）。他们思想接近，成为最好的朋友。休默被教会看做坚定的无神论者，由于教会的阻挠，他没能成为大学教授。休默在爱丁堡的家里有一间客房是专门留给斯密的。爱丁堡距离斯密教书的格拉斯哥大学有 45 英里的距离。如果斯密在爱丁堡活动晚了，随时可以在他家留宿。从各种沙龙和其他交往中，斯密接触到当时最新鲜、最有争议的思想。

18 世纪中期，人们对主流的正统加尔文主义（Orthodox Calvinism）的信仰开始松动，处在若即若离的状态。正统加尔文主义认为，人生来就罪孽深重；人之所以存在就是要弘扬神的伟大；人的命运是注定的，人是被动的。当时人们的思想刚刚开始转变，认为人之初，性本善；人的选择和行为会影响人的前途，人的努力可以改变命运；人享受生活、享受快乐是正当的；进步是不可阻挡的，人的主观努力在推动世界进步的过程中至关重要。

新的世界观、人生观为人们接受新思想创造了条件。挑战传统理念的《国富论》立即受到读者欢迎，出版后六个月就销售一空。亚当·斯密证明了"利己行为"也可以"利人"，"利己"的动机不仅是正当的，而且为了市场正常运作也是必要的。1763 年斯密从格拉斯哥大学辞职，成为一个贵族子弟的私人老师，并随其在欧洲旅行两年有余，1766 年回到爱丁堡，从此在那里撰写《国富论》。自始至终，他一直保持与商界的联系。他一直看好美洲大陆的经济前景，反对英国对美洲大陆的税收政策，鼓励自由贸易。美国独立战争胜利以后，他与英国政府有所接触，是一个非正式的政策顾问。

第二节　斯密的人生观和世界观

> 斯密目睹了早期工业革命和早期全球化对社会生活的正
> 面和负面影响，但他的心里平静、祥和、理智和清醒，所以
> 才能勾画出一个国家通过贸易实现和平发展的途径和前景。

17 世纪英语世界对人性的辩论就像中国古代孟子和荀子的辩论一样，基本分为两大类。以英国哲学家托马斯·霍布斯（Thomas Hobbes，1588—1679）为首的人认为，人类社会的自然状态太混乱、太残酷了，需要社会契约（合同）来建立和维持秩序。以英国贵族安东尼·库珀（Anthony Cooper，1671—1713）为首的人对人性的看法相对柔和乐观。他认为，人生来就能分辨善恶，有追善避恶的倾向，而且美德和私心同在，不是非此即彼。斯密的老师富兰西斯·哈迟森（Francis Hutcheson，1694—1746）就属于这一派。斯密本人也深受其影响。

1759 年斯密出版第一本书《道德情操论》。这本书与斯密 1776 年出版的第二本书《国富论》到底有什么关系？这本书对经济思想体系的形成起了什么作用？弗里德曼说，仁者见仁，智者见智，学者们没有共识，"你自己的见解可能和任何一个教授的见解一样成立"。

《道德情操论》展示了斯密对人性的理解。他认为，人生来就是社会动物，有社会属性。人既有私心杂念，也崇尚美德。人只要能够抑恶扬善——尽量抑制私心，尽量发挥善良——就能造就完美人格。他还认为，天赋享受之权；人生来就会追求幸福，生来就想提高自己的生活水准。政府的作用就是要为人们创造幸福感（当时还没有"效用"（utility）这么一说）。斯密对政府作用的理解与 17 世纪英国哲学家约翰·洛克（John Locke，1632—1704）截然不同。洛克认为，政府的作用在于保护人们各自的私有财产。

斯密对人们的消费观有客观认识。人们羡慕、追求金钱、权力和虚荣，相互攀比，喜怒无常，今天喜欢这个，明天喜欢那个，永不满足，无休无

止。但正是这种对生活的误解和无止境的欲望使人们在东奔西走，忙忙碌碌，片刻不宁，这和中国的俗语"天下熙熙皆为利来，天下攘攘皆为利往"的意思是一样的。所不同的是斯密对此赋予正面含义——忙碌就是在工作，就是在生产；人们在不停地工作、不停地生产来满足自身的欲望。这比完全没有私心、没有利益、没有需求，人们完全不工作、不生产要好得多。所以自私自利不应该被看做令人鄙视的小人思想和行为。

斯密为什么说追求奢华和虚荣是人们对生活的误解呢？因为人们对事物的偏好由习惯养成，习惯潜移默化地决定了人的幸福程度。即使有突发事件使人极度幸福或悲伤，这样的时间也相对短暂，用不了多久，人的幸福程度就会回到原来习惯的水平。比如，一个人买彩票后中了大奖，他会兴高采烈，忘乎所以，但这种超出寻常的"幸福"感会好景不长，很快他就会和以前的感觉差不多了。同样，如果一个人遇到非常糟糕的事，悲痛欲绝，但这种不幸的感觉也不会太长，很快他就会生活得一如既往。斯密猜测，富人的幸福程度和中等收入的人以及穷人的幸福程度之间的差距，没有人们想象得那么大。穷人会想："如果我有钱，一切就好了。"其实当你真的有了钱，并没有一切都好，很可能旧的问题解决了，新的问题又出现了。富人并不像穷人想象得那样幸福。

贯穿《道德情操论》的一个主要思想是人都有想象的能力。通过想象，我们能够换位思维，想人之所想，急人之所急，从而有同情、悲悯之心。这与《哈利·波特》的作者 J. K. 罗琳在 2008 年哈佛毕业典礼中主旨讲演中的一个思想一样（详见本书"校园新闻"一章中"失败的好处"）。这也近似于中国孟子的性善论。这种同情心是自发的、天生的，不是出于任何自私自利的动机。我们在同情别人的同时，也渴望被同情，这是相互的。我们也可以想象自己是局外人，而且可以从一个公正的局外人（impartial spectator）的角度来看待问题。

虽然斯密认为享乐主义是正当的，但他所指的幸福感是在一个和谐的、风平浪静的世界里，人们宠辱不惊，安静地享受生活。正是在这样祥和的社会里，斯密总结道，追求财富的道路和追求美德的道路在大多数情况下，对大多数人来说是一致的。其实，斯密生活的时代远非祥和：各种战火不断，与此同时生产力也迅速上升，远程贸易开始正常化，国家关系更加紧密，摩擦也更多。1745 年皇室斯图亚特家族的后代查尔斯·爱德华·斯图亚特（Charles Edward Stuart）要从汉诺威家族（当时的乔治二世）夺权，发动起义，1746 年战败；1754—1763 年英国又与法国在北美洲交战 7 年，最终以胜利者的姿态赢得了大片土地；各种发明创造（蒸汽机、纺织机等）在推动生产力和远程贸易的发展。斯密目睹了早期工业革命和早期全球化对社会生活的影响，但他的心里平静、祥和、理智和清醒，所以才能勾画出一个国家通过贸易实现和平发展的途径和前景。

第三节　斯密的洞见

> 就像牛顿解释了宇宙万物的自然规律一样，斯密揭示了
> 人世间的自然规律。他的思想复杂、层次众多，所以不同的
> 读者对他的著作才会仁者见仁，智者见智，各取所需。

　　斯密最著名的作品当然是《国富论》。现在我们所说的市场经济中"看不见的手"、自由贸易理论等重要概念都源自这部作品。人们可能会由此以为这本书的内容很抽象，实际上，这本书有很大一部分都是描述实际生活中具体事例的。斯密和科学家牛顿一样，都是谨慎的经验主义者。牛顿划时代的著作《数学原理》在 1687 年用拉丁文首次出版，引起轰动，在 1729 年被翻译成英文，到 1748 年已经成为学校里标准教材的一部分。牛顿发现了宇宙万物的相互关系和井然有序的自然规律，美妙绝伦。世界为什么会这样呢？人们无法解释，只能归功于神的伟大和善意。

　　当《国富论》在 1776 年问世的时候，人们把这本书看做在人文领域里有"牛顿性质"的著作，因为它揭示了人世间的自然规律，改变了人们的世界观。以前人们认为，人性弱点使人们根本无法认清自己的利益，没有能力区分好与坏。斯密认为，人作为消费者的确受虚荣心影响不能区分什么是必需品，什么是可有可无的；但是人作为生产者还是有能力区分应该生产什么，不应该生产什么。以前人们认为，自私自利只对自己有好处，对别人没好处。斯密认为，自私自利的动机也可能在无意间对别人、对整个体系都有好处，也就是达到在更大范围内的资源最优配置。以前由于人们对人性的悲观看法，相信也依赖有权威的国家机构来管理日常生活。斯密认为，只要能保证市场充分自由的竞争，国家行政机构的权力就没那么重要了。以前人们认为，自私自利在道德层面是应该鄙视的思想和行为。斯密认为，自私自利是人性的一部分，是正常的；就如同牛顿发现的万有引力一样，无论我们喜欢不喜欢，这是一个自然规律。

　　斯密不是第一个洞察到这个规律的人。一个生活在伦敦的荷兰人，伯

纳德·曼德维尔（Bernard Mandeville，1670—1733），在50多年前就有了这种直觉，体现在他的文集《蜜蜂的寓言》*The Fable of the Bees* 中（1714）。他描述当蜜蜂为自己的生活而辛勤劳作时，整个蜂群显得欣欣向荣；当每一个蜜蜂满足现状、绝对诚实、完全大公无私时，整个蜂群就丧失了活力，昏昏沉沉，如同死水一潭。这个荷兰人指出生活中令人憎恶的现象比比皆是：律师为了赚钱故意拖延案件；医生为了赚钱有意多开药；教会里的牧师懒惰无知；政府里的官员昏庸腐败等，从而说明完全没有私心杂念的、真正美好的品德是人所不能企及的。

他认为，正是人的好逸恶劳、贪婪无度、喜怒无常和无止境的虚荣心使人辛勤工作，努力创造，使生活变得更方便、更舒适、更惬意，以至于一个社会的穷人都比以前的富人生活得还好。所以，狡黠、奢华和骄傲必须存在，正是这些私心杂念和永无止境的欲望在创造财富；只要这些欲望被适当的正义和法律约束，就会有利于整个社会。当时的主流思想认为，人与人之间的关系是零和游戏，利己则必损人，所以人们不喜欢他的思想，批判他玩世不恭，思想堕落。人们一方面不愿意承认他说的是事实，另一方面又为这个新思想而着迷。

斯密的突破在于：他把曼德维尔关于逐利行为导致社会进步的直觉，具体而雄辩地阐释明白了。他举例说明，一个农民收获的粮食比自己能吃的粮食多得多，那么他就用富余的粮食去交换其他日常物品。他并没有想帮助别人，但在满足他自己对其他物品的需求和交换过程中，他也的确帮助了别人。这个例子适用于农村，对城市是否适用呢？城里人一定需要吃的，不得不从农村地主那里购买。城里人生产什么东西是有富余粮食的农村地主一定要买的呢？斯密认为，生产者清晰地知道自己的利益——应该生产什么，不应该生产什么，但消费者并不清醒，他们很容易就会被新鲜的、奢华的、可有可无的东西所吸引，以为那些东西也是他们的必需品，于是慷慨解囊。当农村人购买城里人生产的东西的时候，城里就会变得欣欣向荣。

这个例子显示了贸易的两个条件：劳动分工和自由交换。正因为劳动分工，人们无须完全自给自足，通过交换就能够各得其所。斯密把劳动分工看做生产物品和服务的重要渠道，生产力不断提高的源泉；而劳动分工不是因为人们有不同的爱好和天资，而是因为人们有不同的经历和经验，对不同的工种有不同的熟练程度。

在斯密眼里，人们的才能、资质都差不多。看大门的或者给别人提包的人与哲学家没有什么区别，只是他们的经历不同而已。虽然斯密的这个观点无法解释几乎与他同时代的音乐天才莫扎特的卓越，但读者可以由此推测，斯密在骨子里是一个非常平易近人的人。即便《国富论》在斯密有生之年被再版五次，国际知名，斯密也没有把自己看得高人一等。有时，最伟大的人也是最谦卑的人。正因为他心中"无我"，他才最客观、最敏感、最有洞见。

《国富论》的另一个重要贡献是，斯密为国家指出一条和平发展的途径。在斯密出生的 16 年前，1707 年，苏格兰与英格兰统一了。虽然苏格兰人受教育的水平普遍高于英格兰人，但英格兰的经济发展水平远远高于苏格兰。斯密在思考，苏格兰怎样才能追赶英格兰的经济水平？

在《国富论》以前，人们对经济范畴内的事务持有非常不同的看法。人们的经济生活主要是通过政府从上至下的管制组织而成，根本没有现在所谓的"宏观经济"这么一说。人们认为应该有"正当价格"（just price）；这个正当价格独立于成本和利润，带有浓厚的道德色彩。在处理经济关系时，重商主义盛行——人们把金银财宝看做国家的财富。于是在对外政策上，采取鼓励出口、抑制进口的总方针，努力积累贸易盈余。因为进口的主要目的是在加工后再次出口，所以政府一方面从国际上寻找廉价的原料，另一方面对进口加工产品征收关税。人们把所有有利于出口的因素看做好事，例如，人口越多越好（劳动力增加）和工资越低越好。这种思想正是亚当·斯密思考和写作所要批判的靶子——他要指出另一条和平致富的道路。

斯密区分贸易与重商主义。贸易的目的是满足消费和需求，提高人们的幸福程度。重商主义的目的是存钱，在 18 世纪体现为没完没了地积累金子和银子，在 21 世纪体现为没完没了地积累美国国库券。简而言之，有重商主义思想的人是"为存钱而存钱"的守财奴。弗里德曼在这里顺便点到了中国的名字。

斯密也考虑到劳动分工过细对工人的不良影响。重复枯燥无味的劳动会使人丧失智力和判断能力，变得无知和痴傻。在这种情况下，斯密认为，政府一定要起主导作用，普及基础教育，缓解分工过细给人们带来的负面影响。斯密认为政府重要，但并不完全信任政府，不相信政府单凭好的用心就会带来好的结果，因为政府官员也是人，都有人的弱点。斯密对一切都持有谨慎的怀疑态度。他也怀疑商人——他们总是抱怨工人工资太高，却从不说自己的利润太大；他们总要提防工人组织工会，却从不说自己也在联合其他同业厂家，增加市场势力。

斯密在《国富论》中用了很长篇幅反对任何形式、任何程度的垄断，无论是政府主导的，还是商人主导的，抑或是工人主导的。他提倡的是完全竞争的市场。在这样的市场里，买方和卖方讨价还价，最终产生价格；价格反映了物品和服务供需相对稀少的程度，成为配置资源的指示灯。在这样的市场里，"利己的行为"还能"利人"。斯密对"市场"这个渠道如何运作的解释，奠定了现代微观经济学中各种模型的理论基础。

斯密没有考虑到有些贸易交换不是"自由交换"。例如，自然灾害过后，灾区急需饮用水，饮用水成为必需品，灾民没有不买的选择。在斯密眼里，贸易交换都是"周瑜打黄盖，愿打愿挨"。贸易需要卖方有想象力，有同情心，理解买方的需求，然后进行交换，产生价值，这是好事。贸易使人们在经济上相互依赖的同时，又获得经济独立。与斯密同时期的其他哲学家也认为，贸易能开阔人们的视野，抵御偏见，而且也能打磨人们的棱角，使贸易双方变得像绅士一样有风度。

虽然从总体来说，斯密赞同市场经济，鼓励自由贸易，反对垄断和政府干预经济，但我们很难说斯密是右派经济学家，还是左派经济学家；是保守派，还是自由派。斯密思想层次丰富，每个层次中又有不同程度的灰色地带，不绝对，不走极端，任何简单归类都难免片面。这就是为什么保守派经济学家引用斯密，自由派经济学家也引用斯密；资本主义者引用斯密，甚至有些社会主义者也引用斯密，因为他主张市民社会，没有高低贵贱，没有等级。有人认为，一些法国大革命的先驱也受了斯密思想的影响。不同读者看待斯密的复杂思想体系时，仁者见仁，智者见智，各取所需。弗里德曼强调的当然是他对经济学的贡献。

第四节 经济学教科书的变迁

> 从穆勒的教科书到马歇尔的教科书，到萨谬尔森的教科
> 书，再到今天曼昆的教科书，经济学在不同时期带有不同时
> 代的烙印和价值观。无论今天的经济学在多高的程度上具有
> "科学工具"的性质，它也曾经是人文学的一个分支。随着人
> 们思想、信仰、面临挑战的变化，经济学也要与时俱进。

本杰明·弗里德曼在课堂上注重宗教与经济的相互关系及其在亚当·斯密以后两个多世纪中的不断变迁。说起宗教，大多数中国人可能会觉得陌生，因为无神论的教育在我们思想里根深蒂固，我们会觉得和外国宗教体系格格不入。他们对我们来说是一种"异类"。我们对他们来说，何尝不是异类呢？

这就是为什么在二战以后，所有教会——无论他们以前分裂组合的渊源如何——在美国外交政策方面都一致反对共产主义。以至于有的教会领袖（Billy Graham，1918— ）在布道会上公开宣布，他宁愿让一个可爱的小女孩在对神灵的信仰中死去，也不愿意让她在无神论的氛围中活着。这就是所谓的"rather dead than red"（宁要死亡，不要红色）。意识形态领域的冲突在 20 世纪 50—60 年代进入白热化。对西方教会来说，共产主义为人们提供了一种完全不同的人生观和世界观，是一种不相信神的"宗教"。他们不能允许共产主义所代表的完全不同的人生观和世界观及其隐含着的不同生活方式，改变他们自己固有的人生观、世界观和生活方式。

如果我们把英语世界中（英国和美国）的宗教简化为一种人生观和世界观，那就不会觉得那么陌生；我们对经济学的人文起源及演变也会觉得亲切许多。宗教的与时俱进对经济学的不断发展有着深刻的影响和指导意义。200 多年的经济学发展再次说明，事态是变化的，没有一成不变的真理。150 年前的经济学与现在的经济学完全不一样；100 年以后的经济学教科书，也会随着人们对新时代的新问题的不同理解而与现在非常不同。

经济学教科书的历史变迁

现代经济学教科书的雏形要追溯到 19 世纪末期的英国。现在所谓的"经济学"这个概念最初来自英国经济学家阿尔费雷德·马歇尔写的《经济学原理》(*Principles of Economics*)。这本书在 1890 年首次印刷，前后共出 8 版，内容也从第一版的 750 页增加到第八版的 870 页。这本书在 1919 年在牛津大学取代约翰·穆勒(John Mill)写的《政治经济学原理》，成为经济学标准教科书。

马歇尔把供给、需求、消费者剩余、边际福利、价格弹性、生产成本、规模经济、短期和长期不同时间段的意义等重要概念组成一个融会贯通的动态体系。他首次使用图形帮助说明问题，把"边际主义革命"(Marginalist Revolution)——斯密革命(Smithian Revolution)后的第二次革命——推向数学化，使边际概念成为经济学中一个主要分析工具，大大增加了分析强度，奠定了数理经济学的基础。

消费者怎样决定买多少苹果呢？他会一个苹果、一个苹果地买，直到他的边际福利等于一个苹果的价格。卖方也会把价格定在最后一个苹果的边际成本。雇员怎样决定工资低于多少他就不干了呢？他会工作到每小时工资等于他的边际负效用(marginal disutility)。雇主会把每小时工资定在员工的边际生产率(marginal product of labor)上。如果工资高于这个边际生产率，雇主也不能干了。同样，借贷利率等于资本的边际生产率(marginal product of capital)。

所有学习中级经济学的学生都要花很多时间掌握这些均衡模型的动态变化及其隐含着的个人、家庭、公司的最优选择。这些模型在宏观层面也意味着很强的结论，但并不完美，因为这些模型只讲效率，不涉及公平问题。此外，还有一个问题马歇尔没讲到：有些东西的价格弹性是零或者无穷大。在这些情况下，价格信号不适用或者失灵，那么就没有效率可言。例如，饮用水和至关重要的医药产品在天灾人祸之后成为生命必需品；有些工作即使不挣钱，生产者也会照样做这些工作。

马歇尔有意不让数学掩盖经济学的实质，所以把数学推导都放在脚注或附件中。他在给朋友的一封信中清晰地解释了数学在经济学中的作用："（1）把数学当做一个简便的语言与人沟通思想的实质，但不能把数学当做思考探索的引擎（an engine of inquiry）；（2）运用数学工具直到把问题完全想通；（3）然后把结果转换成正常的英语；（4）再选用一些对生活重要的事例，解释从数学推导得出的结论；（5）扔掉那些数学推理；（6）如果第四步行不通，那就扔掉第三步。我自己经常这样做。"而现在的许多所谓"经济学家"恰恰是把数学当做了思考和探索的引擎。他们思考问题不是从生活出发，而是从数学出发，得出的结论要么是不着边际，要么就是与生活经验背道而驰。

经济学在 19 世纪后半期逐步形成一门独立学科，不再附属于哲学或政治学。到 1890 年止，美国已经有九所大学建立了单独的经济系。1885 年美国经济学会（American Economic Association）作为专业学会成立了，1886 年出版了《美国经济学评论》（*American Economic Review，AER*）。哈佛大学经济系于同年创建《经济学季刊》（*Quarterly Journal of Economics，QJE*），芝加哥经济系于 1892 年创建《政治经济学杂志》（*Journal of Political Economy，JPE*）。这些都是目前经济学界的权威杂志，历史悠久。

在马歇尔之前，只有政治经济学。美国第一位重要的政治经济学家是丹尼尔·雷蒙德（Daniel Raymond，1786—1849）。他在 1823 年出版的《政治经济学要素》（*The Elements of Political Economy*）是美国本土第一本政治经济学教科书。这本书带有强烈的清教徒理念和社群意识，甚至还有一些平均主义色彩。雷蒙德认为，个人利益与国家利益在多数情况下是矛盾的，而亚当·斯密看到的更多的是二者的协调统一。 他还强调劳动的重要性，认为劳动是国家财富的源泉；而劳动不是人的本能，人是为了满足自身生理的需要和生活的便利，被迫劳动，所以劳动本身带有"减少福利"性质（disutility）。雷蒙德的社群意识和平均主义色彩随着美国经济在 19 世纪的迅速拓展逐步被边缘化。

从美国内战到第一次世界大战的半个世纪中，由于铁路、机械、水力、桥梁、通信等技术革命，生产力突飞猛进；农业商业化、农庄规模化、工业化和城镇化不断深入。虽然人口在这期间增长两倍，达到 1 亿以上，1914 年美国人均收入（6270 美元，以 2009 年美元计价）仍然达到了 1867 年（2747 美元，以 2009 年美元计价）的两倍以上。人口从东部沿海向西部内陆的荒郊野岭艰难跋涉。清教徒勤劳勇敢、永不停歇地征服自然，有极大的工作热情和精神耐力，带有强烈的宗教色彩。乔治·班克罗夫特（George Bancroft，1800—1891）是第一个写美国完整历史的人，用了 1834—1874 年的 40 年时间，共出版 10 册。他的一个主导思想是，财富来自勤劳。当时美国地广人稀，不存在生产资源边际产出递减的问题，而且欢迎持各种宗教信仰的移民。班克罗夫特相信，只要保证法律面前人人平等，同时保障人身自由，整个社会就会和睦相处。

其他美国政治经济学家比雷蒙德更加乐观，相信经济会随着科学技术的进步而持续增长，因为神是慈善的、爱人的，它设计的世界就像牛顿发现的世界一样规律、精湛、美好。在个人利益与国家利益中，他们看到的更多的是和谐统一。当时，美国政治经济学家都是一些宗教领袖或者大学里的道德哲学教授，他们把自己对政治经济学的理解宣传渗透到大众和学生当中。约翰·麦克维克（John McVicker，1787—1868）、费朗西斯·韦兰（Francis Wayland，1796—1865）和费朗西斯·鲍恩（Francic Bowen，1811—1890）都是这些人的代表。同时代英国最有影响的政治经济学家、古典自由主义哲学家是约翰·穆勒 。他在 1848 年出版的《政治经济学原理》被再版多次，在 1919 年以前一直是经济学的主要教科书。

19 世纪后期，美国财富迅速积累。宗教领袖作为社会的知识精英对此有两种认识。一种非常积极，他们的理念统称为 "Gosple of Wealth"（财富的福音）。他们认为，没有任何社会可以在贫穷中变得文明；社会需要财富，也需要创造财富和拥有财富的人。每个人都应该通过勇敢创造、努力工作、诚恳待人，由穷变富；这是每个人的任务。财富代表了一个人坚忍不拔、诚实勇敢的品格。有了财富，我们才可以作有道德的选择，使这个社会井井有条、彬彬有礼、宽容大度。从长期来看，品格和道德与财富是相辅相成的。

对财富的另一种看法带有强烈的改良主义色彩，统称为 "Social Gosple"（社会的福音）。1882—1896 年间，人均收入几乎没怎么增长，财富两极分化，城市贫民生活悲惨。持改良主义观点的教会更关注财富的分配，主张建立必要的社会保障制度，例如，设立每小时最低工资，限制每天最长工作时间等。此后，20世纪30年代的经济大萧条孕育了凯恩斯主义。

第二次世界大战之后，美国主要经济学教材是萨缪尔森于1948年首次出版的《经济学：一个介绍性的分析》（*Economics: An Introductory Analysis*）。这部教材再版19次，影响几代人。萨缪尔森在1947年写的《经济学基础》（*Foundations of Economics*，1983年再版）被公认为一部巨著，把数理经济学推向高潮。虽然他把数学带入经济学的显著位置，但他并没有远离生活。他常以凯恩斯视角看问题，与芝加哥大学弗里德曼为代表的货币经济学家（monetarists）各执一词。

1998年曼昆写的《经济学原理》首次出版，取代了萨缪尔森的经济学入门教科书，逐渐成为标准教材（其写作背景和教材特点，详见《哈佛经济学笔记》第17页曼昆系列中的"撰写教科书"）。无论今天的经济学在多大程度上呈现出"科学工具"的性质，它也曾经是人文学的一个分支。随着人们思想、信仰、面临挑战的变化，经济学也要与时俱进。

第五节　宗教信仰对当代经济政策的影响

> 很多中低层收入的美国人在经济政策中支持与自身利益
> 截然相反的立场。这是为什么呢？弗里德曼认为这与他们的
> 宗教信仰密切相关。在最后一堂课上，弗里德曼重申理清经
> 济思想与宗教思想相互关系的重要意义。

在学期末的最后两节课中，本杰明·弗里德曼由远及近讲述宗教信仰
对当代经济政策的影响。最近几年有实地调查显示，很多中低层收入的美
国人在美国经济政策中支持与自身利益截然相反的立场。这非常令人费解。
弗里德曼举例说明。

2009 年美国所得税的最高边际税率只适用于夫妻共同年收入在 372950
美元以上的家庭，而全美国只有 2/3 的家庭年收入达到这个水平以上。当
你问："美国政府是否应该提高最高收入人群的边际税率？"大多数美国人
的回答是，不应该。而这样回答的大部分人都是中低收入人群。对他们来说，
372950 美元的年收入是可望而不可即的，提高税率根本就不会影响到他们，
只会对他们有利。当政府从富人那里得到更多税收的时候，就有能力提供
更好的公共服务，很有可能为穷人提供更多的转移支付，低收入人群会是
直接受益者。中低收入人群对经济政策的立场完全不符合他们自身的利益，
为什么呢？

还有一个更典型的例子。当你在实地调查中问："美国政府是否应该取
消 350 万美元以上的遗产税？"有 44% 的美国人说，应该取消。有多少美
国人拥有这么多的遗产呢？ 2009 年，只有 1/4 的美国人才有 350 万美元以
上的遗产。这与认为应该取消遗产税的美国人占 44% 的比例完全不符。这
说明，有很多中低层收入的美国人认为富人不应该缴纳遗产税。他们的观
点再次与他们的自身利益完全相反。

政治学家从民主选举机制的角度来解释这个现象。民主不是说人民本
身对所有经济政策都自己做主，而是通过选举人民代表的方式来间接地

决定政策。人民代表又分成不同的党派，而党派的数目远远小于不同性质的问题的数目，于是很多人的很多意见不能被代表们反映出来，而被这种选举机制淹没了。从总体来说，政策分为社会和经济两大类别。自由派代表自由的社会政策和自由的经济政策；保守派代表保守的社会政策和保守的经济政策。那么，那些在社会政策上保守、在经济政策上自由的选民和在社会政策上自由、在经济政策上保守的选民就不得不选择不完全代表他们的党派。到底支持哪个党派取决于在投票的时候到底是社会问题更重要，还是经济问题更重要，并由此画线，选择支持的党派。如果两个党派在经济政策的立场非常相近，那么在社会政策上的立场就会决定选民的支持率。

但是这种解释与最新的选举数据有出入。弗里德曼有意酝酿另外一种解释。他提问，美国在二次世界大战之后的 12 任总统中，哪个总统最反对征税和政府管制？学生不约而同都认为是里根总统和小布什总统。哪个总统与福音新教（Evangelical Protestantism）关系最密切？答案又是里根和小布什。福音新教很成气候的社区大多在美国南部和中部的州，那里中低收入人群的比例相对较高，但基本主张"小政府"——减少税收、政府预算和花费；支持取消遗产税。他们对政府管制的容忍程度也比较低，相信越有利于自由选择的环境越有利于个人在经济方面取得成功。如果你问他们："你是否相信，努力工作一定会使你成功？"那里大多数人的回答都是肯定的。

主流新教派（mainline protestantism）和无神论者一般分布在美国东部和西部比较富裕的地区，他们对经济政策的主张与居住在美国南部和中部的多数人相反。他们不完全相信努力工作就一定会成功。还有一些人完全不相信这个观点。弗里德曼意在说明，人们对经济政策和社会问题的看法与人们的信仰密切相关。尽管从宗教中演变而来的一些生活态度完全可以独立于宗教而存在，例如，勤俭节约、努力工作、持之以恒、坚忍不拔等，但宗教在过去两个多世纪分裂组合而来的不同派系仍然影响着人们对经济政策的立场。

经济学承认，税收减少人们追求私利的动力，因为利润的一部分被政府收走了；但税收在一定条件下可以使其他人获得好处。政府管制在一定程度上限制了个人自由，但在防止市场失灵、市场垄断、过度剥削等方面可以起到增加整体福利的作用。经济学还不能确切地量化这些正面作用和负面作用。经济学家喜欢建立包含人的主观能动性的模型——人为了达到某种目的，可以做些什么。经济学家不喜欢另一类模型，在这些模型中，人是被动的，是无可奈何的。

例如，经济学家不喜欢贫困—暴力陷阱模型（Poverty / Violence Trap Model）。在这个模型中，众多公式表达了一个浅显的逻辑：收入越高，贫困越少——贫困是收入的函数；投资越高，收入越高——收入是投资的函数；暴力活动越少，投资越高——投资是暴力活动多少的函数；贫困越少，暴力活动就越少——暴力活动多少又是贫困的函数。这就回到了系统的初始条件。于是，一种地区有良性平衡或良性循环：在那里，贫困少，暴力少，投资高，收入高。另一种地区有恶性平衡或恶性循环：在那里，贫困高，暴力多，投资低，收入低。在这类模型里，初始条件就决定了最终结局，人是无能为力的，无法打破恶性循环。经济学家更愿意相信，人是有所作为的；人可以创造更美好的世界，实现更美好的明天。这与他们持有线性前进的世界观有很大关系。

弗里德曼接着自问自答。

如果没有宗教领域里的人生观和世界观的改变（从宿命论到人可以掌握自己的命运；从人活着的意义就是要弘扬神的伟大，到人活着是为了追求幸福；从相信人类社会的循环往复到相信明天会更美好），斯密领导的思想革命是否会发生？弗里德曼说，很可能会发生，因为很多经济思想可以独立于宗教问题而存在。

如果没有宗教领域的思想变革，低税收、小政府——反政府管制、自我选择神圣不可侵犯——的思想是否会在美国如此根深蒂固呢？弗里德曼认为不会。自食其力、自我实现、日新月异地提高自我和社会的乐观主义思想，已经成为美国文化的一部分，而且美国人相信，物质生活水平的提高会为精神生活的提高创造条件，整个社会也更有可能成为有道德、讲美德的社会。这与弗里德曼在他2005年出版的《经济增长的道德结果》

（*Moral Consequences of Economic Growth*）的中心思想完全一致（对这本书批判性的评论，见本书"美国社会动向"一章中"哈佛前校长谈'有关幸福的政治'"一节）。

最后，弗里德曼总结讲述经济思想与宗教思想相互关系的意义。它一方面在于理顺经济思想史，说明斯密思想革命的重大意义——它可以与达尔文的进化论、爱因斯坦的相对论相提并论；另一方面在于从更深层次上理解选民对当今经济政策的态度和看法，从而进一步影响经济政策的制定，提高经济政策被广大选民接受和认可的程度。这与弗里德曼在开学第一天对整个课程的综述首尾相应。

第四章
文化经济学

　　2009 年秋哈佛大学经济系阿莱西纳教授为本科生开设了"文化经济学"课程，运用计量分析手段，研究文化是如何影响人们的观念和偏好，进而影响经济发展的。在多数情况下，这门课只是印证了正常人的直觉，对任何问题没有本质上的突破，不能回答一个社会怎样才能从恶性循环，或次优均衡状态，转变为良性均衡状态，或最优均衡状态这个根本性问题。当然，对这门课更积极的解释是，它拓宽了传统经济学的研究范围，让经济学家也开始关心文化的作用。

第一节 文化对经济的影响

> "文化经济学"这门课是用计量分析方法，研究文化是如
> 何影响人们的观念和偏好，进而影响经济学家所感兴趣的话
> 题的。阿莱西纳教授要求学生在论文中不仅概括总结学术文
> 献的内容，而且还要有自己的批评性意见，最好有新的洞见。
> 他说："因为这是一个新兴领域，我们很快就会到达这个领域
> 的前沿。这意味着你可以在你的期末论文中对这个领域有所
> 创建，开拓知识前沿。"

2009年秋季哈佛大学经济系有一门听起来很有意思的课，叫"文化经
济学"（cultural economics）。顾名思义，这个名字可以有很多种解释：有关
文化产业的经济学，或从人文的角度研究经济学，或用经济学解释文化现
象。但实际上，这门课是在传统经济学的框架里研究文化对经济的影响。
首先，研究目的是传统的。经济学家关心文化的理由仍然是为了研究人们
的储蓄、消费、就业、生育等行为，更深入地理解投资、贸易和经济增长
等传统性话题。这与前哈佛燕京学社研究员黄万胜倡导的"人文经济学"
截然不同。黄万胜要创造一种新的为"人"服务的经济学，而这门课还是
"对事不对人"的课程。其次，研究方法是传统的，主要是通过计量回归分
析的方法，寻找什么是影响经济结果的重要因素，重要的程度如何。

那么这门课的意义和贡献是什么？在经济学中，研究传统性话题的已
有模型都是把人们的观念（beliefs）、偏好（preferences）和约束（constraints）
作为已知的外部条件。而这门课则是要用"显微镜"把这些外部条件放大，
把它们看成未知变量，具体研究文化是如何通过影响人们的观念、偏好和
约束来影响经济结果的。

这个经济学分支是经济学里的新兴领域。经济学家普遍不喜欢研究文
化，因为"文化"这个概念太模糊，很难确切定义。直到一个社会学家把
文化定义为"一个种族，或一个宗教，或一个社交圈子习以为常的观念、

社交规范和特点",并有一系列社会调查数据可供经济学家用熟悉的手段研究文化问题的时候,经济学家才开始严肃地开拓这个领域,使其成为经济学的一个分支。后来,经济学家也通过研究历史变迁、移民的行为特征等手段来补充普查数据,丰富文化对经济影响的理解。

课程设置及教授期望

主讲这门课的教授是阿里波特·阿莱西纳(Alberto Alesina),1957 年生于意大利,从米兰大学毕业后于 1981 年到哈佛大学深造,1986 年获经济学博士。在卡耐基·梅隆(Carneigie Mellon)大学做过两年博士后和助理教授,他于 1988 年回到哈佛大学,1993 年晋升为终身教授。1998—2004 年,他兼任经济学顶级杂志之一《经济学季刊》(*Quarterly Journal of Economics*,*QJE*)的共同主编(Co-Editor),现在仍然是副编辑(Associate Editor)。他的研究范围包括经济周期、财政政策和预算的政治经济学、欧洲一体化、美国与欧洲社会保障体系和整体经济体系的比较等。

阿莱西纳在教学大纲中明确了这门课的两个目的:一是利用最新的不断丰富的文献,研究偏好异质性(heterogeneity of preferences)如何影响经济决策和结果。这些理论问题包括社会资本(social capital)、群体认同(group identity)、社会交往和网络(social interactions and networks)及家庭与情感的重要性等。二是训练学生如何运用大量数据解释文化与经济的关系问题。这包括让学生熟悉计量经济学软件和各种调查数据。

虽然这是为本科生开设的课程,教授也把学生像学者一样对待和要求,仿佛 20 岁左右的学生们都是大思想家。学生的成绩取决于两次期中考试(各占 15%,都是有关阅读教学大纲中有关文献的简答题),对阅读过的文献写两份 3~5 页的读后感(各占 5%),一份运用数据的计量练习(占 20%)和期末考试或学期论文(占 40%)。在考试试题和读后感中,阿莱西纳要求学生不仅概括总结学术文献的内容,而且还要有自己批评性的意见,最好有新的洞见。

对选择写学期论文的学生,阿莱西纳鼓励他们选择有意思的题目,争取有创新的阐述。他说:"那些有创建的、大胆提问的论文,即使计量学检验的结果不完美，也会在成绩方面占优势。因为这是一个新兴领域，我们很快就会到达这个领域的前沿。这意味着你可以在你的期末论文中对这个领域有所创建，开拓知识前沿。"

文化与经济的关系

阿莱西纳说，文化与经济的关系是双向的，既可以用文化解释经济，也可以用经济解释文化。用文化解释经济的典型范例是 19 世纪德国社会学家和政治经济学家马克斯·韦伯（Max Weber，1864—1920）。他的代表作之一《新教伦理与资本主义精神》（*The Protestant Ethic and the Spirit of Capitalism*）意在说明为什么新教的道德伦理有助于发展资本主义，而儒家思想主导的中国为什么不具备资本主义发展的前提条件，没有成功地发展经济。用经济解释文化的典型范例是卡尔·马克思。他主张经济基础决定上层建筑：生产方式基本决定了社会政治生活和思想进程。

但是在新古典经济学（neoclassical economics）中，文化没有任何角色，个人偏好（individual preferences）是外部给定的，没有任何解释；而且所有人都一样，都是理性的、自私的，随时随刻都在努力使个人利益最大化，没有文化的区别。

"文化经济学"承认文化是影响经济的重要因素，其目的就是要解释人们因为文化不同而有不同的偏好、态度、信仰，进而导致不同的经济选择和结果。例如，对勤俭节约的看法，对储蓄的重视，对勤劳、信任、家庭重要性的看法，家庭的组织结构，社会规范的不同，都会影响一个国家或社会的经济表现。有的社会倾向整齐划一，枪打出头鸟；有的社会非常个性化，标新立异的人层出不穷；在有的社会中，社区生活丰富多彩，人们在政治生活中（例如选举投票等）积极踊跃；在有的社会中，人们很少相互来往，事不关己，高高挂起。

阿莱西纳举例说明文化的重要性。1793 年，乾隆皇帝拒绝英国人想通商的要求，他对乔治国王（King George III）说："你的大使亲眼看见，我们的物品应有尽有。你们那些稀奇古怪的东西对我们来说并不重要，你们国家的制造品对我们来说没用。"

　　既然文化对经济有重要作用，怎么下手研究它呢？一种渠道是用问卷调查的数据（survey data）；一种是研究移民与本土人的行为区别；还有一种是通过实验获得数据，例如，设计一个实验，根据人们的答案测量他们愿意承担风险的程度。任何一种研究手段都有缺欠。经济学家为提高数据准确度、筛选变量、克服变量的内生性、避免遗失变量（omitted variables）、确定因果关系等技术性问题大动脑筋。这门课的大部分时间都用在解释，如何使用不同的计量经济学手段来解决这些技术性问题。当然在设计计量模型时，也涉及部分经济理论。

第二节　社会资本与家庭纽带

为什么有的社会处在良性均衡状态，有的社会却处在恶性均衡状态？什么是对社会有益的家庭纽带，什么是对社会有害的家庭纽带？为什么有的国家社会资本充足，有的国家社会资本匮乏？

芝加哥大学的社会学家詹姆斯·科尔曼（James Coleman，1926—1995）是率先使用"社会资本"（social capital）这个概念的人之一，他的代表作《社会理论的基础》（Foundations of Social Theory）最为著名。社会资本是指人与人之间积累的信任、合作，对游戏规则和公共利益的尊重和个人行为的道德标准。社会资本与个人利益最大化的前提假设并不矛盾，因为在一个好的社会均衡状态里（good social equilibrium），如果你想个人利益最大化，你就需要使自己看起来可以被别人信任，你就要尊重游戏规则和公共利益。

阿莱西纳用意大利举例说明。意大利北部地区与南部地区的经济发展水平和社会秩序差别很大，什么原因呢？不同的文化和社会资本可以解释其中大部分差别。南部盛行"非道德的家庭主义"（amoral familism），即人们只信任自己的家庭成员，不信任家庭以外的人。他们要使家庭的短期利益最大化，而且他们假设其他人也是一样。如果你不为自己的家庭成员着想，而为外人着想，你就会被别人认为"有毛病"。在这种文化里，贪赃枉法、逃税漏税等腐败行为盛行，法治无从谈起。这种非道德的家庭主义不仅仅在意大利南部存在，在其他国家也存在。

正是对别人行为的负面假设使这个系统停留在不良的均衡状态（suboptimal Nash equilibrium），就像"囚徒困境"（prisoners' dilemma）一样。这是重视家庭的负面效果。在这种社会里，人们对公共的社会生活不感兴趣，除非某种活动可以给家庭在近期内带来好处。只有公务员才关心公共事务，但他们也不是发自内心地想为社会服务，而是为了挣工资，养家糊口。即使他们努力工作，或做分外的事，他们也会被认为拉帮结派、谋私利。没有人愿意监督公务员的行为，政府只能雇用一些人，检查另一些人，这些人的作用相当于中国的纪委。即使检查别人行为的人也存在非道德家庭主义的问题，他们内外有别，处理与他们关系近的人用一种方式，与他们关系远的人用另一种方式，完全没有公事公办，一碗水端平，为腐败创造大量机会。人们对公共事务漠不关心，政治参与意识极低；每个人只是一门心思地营造自己的小天地，像照顾自己的家庭一样照顾、维护、扩充自己的关系网，即"家庭式的裙带关系"。这是一种消极的个人主义。

这与良好的社会资本背道而驰。社会资本的基石是信任。缺乏对家庭成员以外的人的信任，妨碍了社会资本的形成，妨碍了对经济发展有利的公民组织的形成，也妨碍了廉政建设。例如，农村信用合作社或其他公共设施项目都是建立在基本的相互信任的基础上的。社会资本匮乏会导致法律不被执行，不被尊重，成为一纸空文。公务员和政客可以无所顾忌地行贿受贿。即使有个别人清廉，别人也会认为他们是假清高，因为"天下乌鸦一般黑"；玩世不恭、悲观消极的世界观弥漫了几乎所有人的思想。缺少信任，使一切努力都注定要失败。在这种环境里，人们行为的理性选择就是保守，不冒风险，得过且过。

贫穷与非道德家庭主义的关系是什么？是贫穷导致了非道德家庭主义，还是非道德家庭主义导致了贫穷？有学者比较两个人均收入一样的小镇子，一个在美国南部的犹他州，另一个是意大利南部的一个小镇子。前者有很多社区活动和公共服务，后者却极其匮乏。前者有积极的个人主义，后者有消极的个人主义。个人主义有很多种，要仔细区分。

例如，2000 年出版的《独自打保龄球》（*Bowling Alone*）的作者、政治学家罗伯特·帕特南（Robert Putnam）发现，美国人和其他国家的人比起来，总的来说，不合群儿，不爱扎堆儿。他把这种现象叫做"独自打保龄球"。据他观察，多数美国人宁肯自己看电视，也不和别人一起看电视，而且自 20 世纪 50 年代后这种趋势愈加明显。他把美国社会资本逐渐减少以及一系列负面影响都归咎于这种趋势的上升。他的理由是社会交往越多，社会参与意识越强，视野就越开阔，越容易找到好工作，收入两极分化的程度就越低。然而在过去的几十年中，美国所经历的正好相反。

　　他的解释对不对呢？阿莱西纳说，社会交往、社会参与是不是越多越好，这一点很难说。什么形式的交往，什么条件下的交往，都会影响分析结果。看电视是好事还是坏事还说不定呢，独自看电视还是和朋友一起看电视是好事还是坏事就更不确定了。同样，家庭纽带（family ties）对经济发展也不是都不好，有好的一面，也有不好的一面，不能一概而论。这种不确定性是研究"文化"的特点，不可避免。

第三节 社会资本与政治制度

> 文化从总体来说变化缓慢，这门"文化经济学"课着重研究那些文化中经久不衰的因素。长时间的政治制度和人与人之间的信任程度直接影响着社会资本的多少。

意大利南部和北部在经济发展和社会形态方面的区别是另一个天然实验。这里南北方共同的不变量是政治体制和行政制度。其实，意大利在很长一段时间都是中央集权，南北方的政治体制和行政制度都是一样的。直到 20 世纪 70 年代初，意大利的地方政府才享有一些原来集中在中央的权力。"制度决定论"解释不了意大利南北部的巨大区别。

有学者比较 20 个意大利地方政府和社会运转情况，发现地方政府的执政能力和水准非常不均。南部的地方政府之间有区别，北部的地方政府之间也有区别，但南北之间的区别更大。通过一系列的计量学研究并结合这些地区的历史，该学者发现，意大利南部的社会资本比北部的社会资本少很多。这是因为大部分北部地区在 12—14 世纪之间都是独立的自由城市（free cities），公民自治的成分很大，而南部的大部分地区在这三个世纪里都在诺曼国王（Norman Kings）的控制之下，诺曼国王阻碍了自由城市的发展。有自治历史的地区比没有自治历史的地区，平均来说，现在要多20% 的社会资本。这里用来度量社会资本的变量是公民结社的数目（number of associations）、公民选举投票的参与比例（turnout in referenda）和是否有捐献人体器官的组织（presence of an association of organ donors）。

问题是，700 多年前的历史为什么还会影响到今天？社会资本匮乏是一个体系的均衡状态。即使是次优选择（sub-optimal）的均衡，倘若没有外力打破这种均衡，这个体系也会持续很久，所以文化总体来说变化缓慢。当然也有个别现象说明文化有可能在短时间内迅速变化，但这门"文化经济学"课着重研究那些文化中经久不衰的因素。

社会资本的一个重要组成部分就是信任。社会资本指的是一个社群里的一系列关系，这些关系是相互的。社会交往产生信任，维持信任，所以社会资本和信任呈现正相关。但社会资本与信任又不相同。社会资本隐含着信任，但是有了信任，未必就有社会资本。社会资本里隐含的信任不是指两个相互熟悉的人之间的信任，而是指对你不熟悉、不了解的人的总体信任，相信他们不会做伤害你的事情。这种对别人将要采取对自己有利还是有害的行为的前提假设，直接影响着我们的行为选择。

对信任的度量主要是从一个世界范围的价值观普查（World Values Survey）得来的数据。手段是询问调查对象对这类问题的态度："一般来说，你认为大多数人是值得信任的，还是应该随时提防着别人？"另一种产生数据的方法是设计一个游戏，人们在游戏中所作的选择显示了他们对陌生人的信任程度。

什么决定了一方对另一方的信任程度呢？这里有两方面因素。（1）越了解就越信任，例如，两个国家的距离是否接壤、是否有共同的语言等；（2）文化越相像就越信任，例如，两个国家在最近一千年的历史中有多少年在交战、是否有共同的宗教等。这里经济学家还用一个独特的变量，叫"基因距离"（genetic distance），来度量两个国家的人在基因上有多么不同。这个数据是通过计算某一个行为特征在一个国家人口的出现频率与在另一个国家出现频率之差得来的，也可以把几个行为特征出现频率之差的均值作为基因距离的度量。

经济学家把这些变量分别放进传统的计量经济学模型，解释文化对贸易的影响、对间接投资的影响（portfolio investment）和对直接投资的影响（foreign direct investment）。他们发现模型的解释能力提高了好几倍。因为信任是社会资本的基石，社会资本直接影响一个国家金融业的发展。金融业的发展在很大程度上依赖对合同的履行和保护，这里的信用程度（credit worthiness）其实就是信任程度（trust worthiness）。信任度越强，就越容易借到钱，资金流动就越快、越高效。如果这个国家的法律体系不健全，社会资本在一定程度上可以弥补。但如果社会资本匮乏，即使法律体系健全，金融业也很难发展，而且还会成为经济发展的"瓶颈"。

　　文化经济学家还用文化解释经济增长。古典经济学认为经济增长的主要动力是生产率的提高，也就是技术创新。罗伯特·索罗（Robert Solow，MIT 经济学家，1987 年获诺贝尔奖）的增长模型（Solow's growth model）使古典经济学中的经济增长理论清晰地"数学化"了。文化经济学家把文化的因素加入了计量学模型。1996 年两位经济学家发现人与人的信任程度和他们生活的这个国家的经济增长率成正相关。1997 年其他经济学家发现，人与人的信任度越高，腐败率就越低，法律体系的效率越高，经济发展越快。

第四节 一个值得拿诺贝尔奖的题目

> 一个国家或一个社会怎样才能从缺乏诚信到充满诚信，
> 从恶性均衡转变成良性均衡呢？阿莱西纳直面这个问题。

一个国家或一个地区的社会资本是地方文化的一部分，无论是丰富还是匮乏，都根深蒂固，经久不衰。经济学对这个现象的解释是纳什均衡（Nash Equilibrium）。如果你预计在一个社群里别人都会友好合作、值得信任，你的理性选择也是友好合作、值得信任，因为这样可以使你自己的利益最大化。这是良性均衡。如果你预计别人都在营私舞弊、图谋不轨，你的理性选择就是同流合污，否则你就会被这个社群边缘化。任何人没有任何动力去打破这个体系的均衡，改变当地文化。这是恶性均衡。

一个中年学者举手提问："一个国家或一个社会怎样才能从缺乏诚信到充满诚信，从恶性均衡转变成良性均衡呢？"阿莱西纳回答，这是一个非常好、非常根本的问题，教学大纲中的任何论文和书籍都不能回答。这不是因为他让学生阅读的文献不全，而是因为根本就没有回答这个问题的论文。他说："谁要是能解决这个问题，基本上就可以拿到诺贝尔奖了。解决这个问题就意味着一系列的政策措施可以改良社会，但是目前没有人能回答这个问题。"

跳出经济学模型

只要我们假设人是理性的、自私的，都在努力使个人利益最大化，那么这个问题就不可能在经济学里找到答案，因为这个体系已经达到均衡状态了。经济学可以帮助我们理解社会，但在这种情况下，却不能帮助我们改良社会。要想改良社会，必须冲出经济学的框架，创造性地思维，否则人就是被动的，人为地被经济学束缚了。

汪丁丁教授在 2009 年 9 月 9 日题为《为什么逻辑不能与历史完全重合——元化先生对我的意义之一》的博客文章中，对经济学进行了同样的批判性思考，指出用模型替代生活的弊端："我意识到自己的数学训练导致的思维弱点——倾向于以逻辑取代历史。生活，若能被数学模型充分地表达，抽象将丧失其意义，同时，生活将丧失其创造性。"他还从思想史的角度考察，说明经济学的发展方向："早期的经济学是人文的一部分。那时，经济学必须是关于人的'科学'。后来，经济学逐渐演变，成为'见物不见人'的科学。弊端太多，以至今天，在跨学科的时代，经济学再行演变，向着'见人还是人'的科学发展。"

于是，这个中年人在课下与阿莱西纳交流，提议从恶性均衡到良性均衡的一个办法是跳出经济学的思维框架：通过一位"英雄"式的人物——一位思想活跃、充满魅力和热情的领导者鼓舞众人，带领众人改良社会。但看来像这样的领导人还不是永久改变地方文化、恶性均衡状态的办法。那么这门课的意义是什么呢？阿莱西纳用绝大部分课堂时间，解释经济学家是如何筛选变量，度量文化；在计量经济学的框架里，如何使用这些变量更好地解释经济学家所关心的话题，但结论都是一些众所周知的常识。大量的数据，大量的计算仅仅证实了人们的直觉：文化对经济发展的方方面面都是有影响的。

影响有多大？我们能否从计量经济学的分析中得出来？阿莱西纳有丰富的研究经验，没有"新手"的莽撞和过激。他说："我们要尽量避免从计算机软件输出的数字中读出太多东西，得出太多、太死的结论，因为没有十全十美的模型，更没有十全十美的数据。"

有一个词阿莱西纳始终没有用——"循环"。在解释计量模型的运算结果时，阿莱西纳经常说，这里的很多变量几乎都是高度相关的（highly correlated），它们之间互相影响，不是独立变量。经济学家运用工具变量（instrumental variables）的方法来帮助确定因果关系：什么因素导致了什么，而不是反过来。例如，是信任促进贸易，还是贸易促进信任？经济学家很难确定变量之间是相互独立的。其实，良性均衡就是良性循环，例如意大利北部；恶性均衡就是恶性循环，例如意大利南部。

当一个地区进入良性循环后，大多数变量都往好的方向发展，而且好上加好。如果一个地区进入恶性循环，大多数变量都往坏的方向发展，越来越坏。结果是两极分化日趋严重。这就像一个健康的人,各种可度量的身体指标都是正常的;一个病人的很多指标都有问题,怎样才能打破恶性循环呢?任何一个循环都是"鸡与蛋"的关系,它们相互作用,很难找到切入点。只有洞察力非常强的人,才能找到切入点:到底是应该从"鸡"下手,还是从"蛋"下手来调整它们的关系。阿莱西纳在课下与学生交流时,承认洞察力在区别因果关系中的重要性。

除了印证正常人的直觉以外,这门课,或者说"文化经济学"这门学问,还有什么贡献?既然阿莱西纳鼓励学生用批判性的眼光看待所有文献,感想越独特、越新鲜越好,那么试作一个解释:经济学家在研究经济学时抑制了"正常人"(普通人)的感性和直觉,在建立模型时有很多机械、教条的假设,所以尽管发现的很多东西是尽人皆知的常识,但对经济学家来说,他们就像发现了"新大陆"一样的新鲜。例如,"人以群分,物以类聚"是司空见惯的常识。人们都喜欢和自己背景、习惯相似的人来往,不信任和自己非常不一样的人。相似的人交往越多,互惠互利的可能性就越大,自然而然地体现在更多更深的贸易和金融关系。这不需要经济学就能理解。当然对这门课更积极的解释是,它拓宽了传统经济学的研究范围,让经济学家也开始关心文化的作用。

第五章
美国社会动向

　　这一章从国际气候协议和美国能源政策出发，扩展到美国政经要人的动向及其对美国社会的思考，包括两位实现了"美国梦"的亿万富翁、慈善家彼得森和索罗斯的所思所想——他们的担忧以及他们的努力方向。然后，这一章延伸到思想道德领域，从道德的角度审视市场经济和社会规范。这集中在哈佛大学著名政治思想家桑德尔对他新书《正义：我们应该做什么正确的事情》的介绍和他与其他学者学生的对答。最后，这一章以哈佛大学老校长巴克讲的有关"幸福"的话题作结。经济增长是为了人们生活得更幸福，不可本末倒置。

第一节　对后《哥本哈根气候协议》
的两种思路：斯达文斯
的期待与库珀的预言

对 2009 年 12 月份在哥本哈根举行的国际气候大会至少有两种截然不同的预期和判断。一种看法认为：虽然国际合作困难重重，《哥本哈根气候协议》没有国际约束力，但无论如何这是艰难旅途中的一步，具有积极意义。另一种看法认为：关于气候变化的国际谈判从根本上就是在错误的路径上前行，哥本哈根会谈失败不是偶然，而是必然。肯尼迪政府管理学院主管环境与资源项目的经济学教授罗伯特·斯达文斯（Robert N. Stavins）代表前者，哈佛大学经济系教授理查德·库珀（Richard N. Cooper）代表后者。

斯达文斯的期待

2009 年 11 月 17 日中午，斯达文斯就后《京都议定书》（post-Kyoto Protocol）的气候变化问题在哈佛大学发表公开讲演。斯达文斯是环境问题专家，1988 年从哈佛大学获经济学博士。1997—2002 年，他曾任美国环境保护局（U.S. Environmental Protection Agency）环境经济顾问委员会主席。他的研究领域覆盖环境经济学的方方面面：以市场机制为基础的政策手段；行政命令的效益，行政命令对竞争力的影响；控制污染等新技术的创新和推广，固碳技术的成本；评价环境保护的好处等。他是《环境经济学与政策评论》的共同主编（Co-Editor of the *Review of Environmental Economics and Policy*），还兼任多个政府机构和国际组织的学术顾问。他领导的哈佛国际气候变化协议项目（Harvard Project on International Climate Agreement）主要是为各国政府和国际组织提供客观的技术信息和咨询意见。

　　他说，"环境经济学"这个名词在有些人眼里似乎是自相矛盾的：如果是关于环境问题的，就不会经济；如果是关于经济学的，就不会涉及环境问题。其实，在治理环境过程中会用到很多经济学的思想和分析框架，因为我们要用最经济实惠的方法，最大限度地解决环境问题（详见第一本《哈佛经济学笔记》中第 151 页"从经济学角度分析环境问题"）。最近几年，气候变化问题已经从一个边缘学科成为一个主流学科，受到主流媒体的关注。以气候变化为题材的封面文章、头条消息屡见不鲜。

　　《京都议定书》在 1997 年签订，从 2005 年 2 月开始实施，到 2012 年结束，仅仅包括除美国在外的 37 个发达国家。斯达文斯说，即使克林顿政府在 1997 年签署这个条约，这个条约对减缓气候变暖的效果也微乎其微；在哥本哈根召开的气候变化国际会议（12 月 6 日至 18 日）就是要讨论《京都议定书》结束后的国际合作框架。他预计，众多国家不会在短短几周内达成任何实质性协议；但他认为，这并不一定是坏事，这比签署一个漏洞百出、草草了事的协议要好得多。

　　斯达文斯承认，达成一个包括发展中国家在内的可行的国际性协议非常艰难。气候是一个"公共产品"（public good），具有公共产品的各种特征和挑战。其中最大的挑战就是"搭便车问题"（free rider problem）：自己不承担减少排放温室气体的成本，但享受别人减少排放的好处。所以任何有实质意义的国际协议都应该包括所有国家，尤其是那些经济发展迅速的主要发展中国家。斯达文斯说，达成协议非常困难的本身也说明各个国家对气候变暖问题越来越严肃认真，不愿轻举妄动。

　　《京都议定书》一方面不包括任何发展中国家，另一方面对签约的发达国家制定了非常严格的减排目标，要求他们在短期内大量减排。面对减排的艰巨任务，国际社会有两种选择：一种是在短期内努力减排，减排的数量很大，然后随着时间的推移，减排的努力逐渐减少，减排的数量减速增长（increase at decreasing rate）。另一种选择是在短期内缓慢增加减排的数量，然后随着时间推移，持续增加减排的努力，使减排的数量加速增长（increase at increasing rate）。虽然这两种途径的最终减排数量差不多，但是减排成本相距甚远。有研究表明，第二种减排途径会节省大量成本。这说明，

"心急吃不了热豆腐"，渐进式的、经久不息的努力才是最经济实惠的。

通过市场手段减排有两种办法：一种是对排放中的碳含量征税，即碳税；另一种是设置减排目标进而控制可排放的总量，政府将这个总量向企业免费发放或拍卖排放许可，私营企业通过市场交换许可配额（cap-and trade），最终达到减排目的（关于两种办法的比较，详见《哈佛经济学笔记》第 155 页"比较征收污染税和配额交换制度"）。斯达文斯认为，碳税在美国国会的阻力太大，不可行，所以倾向可交易排放许可制度。在 2011 年之前，各主要国家的配额交易制度会基本上建立起来。下一步的问题是如何协调各个国家的配额交易制度，并且允许使用以开发清洁能源的努力，抵消部分配额限制。协调配额交易制度的目标和结果是，各个国家配额里隐含着的排放价格会日益接近，最终完全一致，达到整体系统平衡。

配额交易制度要受很多政治因素的限制。达成国际协议的过程是政治性很强的过程，技术方面的信息和结论只是为这个决议过程提供参考。这时，斯达文斯简短介绍了杰弗瑞·弗兰克尔（Jeffrey Frankel）在这方面的最新论文。弗兰克尔从各种现实的政治条件限制出发，兼顾效率与公平，推导出达成国际协议的可能途径。《联合国气候变化框架公约》（*UN Framework Convention on Climate Change，UNFCCC*）也是要兼顾效率与公平，即所有国家都有"共同但有区别的责任"（common but differentiated responsibilities）。

弗兰克尔首先考虑公平问题。首先，越富裕的国家，即人均 GDP 越高的国家，承担的减排成本不但应该越高，而且应该按照人均 GDP 高出的幅度递增（progressivity）。其次，他考虑到全面性问题。国际协议不但要包括发达国家，也要包括主要发展中国家；否则一些国家勒紧腰带减排的数量会被另一些国家增加排放的温室气体全部抵消。再次，他把长期目标设置为人均 GDP 相同的国家的人均减排量是一样的。最终，弗兰克尔推导出减排公式，这样各个国家不是在遵循人为制定的减排目标，而是把各自的情况代入公式，计算的结果就是每个国家的减排目标，就是他为缓解气候变暖应作的贡献。最后，斯达文斯强调，各国首脑在哥本哈根最重要的不是签署什么所谓的协议，更不是要在哥本哈根合影留念，而是要通过这个国际平台，促使各个国家"走上正路（on the right path），建立有效的机制和机构"，以缓解全球气候变暖。

在问答时间里，有人问：发展中国家有什么动力要加入这个体系？经济发展越迅速的国家就越不愿意受减排的限制，那些打算快速发展经济的国家也不会愿意接受这些限制。

斯达文斯回答，韩国、墨西哥这样的国家已经决定加入这个体系；对像中国这样经济快速发展的国家，气候变化直接影响当地空气的污染程度，保护环境也是保护他们自己本身的利益。即将召开的哥本哈根会议有两个任务：一是要决定签署《京都议定书》的 37 个国家在《京都议定书》结束以后要怎么办；二是要设计一套整体方案，适用于所有国家。他领导的哈佛环境项目就是要为这些决策提供技术支持和参考资料，说服各个国家——他们减缓气候变暖，保护环境，就是在保护他们自己的利益。"我把我们的研究成果寄给各个国家的谈判小组，希望影响他们对问题的理解和决策的过程。当我在飞机场遇到的谈判人员都拿着我们出版的书籍和文章，还标上各种颜色的标签时，我觉得非常欣喜。没有什么比这个更让我高兴了。"

库珀的预言

2010 年 1 月 15 日晚，理查德·库珀在塞浦路斯的中央银行就气候变化发表公开讲演。200 多人的礼堂座无虚席。或许是年龄和经历的关系，他的讲演带有历史的厚重（关于他的专业背景和对国际问题的看法，详见《哈佛经济学笔记》第 273 页"不信偏见的经济学家：库珀解读经济热点问题"）。他首先解释这次哥本哈根会议的历史渊源。

这次会议的全称是《联合国气候变化框架公约》缔约方第 15 次会议（Conference of the Parties，COP15）。该公约诞生于 1992 年联合国在巴西里约热内卢举行的环境和发展国际会议（The UN Conference on Environment and Development）。而这个会议又是建立在 1972 年联合国在瑞典首都斯德哥尔摩举行的关于人类环境的国际会议上（The UN Conference on the Human Environment）。气候变化在 1992 年被认为是人类面对的主要挑战之一，于是缔约方于 1994 年开始组织关于气候变化的年会。2009 年 12 月在哥本哈根举行的会议是例行年会。

这次年会之所以与众不同、备受瞩目，主要原因是：2007 年在印度尼西亚巴厘举行的第 13 次缔约方会议决定，要在两年以后的《联合国气候变化框架公约》第 15 次缔约方会议上，即在哥本哈根会议上，达成"有法律约束力的"国际协议。按照这个标准衡量，在哥本哈根举行的第 15 次缔约方会议毫无疑问是失败的。《哥本哈根协议》（ *Copenhagen Accord* ）是在会议最后一分钟由美国、中国、印度和南非支持的书面文件，是掩饰会议彻底失败的装饰，完全没有法律效力。"如果不是因为这次会议的议题本身非常重要的话，那么这个会议简直就是一个笑话。"

接着，库珀列举哥本哈根会议程序上的缺欠。伊朗、委内瑞拉、玻利维亚的代表利用这个国际舆论平台，大肆攻击否定资本主义。任何一个小国家都可以利用"平等"发言的机会阻止会议日程，有一个小国家让整个会议浪费了半天的时间。不知为什么 G77 竟然选了一个苏丹代表作为其发言人。无论这位苏丹外交官的素质和经历多么出色，仅仅是苏丹经济体在世界经济中的作用和地位、排放温室气体的数量、苏丹忽视人权的记录，就足以使他不胜任这个职位。众多程序上的欠缺令人们怀疑这个为期两周的、代表 196 个国家的几百名谈判代表参加的国际会议是否能够真正达成任何实质性协议。

库珀质疑这次会议成果的原因还不仅仅是会议的程序和形式存在欠缺，更重要的是他认为关于气候变化的国际谈判途径——配额交换制度——从根本上就是错的。他说，他不但在两年以前就预计哥本哈根会议会失败，而且预计 2010 年 12 月份即将在墨西哥举行的第 16 次缔约方会议也会失败。

首先，以中国为代表的经济发展迅猛的发展中国家，也包括印度等新兴国家，没有理由接受任何阻碍它们经济发展的减排目标，而这些发展中国家又必须被包括进来。库珀说，这些国家不愿意，也不应该在牺牲经济发展的基础上减少排放温室气体。在他看来，减少贫困（或经济发展）比缓解大气变暖更应该成为发展中国家的首要目标。所以在有关配额交易制度的国际谈判中就会发生这样的尴尬：发展中国家不会签署牺牲自己经济利益的条约；而他们签署的条约不会损失自己的经济利益，也就无法真正达到全球减排的目的。

其次，污染许可证和配额本身是政府制定和分配的。这就意味着政府在经济生活中有更大的权力和"寻租"空间。几乎可以肯定，腐败在所难免。再次，无论如何谨慎地制定配额制度，最终结果都会有无数漏洞，政府防不胜防，很难达到减排的目的。例如，"碳抵消"（carbon offset）的定义和标准就非常含糊不清，企业可以在其他国家重新部署排碳量很大的生产，或者声明在其他国家保护了多少森林，政府很难跟踪核实。而且，配额交易制度会造成一批新的利益集团和既得利益者。例如，华尔街主管贸易、交易的投资银行正在建立庞大的游说团，宣传这个制度的优越性，而就是这些人会从这个体制中得到巨大的生意和利益。

作为经济学家，库珀当然不喜欢通过行政命令的方式减排，而倾向另一种市场途径——国际协调的碳税（harmonized carbon tax）。通过价格变化达到减排的目的是最简单、最直接、最高效的途径。碳税的好处是建立在行为基础上的（action-based），具有跨国界的一致性和统一性，谁也逃不掉；而且发展中国家也会更愿意加入进来，缓解类似"发达国家不让我们发展"的阴谋论等偏见。一些欧洲国家在配额交易制度上投入很大，已经实践了一段时间，但这并不妨碍实施碳税，而且可以与碳税结合起来，共同达到减排目的。

其实库珀并不是唯一支持碳税的经济学家。哈佛大学经济教授、经济教科书作者曼昆组织了一个非正式俱乐部，叫"庇谷俱乐部"（Pigou Club）。庇谷税是指校正性税收，碳税就属于这个类别。曼昆到处收集和累积支持碳税的经济学家、政治家和其他举足轻重的人物的名单，让他们成为这个名义俱乐部的成员。虽然这个俱乐部还不足以形成任何政治力量，但已经人数可观。

库珀当然知道"税"在政治生活中的敏感程度，所以称其为"碳费"（carbon charge）而不是"碳税"。他说："即使是配额交易制度，其实质也是碳税。这是不可避免的，无论你如何叫这个词。"接下来的问题是，既然其实质是一种税，它会不会像其他税一样打击经济增长？（关于税收与经济增长的关系，详见《哈佛经济学笔记》第 116 页"开放经济中的税收政策：猫鼠游戏"）

　　库珀认为不一定，这取决于政府如何使用这项收入。"如果这项税收被用于支持农业科研，然后把研发成果在实践中实施推广，那么就会提高生产效率，刺激经济增长。"到底政府应该用这项税收减少其他制造福利损失的税收，还是补贴穷人或实施其他福利政策，抑或是偿还国债——库珀没有"一刀切"的建议，而是建议各国政府酌情而定。

　　在问答时间里，有人怀疑碳税的可行性，因为碳税在美国政界几乎是"禁区"：任何政客倡导碳税就等于"政治自杀"，自己主动断送政治前途。对此，库珀幽默地回答："当一个民主社会意识到其他方案都行不通的时候，就会尝试这条路。而且我敢肯定，每个国家的财政部长都会喜欢我的政策建议。"还有人问，如果实施碳税，税率应该是多少？库珀没有给出具体数字，而是解释制定这个税率的原则。"这个税率应该大到引人注目的程度，但不应该大到导致经济衰退的程度；应该在这两者之间。不同国家在开始的时候，碳税率可以不同，但经过 3~5 年的时间，所有国家的碳税率应该达到基本一致，这样就不会给企业跨国界钻空子的机会。"

　　会后，许多听众对库珀在讲演中的表现啧啧称赞。其中以色列前国家科学院院长（President of the Israel National Academy of Sciences and Humanities，1986—1995）、特拉维夫大学（Tel Aviv University）化学教授乔舒亚·乔特纳（Joshua Jortner）的评价最为形象贴切："听库珀的讲演就像是在听莫扎特的钢琴曲，丝丝入扣，优雅动听。"

第二节 如何改进美国能源政策

> 能源专家、麻省理工大学教授道意士试图从政策制定程序的角度，解释美国能源政策为什么在过去40年里都不能把美国引入一个高能效、少进口、缓解气候变化、创新又多又快的路径上。

简历不简单的道意士

2010年5月3日晚，麻省理工大学（MIT）教授约翰·道意士（John Deutch）在肯尼迪政府管理学院以"提高能源政策"（Making Progress on Energy Policy）为题发表公开讲演。道意士有丰富的学术、教育和政府工作经验。他在开场白中风趣地说："你的年龄越老，你的简历就越长，别人介绍你的时间就越长。"

道意士是克林顿政府时期主管国防技术的要员：1993—1994年，任国防部负责技术采购的副部长；1994—1995年，任国防部副部长；1995—1996年，任美国中央情报局局长。在20世纪70年代末卡特政府时期，他先后是能源部调研司司长和能源部副部长。在20世纪80年代，他多次服务于有关核安全、战略装备、科研技术、航空安全等总统设置的特别委员会。自1970年，他在麻省理工大学任教，曾任化学系主任、科学院院长和教务长。在物理化学方面，他已经出版了120多篇技术性论文，在技术、国际安全等公共政策方面的论文更是数不胜数。

政府为什么没有能力改变现状

道意士试图从政策制定程序的角度，解释美国能源政策为什么在过去40年里都不能把美国引入一个高能效、少进口、缓解气候变化、创新又多又快的路径上。阻碍政府作正确的政策选择的原因有多种：利益集团游说、政治家受制于特殊利益集团、不同利益集团之间的博弈、公众漠不关心等。道意士的重点放在制定政策的机制。他说，作为肯尼迪政府管理学院的学生，你们也要研究政府为什么没有能力改变现状。

道意士归纳了四点原因。

第一，自20世纪70年代以来，美国政府的能源政策目标就一直不切实际。尼克松总统、卡特总统在这方面都说了许多非常不切实际的话。小布什总统在2003年的国情咨文（state of the union address）中还说，在2025年之前我们要减少75%从中东进口的石油；而美国政府与此同时在游说沙特阿拉伯，让他们提高石油产量以稳定石油价格。

道意士说，我们都希望有便宜的能源，减少进口依赖，这些都是可以理解的愿望，但是政府首脑不能不顾资源、时间、成本等各种限制一相情愿地开"空头支票"。也许因为每四年有一次总统大选，总统自己都看不到自己四年后的远景，就更不用说为长远着想了。

第二，美国能源政策的制定一直没有放在国际关系的框架中考虑。伊朗有每天300万桶石油的产量，美国有不少盟友依赖从伊朗的进口。

第三，美国政府的各种能源规划缺少认真的、严谨的量化分析；缺少各种量化模型，模拟一个政策在宏观和微观层面上的长期影响。这为私有能源企业的投资、运营造成很大不确定性。

第四，在能源技术方面，没有一个"神奇的弹头"（magic bullet）能够解决一切问题。寻找和期待这个"弹头"只能浪费时间，做无用功。只有大力鼓励创新，具体分析各种利弊，并推广新技术，我们才能有经久不衰的能源供给。

能源政策是一个非常复杂、技术性很强的领域，涉及经济、社会、国际关系等各个方面。奥巴马总统让参议院和众议院制定能源法案，他们各自的版本分别长达1400多页和800多页，而且用到很多过于乐观的假设。关于气候变化方面的法案更是议而不决，决而不行，使私营电力和能源企业无所适从。

联邦政府层面的不确定性导致地方州政府各自出台不完整、不系统的能源政策，造成各地区标准不同，效率低下，为今后跨地区协调政策制造障碍。即使联邦政府通过行政手段规定能效、规范排放废气等方面的政策，那也会造成低效问题（详见《哈佛经济学笔记》第153页"比较行政命令与经济手段"一节），而且也蕴涵着不稳定因素，因为新总统有可能走回头路，或者干脆弃旧立新，另搞一套。这些都是结构性问题，需要结构性改革。

道意士的建议

要改变这种局面，有两种途径：一种是通过国会立法。那样做的问题是能源方面的内容性质太复杂，国会程序太民主，很难通过。另一种途径是思考：是什么导致了失败的政策，然后改变制定政策的程序。道意士推荐第二种途径。如果没有这些程序上的变化，他对未来美国能源政策表示悲观。

在推荐具体政策建议时，道意士有意回避结构重组和建立任何新机构。他说，他年轻的时候在政府工作的顶头上司告诉他："即使有了不同的树，树上的猴子还是一样的。"他有三个建议：第一，创建协调国内、国际标准和努力的程序；第二，建议国会设立在能源方面的两党联合委员会，注重长期效应，平衡联邦政府和州政府的各种利益；第三，重视科技突破，大力迅速地推广新技术。道意士没有解释，如何才能让国会和所有涉及的人员都有紧迫感，觉得他的建议势在必行。有些问题的性质是，当危机到来的时候，人们不得不团结起来应对危机。有些问题的性质是，当危机来的时候，做任何事情都太晚了，防患于未然尤其重要。能源问题属于哪一种呢？道意士没有明确回答。

第三节　揣测萨默斯离任缘由及奥巴马的处境

2010 年 9 月美国国家经济委员会主任（Director of National Economic Council）劳伦斯·萨默斯（Lawrence H. Summers）宣布即将离任，重返哈佛大学。这与他的北京之行收获甚微有关系吗？他的离任会对奥巴马政府的经济政策有什么影响？

2010 年 9 月初还访问中国的美国国家经济委员会主任劳伦斯·萨默斯在 9 月 21 日通过白宫正式渠道宣布即将在年底离任，重返哈佛大学。

9 月 29 日，美国众议院以 348 票对 79 票通过了《公平贸易货币改革法案》（HR 2378，又称《莱恩—莫菲法案》），允许美国商务部在确定贸易伙伴国存在汇率低估、并对本国行业构成事实损害后，实施反补贴补救措施。尽管该草案能否最终通过参议院和奥巴马总统而成为法律还有很大不确定性，这毕竟是美国国会在人民币汇率问题上相当强硬的信号。虽然也有部分议员认为，汇率并非中美贸易不平衡的核心；担心"制裁"中国的立法对美国企业会得不偿失，美国与中国就各种问题的协商大门会就此关闭，但这个法案代表了国会大部分人认为人民币低估造成美国失业的一贯观点（美国国会对国际贸易态度的相关文章，见第一本《哈佛经济学笔记》中"曼昆系列"第 11 页"美国总统经济顾问的中美贸易观"）。

萨默斯的离任与其北京之行收获甚微有关系吗？大国之间的经济关系很难因为某个官员的某次短暂访问而有本质的变化（基辛格的 1972 年访华例外）。萨默斯对人民币汇率的观点一直非常清晰，理由也充分（详见《哈佛经济学笔记》中第 83 页"专访萨默斯：中国汇率政策及影响"）。即使他不能从根本上影响人民币汇率政策，他也会希望，他的北京之行会被看做奥巴马政府为人民币汇率"正常化"所作出的努力。如果国会议员质问他："你为人民币汇率问题做了哪些工作？"他可以罗列自己如何努力说服中国政策制定者的事实。任何一个政府高官的言行举止都应该放在国内政治气候和政治框架下去理解。

政府高层的工作压力

在美国政府高层工作的压力众所周知。长时间高负荷的工作无论对一个人的知识储备还是精力体力都是一种透支。更何况萨默斯主持下的国家经济委员会已远远超出了一个经济政策协调部门的功能，成为制定和执行经济政策的核心机构。萨默斯主持奥巴马总统的每日经济汇报会（daily economic briefing），同时成为奥巴马政府在经济政策方面的对外发言人。

在过去的两年里，萨默斯策划了 7870 亿美元的财政刺激政策（Recovery Act of 2009）和金融稳定政策（Financial Stability Program）。10 月 1 日《金融时报》头版头条报道，接受政府大量援助的美国保险集团、花旗银行和通用汽车都有望超额偿还政府两年前的救助款。政府从救助中不但不会赔钱，反而会盈利。这与萨默斯在 1995 年墨西哥货币危机中用美国纳税人的钱救助墨西哥的结果一样（详见《哈佛经济学笔记》第 57 页 "挽救墨西哥：国会制约政府"）。

萨默斯自己对这些政策的评价是，奥巴马政府有效地控制住了美国在 20 世纪 30 年代经济大萧条以后最严重的、当时看起来会一发不可收拾的经济危机，扭转了金融市场一落千丈的局势，使经济朝着好的方向发展。除此以外，萨默斯还担任了汽车产业改革重组委员会的共同主席，参与制定了医疗体制改革、美国与中国等大国的经济外交、气候变化国际谈判等重大政策。

在制定政策中 "唱主角" 的人除了要有自己的主见以外，还要有一种特殊功能——在会议上公开辩论，说服甚至驳斥反对者的能力。对任何一个经济政策，涉及的各个部门——财政部、管理与预算办公室（OMB）、经济顾问委员会（CEA）等——都会有不同声音。这些部门的主管和高层人士都不是等闲之辈，兼具经验、智力和精力体力。要想协调这些人的意见声音、融入自己的主见，使一套政策顺理成章，滴水不漏，最终还能通过国会（其中一部分政客从心里就想和你作对，无论你怎么说），谈何容易！

萨默斯是这种斗争的佼佼者。这或许得益于他在麻省理工大学读本科时是学校辩论队的主力成员。即将 56 岁的萨默斯不再是初出茅庐的小伙子，他当然知道"兼听则明"的道理，也会在华盛顿复杂的政治气候中妥协让步，但无论如何，他是经济政策圈子里公认的重量级人物，比任何其他个人对政策的影响都大。

政府高层人物两年轮换是正常的。在奥巴马政府里，制定经济政策的四个主要成员中，除了财政部部长盖特纳（Tim Geithner）连任以外，其他三位都已经离任或即将离任。白宫经济顾问委员会主席克里斯蒂娜·罗默（Christina Romer，Chairwoman of the CEA）和白宫行政管理和预算局局长彼得·欧尔萨（Peter Orszag，Director of OMB）已经离任；萨默斯年底离任。

此外，9 月 22 日财政部负责金融稳定事务的助理部长、美国 7000 亿美元不良资产救助计划（Troubled Asset Relief Program，TARP）的负责人赫伯特·艾利森（Herbert Allison）在 TARP 的法定寿命结束以后也宣布辞职（虽然投出去的很多钱要在 5~10 年后才会收回）。再加上多数大学都有对教授停薪留职最长不过两年的时间限制，从大学里选拔的政府高官在两年之内返回学校是意料之中的，以前的哈佛教授也不例外。

萨默斯的特殊地位

但是萨默斯的情况却与众不同。在哈佛大学，萨默斯不是普通的教授，而是"大学教授"（University Professor）。有这种特殊头衔的教授在哈佛屈指可数。大学教授同时享有最高的工资待遇和最灵活的课程设置。他们可以在任何学院、任何系里教授他们最喜欢的课程，没有任何限制。如果萨默斯在政府工作超过哈佛大学两年休假的时间限制，他是否能与校方重新谈判返回哈佛？

经济系教授曼昆估计，或许校方会把他当做特例，给他的假期延长半年，但不会更长；再说他的妻子是哈佛英文系教授，夫妻两地分居不是长久之计。如果萨默斯在华盛顿再多干两年，校方是否会重新聘任他？曼昆说，利弊皆存，很难估计。一方面，萨默斯会有更丰富、更新鲜的政府经验与学生分享，能更有效地衔接经济理论与经济政策；另一方面，在经费缩减、教职有限的情况下，哈佛大学为什么要雇用一个年过半百、"已经放尽能量的火焰山"？这是萨默斯自己在当校长时一贯反对的做法。如果萨默斯换位思维，他自己也会投否决票。我们唯一可以肯定的是，哈佛大学对教授两年休假的期限是萨默斯离开政府的原因之一。

奥巴马的处境与经济形势

从奥巴马总统的角度看，他为什么会允许像萨默斯这样的人才流失呢？《纽约时报》分析，正因为萨默斯是奥巴马经济团队的中流砥柱，只有萨默斯离开政府，奥巴马的经济政策才有可能改变方向，奥巴马才有可能在 11 月份国会中期选举后"重新打鼓另开张"，至少在形式上有"新人新面孔"。

目前美国的经济形势不容乐观。预计共和党会以经济低迷为竞选契机，借 11 月份中期选举而重掌国会。据 9 月 17 日《华尔街报》报道，剔除价格因素后，美国中间家庭收入（median household income）从 2000 年到 2009 年降低 4.8%；在最近两年之间（2007—2009 年），降低 4.2%。2000 年，中间家庭年收入是 52301 美元；2009 年，这个数字降低到 49777 美元。生活在贫困线以下的美国人从 2008 年的 13.2% 增长到 14.3%，是 1994 年以来的最高位。这意味着 4360 万美国人生活在贫困线以下。2009 年贫困线的定义是，一个四口之家的年收入在 21756 美元以下，个人年收入在 11161 美元以下（这仅仅指有形收入，不包括政府对低收入人群的各种救助）。

美国统计局 9 月 16 日发布的这些数字为国会中期选举的公开辩论火上浇油，尤其是关于政府应该如何帮助失业人群和低收入人群等方面的政策。奥巴马对这些数据的解释是，正是因为形势严峻，2009 年通过的财政刺激政策使上百万的美国人幸免沦落在贫困线以下。共和党议员借用这些数据说明，奥巴马的刺激政策完全没有实现预想的效果，无论用任何客观标准衡量，都是失败的。

9 月 17 日的《华尔街报》还报道，2009 年没有医疗保险的美国人增加到 5070 万人，占总人口的 16.7%。有医疗保险的人数降低了 150 万，为 25360 万人。其中，有私营保险的比例降低到 63.9%，有国家公立保险的比例增加到 30.6%。由于失业而失去私营医疗保险的人数多于国家公立保险增加的人数，所以没有医疗保险的人员总数还是增加了。民主党议员用这些最新数据说明，2010 年 3 月通过国会的医疗改革法案（PPACA，详见本书第二章"美国医疗体系方面的政治与经济"）势在必行（新的医改方案在 2014 年才会全面推行，最新数据是医改以前的数据）。共和党议员仍然主张，每个人应该为自己的行为负责，包括对自己的医疗费用负责。

9 月 20 日国家经济研究局（NBER）宣布，2009 年 6 月是 2007 年 12 月开始的这一轮经济衰退的谷底；从 2009 年夏天，经济开始逐渐恢复增长。但是经济恢复的速度如此缓慢，以至于人们担心经济会第二次衰退（double dip）。经济学家克鲁格曼（Paul Krugman）在 9 月 26 日的《纽约时报》专栏中重申，目前美国失业率在 9% 以上居高不下的原因不是结构性失业（structural unemployment 的意思是，一方面用人单位找不到合适的人选，另一方面失业大军没有合适的技能，至少劳动力供给没有在合适的时间出现在合适的地点），而是总需求普遍不足。他主张，政府应该继续刺激需求。哈佛大学肯尼迪政府管理学院国际经济学教授弗兰克尔也认为，如果要制定第二次财政刺激政策，一定要把钱用在扩张效应最大的地方；在增加短期政府赤字的同时，进行美国社会退休金体制的改革以减少长期赤字压力（详见《哈佛经济学笔记》第 125 页"美国社会保障体制的挑战与出路"）。

这是否意味着 2009 年萨默斯极力促成的财政刺激政策实施效果不佳，还是规模不够大，或是有待更长时间才能够显现出效果，抑或如共和党指责的那样完全没有从草根层面刺激美国企业的活力？为了增强企业活力，鼓励投资，奥巴马政府允许企业把 2011 年底之前的新投资作为一次性花销从总收入中减去，而不是像以前那样逐年折旧，以便减少企业上缴企业所得税的基数。反对者认为，眼下低利率的大环境减弱了提前折旧的政策效果，对促进企业再投资不会有什么帮助（详细理由，参见第一本《哈佛经济学笔记》第 116 页"开放经济中的税收政策：猫鼠游戏"）。

在税收政策方面，奥巴马政府倾向增加个人所得税的累进性（more progressive），即收入越高，纳税的边际税率越高。2001 年小布什总统降低了收入最高的四个等级的税率，使一部分收入的边际税率从 15% 降低到了

10%，增加了每生一个孩子允许减税的数额（child tax credit），减少了结婚家庭的税务负担等减税政策。2003 年小布什总统进一步减税，降低了资本利得税（capital gains tax）和股息税（dividend tax）。如果奥巴马政府不采取任何措施，这些减税政策根据法律会在 2010 年底自动停止。 目前奥巴马政府主张，不再对高收入人群——年收入 25 万美元的家庭和 20 万美元的个人——继续减税，继续延长对中等收入人群的减税政策。这些政策毫无疑问都有萨默斯的影子（他进政府以前的主张，详见《哈佛经济学笔记》第 83 页"专访萨默斯"）。

主张提高经济效率，反对收入再分配的声音不绝于耳。这些人认为，高收入人群也是经济中纳税最多，最富有企业家精神，最有创新能力，也最有能力逃税的人群，让他们的税率恢复到小布什总统减税之前的税率会打击他们的工作积极性，减缓经济增长，不但不会减少政府赤字，反而会增加赤字；而且税率政策的变化不利于企业做长期计划和再投资。无论政府如何决策，反对者都大有人在。

美国财政赤字屡攀新高，债台高筑是不容否认的事实。10 月 4 日，美联储主席伯南克在罗得岛（Rhode Island）有关公共开支的年会上作公开讲演。他坦承，美国联邦政府财政赤字在过去两年中严重恶化，达到年均 GDP 的 9.5%。而就在金融危机之前，2005—2007 的两个财政年度中，这个数字还是 2%。伯南克把这种恶化归结为 2008 年金融危机导致的全面税收缩水，危机后经济恢复的缓慢速度，以及联邦政府为稳定金融体系和减少经济衰退的负面影响的花费。这些原因把美国总债务推向了二战以来的最高峰。

经济增长是缓解债务的最优选择。而人们的分歧在于如何才能最好地实现经济增长：效率第一，还是公平第一？在多大程度上，人们愿意牺牲公平而追求效率？在多大程度上人们愿意牺牲效率而追求公平？这些都是永恒的话题。有人说："有侧重的中庸就是辩证。"萨默斯肯定有他自己的侧重。据白宫公告，萨默斯打算回到哈佛后继续研究、教授与创造就业、稳定金融体系有关的经济层面的根本因素（economic fundamentals），以及如何把迅速崛起的发展中国家融入国际体系等课题。果真如此，他又会在明年春天活跃在哈佛讲堂，吸引众多学生洗耳恭听。

第四节 如何培养领导才能

什么是领导才能？一个人怎样做才算是真正的领导？本节收集三篇文章，从不同侧面探讨评价领导才能。前两篇记录了三位肯尼迪政府管理学院教授对领导能力的理解。后一篇是一名退役政治家的肺腑之言和对 2008 年美国总统候选人的评价。

1. 约瑟夫·奈的著作《领导的能力》

关于领导才能的书很多，但适合做教科书的太少，要么理论性很强，可读性很弱；要么可读性很强，理论性很弱。约瑟夫·奈（Joseph Nye）2004 年从哈佛大学肯尼迪政府管理学院院长退任后，想写一本既有可读性，又有理论性和严谨脚注的书。他是肯尼迪政府管理学院的著名教授，有丰富的领导经验。除了在 1995—2004 年期间任肯尼迪政府管理学院院长以外，他还曾任克林顿政府国防部助理部长。在国际关系领域里，他创建了常被引用的"软实力"（soft power）和"硬实力"的概念。

2008 年 9 月 23 日，奈在哈佛大学一次的公开讲座中介绍了他的新书《领导的能力》（*The Powers to Lead*，2008）。传统的领导模式是"胡萝卜加大棒"：顺我者会得到好处，逆我者会得到惩罚。奈认为，拥有资源并不一定就有权力，就可以领导别人，这还取决于个人的性格特点、脾气秉性。而且，还有一个更重要的因素——场合（context）。丘吉尔现在被认为是 20 世纪最伟大的领袖之一，而在 1940 年上半年以前，他被认为是失败的、不称职的领导；在 1945 年被认为是领导二战胜利的大英雄，但很快就在大选中失利，丢掉了首相的位置，可是在 1951 年再次被选为首相。在这些大起大落中，他的个人素质和禀性并没有变，变化的是环境和场合。在研究领导力方面，有一种理论偏重于强调个人才能、性格特点和领导魅力等。其中的"巨人理论"说，公司领导和政界领导的身高总体来说比普通人要高几英寸。还有人计算，平均每高一英寸就意味着年薪高几万块钱。这里最强有力的反例就是法国的拿破仑，他的领袖地位和领导才能是无可置疑的，而他的身高明显低于人们的平均身高。

现在有不少女 CEO，她们的出现引起了"女巨人说"：女性在某些方面比男性强。但奈认为，这些理论都是通过身高、性别把人看死了，不具灵活性。还有人对遗传基因和双胞胎作很多研究，得出结论：人的成功三分之一取决于先天基因，三分之二取决于后天培养。

在这本新书里，奈把"软实力"和"硬实力"的概念用于解释个人的领导能力上。他认为，有能力的高效的领导需要具有"聪明的实力"（smart power），也就是同时具备软头力和硬头力。女性要想成为成功的领导，需要更加像男人；男性要想成为成功的领导，需要更加像女人。软实力在这里指什么呢？它包括三方面能力。

第一，情商。这是指你控制自己的情绪，并以此有效地影响他人的能力。领导美国二战的著名总统富兰克林·罗斯福就是这方面的典范，他的智商并不是第一流的，但他的情商却是出类拔萃的。因"水门事件"黯然下台的美国前总统尼克松则截然相反，他的智商一流，但缺乏对情感的控制能力。

第二，愿景（Vision），即建立在现实基础上对前景的憧憬。小布什总统对中东有憧憬，说美国进攻伊拉克，迫使萨达姆下台，就可以在中东实现民主。但这个憧憬的 90% 以上脱离实际，造成美国外交政策的重大灾难。

第三，沟通交流。这不仅仅指口头交流能力，还包括行为示范的能力。马丁·路德·金（Martin Luther King）通过讲演感染人们，而印度领袖圣雄甘地则是行为示范的典范。

硬实力包括两方面。

第一，组织能力，即组织信息、组织人员的能力。商学院总是区分领导人才和管理人才。领导是可以从根本改变现状的人，而管理人员的功能是如何更好地维持现状，使现行机制更好地运转。奈说，美国前总统老布什没有提出很大的愿景，但他是非常好的组织者，把政府内部的信息处理和人员组织得井井有条；外交政策方面，他几乎是半个世纪以来最有成绩的总统。小布什则相反，非常有愿景，但政府内部混乱，在外交政策方面是半个世纪以来最糟糕的总统。

第二，洞察能力，即审时度势的能力，快速准确地认识和判断形势，洞察对方的优势和劣势。

还有一种能力比软实力和硬实力都要重要，就是伺机行事的能力，奈称其为"Contextual Intelligence"（情景智力），即决定在什么情况下行动，在什么情况下停止，恰到好处地处理任何事情的能力。奈曾经问过一个很成功的执行总裁："你什么时候自己作决定，什么时候咨询你的高层团队，集体作决定？"那位总裁回答："如果一年咨询他们3次，这些高层人员早就走了；如果一年咨询他们18次，我的公司早就散了。所以我咨询他们的次数在这两个数字之间。"

那么，如何培养这些能力呢？奈总结了三条：第一，认识自己——了解自己的优点和缺点。第二，多学习——学习别人的经历和经验，从中吸取营养。第三，多实践——从实践中总结经验和教训。然后，再实践，再总结，如此循环往复，不断提高。

2. 另外两位教授谈领导能力

2010年2月21日在一次学生组织的会议上，肯尼迪政府管理学院教授迪尼·威廉姆斯（Dean Williams）就领导能力发言。他说，领导力不是要说服别人做你想让他们做的事，而是要让他们面对现实、面对挑战迎难而上，让人们相信未来是光明的。奥巴马对未来的期许让人们看到希望（keep promises alive）。他在这方面做得如此之好，以至于在没有取得任何实质性成就之前，就在2009年12月被授予诺贝尔和平奖。

一讲起领导力，人们就会想起政治领域里的权力斗争。但实际上，领导力并不仅仅限于政治领域。全球化在很多方面都对我们提出新的挑战，我们需要学习、提高多方面的领导力。领导力不同于权力和职位。有权力和职位并不见得就有领导力。领导力也不一定需要权力和职位。

他引用一位经历过两次世界大战的日本著名企业家的话：我们要客观、

真实地认识事物，挑战约定俗成，释放创造力，带着超出自己的、超出小圈子利益的深刻的责任感带领更多的人履行一个责任，完成一项事业；那些为自己升官晋级而循规蹈矩的人是枯燥无味的。另一位日本著名企业家说，领导力的根本在于为他人服务的思想；随波逐流、时刻为自己着想太容易了。

那么，什么是更大的更高的值得为之服务的目标呢？威廉姆斯说，每个人要靠不断地摸索和实践才能得出答案。领导的生活从始至终都像是在走钢丝；而就在你走钢丝的时候，还有人向你扔石头，恨不得你早点摔下来。要成为领导就要有承担风险的能力，同时也要建立合作伙伴、友谊，帮助你分散风险。

另一位肯尼迪政府管理学院的女教授在会上讲"沟通的艺术"。她说，复杂的政治协商经常遇到"政治上的死胡同"。这时有人干脆就像在打网球时用力扣杀一样，想把对方彻底打败，然后试图冲出重围。而有人却能够像跳探戈舞一样与对方形成和谐的"一对"，争取"拧成一股绳"，有新的突破。

在美国职业垒球运动里，泰德·威廉姆斯（Ted Williams）始终被认为是不可逾越的偶像，他赢球的概率超乎寻常。他解释，他不把投球的人看做敌方，而把他看做一个同伴，他要与这个同伴一起创造一个完美的动作和结果（a perfect hit）。

这位教授说，这就需要我们走进对方的脑海和心灵，以他的视角审视问题，再综合自己的立场，找出新的答案。她讲起一个"战无不胜"的刑事案律师的经验。这个律师把在法庭上的每一次辩护看做一次权力的角逐与分享；他的目的不是要完全打败对方，而是要给对方留有余地，留有退路，"保留面子"，以"合理"为原则说服审判官和审判员。他从所有人的心悦诚服中得到快乐和享受。

这位教授说，她在课堂上还教授很多技巧，帮助学生提高沟通能力。例如，易读、易记的标语式句子（就像总统竞选中的一些标志性语句）、比较反差、形象比喻、短小故事等，但她没有时间举例说明。但是这些都是语言方面的技巧，最根本的还是要学会从别人的角度看待问题。

在场的国际经济学家理查德·库珀评论，这位教授说得基本在理，但是她的中心思想有一个前提假设，而这个假设有时不成立。她假设所有的问题和矛盾都是可以调和的。如果真是这样，那么战争、武力手段就完全不需要了。如果遇到二战中的希特勒这样的人，怎么办呢？

3. 前民主党总统候选人评价 2008 年总统候选人

还有两周不到的时间，奥巴马和麦凯恩谁将当选美国总统就会有分晓了。在这个时候（2008 年 10 月 22 日），一位前民主党总统候选人应邀到哈佛大学点评总统大选。他叫麦克·杜卡克斯（Michael S. Dukakis）。他在 1988 年成为民主党总统候选人，但败给了共和党总统候选人老布什。他现在的身份是波士顿东北大学教公共政策、医疗政策和领导力的教授。

杜卡克斯的父母都是希腊移民。他于 1933 年出生于波士顿附近的一个中高阶层的小区布鲁克林（Brookline），那里也是肯尼迪总统的出生地。1960 年他从哈佛大学法学院毕业后，被选举为布鲁克林小区委员会成员（Town Meeting Member）。从 1962 年起，他连续四次被选为马萨诸塞州的下议院议员，1974 年击败共和党对手成为该州的第 65 届州长。他被认为是马塞诸塞州任期最长、最成功的州长。

奥巴马的组织能力

每到总统大选年，哈佛大学都会邀请杜卡克斯发表评论。四年前（2004 年），他对民主党总统候选人约翰·克里（John Kerry）击败小布什充满信心，但总统大选的形势千变万化，结果难以预料，最后小布什连任成功。可能是因为这一点，杜卡克斯出言谨慎，他说："虽然离总统大选只有两个星期的时间了，但谁能够最终胜利，还很难说，不确定因素太多了。"四年前，他给人留下的印象最深的一句话是："世界上有很多比从事公共服务更容易养家糊口的工作。你选择公共服务只能是因为你相信公共事业，热爱公共服务（There are many easier ways to make a living than doing public service. You choose public service only because you believe in it and are passionate about it）。"他的讲演发自内心，感人肺腑。

　　这次也是一样。在讲演中，他没有讲稿，随兴发挥，尽管一百多人的教室座无虚席，但感觉上他仿佛是和几个朋友在茶余饭后高谈阔论，亲切自然。他首先声明："你们不要以为，我比你们对总统竞选了解得更多。如果我真正了解总统竞选，我当年就不会输给老布什了。如果我当年不输，美国的历史就不一样了。我几乎每天都在谴责自己，一切都是我的错。"大家都被他的幽默逗笑了。

　　对今年的选举，杜卡克斯说，奥巴马的草根组织（grassroot campaign organization）能力是他所见过的最出色的。"为奥巴马的竞选捐款的人有 350万人，仅上一个月就集资了 1.5 亿美元。如果能把这些捐款的人变成当地为奥巴马竞选的志愿者，在美国的 20 万个选区中，挨家挨户地敲门、与选民沟通，让他们觉得你和他们穿的一样、说的一样、做的一样，甚至想的一样，那么支持奥巴马的志愿者就会成功地影响那些现在还摇摆不定的选民。"

　　杜卡克斯还回忆："我年轻时竞选布鲁克林小区委员会的时候，我敲遍了我们区所有几千人家的门。这些最基本的与选民建立联系的工作一定要做。互联网是组织、交流、集资的很好的现代化工具，但它不能代替人与人面对面的交流。"

麦凯恩的过时世界观

　　杜卡克斯认为，在国际关系中，麦凯恩代表一种过时的世界观，他把世界看成是对立的，分成"我们"和"他们"，火药味十足。相比之下，奥巴马在国际关系中显示出更加合作的态度。

　　在国内问题上，杜卡克斯说，奥巴马主张国家政府要起更重要的作用，麦凯恩则主张私有经济主导一切，这在今天金融危机的大环境下，显然不合时宜。"如果说历史教导了我们一些事，那就是金融行业必须要严加管制。马萨诸塞州有大约 140 个州立银行，正因为马塞诸塞州对银行资金储备的要求严格，他们才能在危机中经得起考验。"杜卡克斯还说，在医疗政策中，市场从来不能起主导作用，今后也不会起主导作用。因为只要保险公司知道你有长期病，它就不会接受你的保险申请（详见第二章中"医疗保险中的'逆向选择'问题：左派的担心"）。

他解释："市场经济无所不能的思想主导了大约四分之一个世纪。我不是说市场经济完全不好，是市场经济的竞争机制使得现在零售店的家用电器物美价廉，但我们不能因此而忘记，我们需要对公共产品、公共事业不断投资。"

副总统的基本条件

提问时，有人问他对共和党副总统候选人佩林（Palin）的看法。杜卡克斯说："佩林没能帮助麦凯恩，反而拉了他的后腿，因为人们选副总统最基本的条件不是他（她）的年龄和性别，而是他（她）能不能当一个合格的副总统。这个问题的答案显而易见。与此相反，克林顿竞选总统时，戈尔作为副总统候选人显得非常合适。"

有人说候选人在竞选中没有提到政府作用的问题。杜卡克斯说："政府的作用不是笼统的、理论上的，而是通过具体的事件反映出来的。总统候选人不会单独讨论政府的作用，但我们可以通过他们在金融政策、医疗政策、税收政策等方面的主张看出他们的不同态度。"说到税收政策，杜卡克斯认为，在今天的环境下，不应该对任何人有任何减税政策，否则政府早就债台高筑了。

有人问，如果奥巴马竞选成功，他应该如何选择高层政府官员。杜卡克斯说："没有什么考验能像总统选举一样考验你在各方面的能力。我认为简单地从私有企业里'挖高管'还不行，因为服务于公共事业还需要和在私营企业里不同的工作技能，与人打交道的能力和解决问题的能力显得尤其重要。进政府的人需要能够与媒体、国会和各种政治力量打交道。他们要非常成熟，有广阔的胸怀，善于表达，同时要潜心倾听。"

杜卡克斯还说，奥巴马需要广泛的、不同方面的人才，有不同年龄的、不同性别的、不同种族的、不同地域的。这不是为了作秀，而是真正地广招人才。还有最重要的就是他们要热爱公共事业，乐于解决公共问题。如果奥巴马真能够组建起一个很好的团队，明年（2009 年）下半年无论是华尔街的金融形势，还是美国的国际关系，都会大有起色。

第五节　格林斯潘反思金融危机，捍卫货币政策

> 前美联储主席格林斯潘在危机过后反思金融体系——什么应该做，什么不应该做？什么是切实可行的，什么是徒劳无功？在解释危机缘由、捍卫货币政策的同时，他提出具体建议。哈佛大学经济系教授曼昆点评。

2008 年席卷全球的金融危机迫使各国政府、立法机构、政策智库、国际组织不得不认真思考如何防止资产泡沫，避免下一次危机。在这个背景下，前美联储主席格林斯潘于 2010 年 3 月 19 日在华盛顿著名智库布鲁金斯（Brookings Institution）发表题为《这次危机》（*The Crisis*）的论文。论文长达 48 页，外加 18 页的图表。格林斯潘的见解无疑会为这场思想上的论战和利益上的博弈提供重要燃料。

格林斯潘在 2008 年底的国会听证会上曾经就濒临冻结的金融形势提供证词。当时他不敢相信自己对市场的信念和对市场是如何运作的理解是错的；同时他也否认货币政策制定者应该把资产价格考虑在内。美联储有保持低通胀（稳定货币）兼顾全就业（full employment）的双重职责。美联储在制定货币政策时，是否也应该把稳定资产价格考虑进去，一直是颇有争议的话题（费尔德斯坦的回答是，美联储不应该像盯住就业和通胀一样盯住资产价格，因为很难找到一个完全客观的标准来确定资产价格是过高还是过低；但是美联储也不应该完全不顾及资产价格，而是应该把资产价格作为参考指标考虑进来。详见《哈佛经济学笔记》第 96 页"费尔德斯坦讲货币政策：美联储的任务"）。

这次在布鲁金斯发表的论文体现了格林斯潘在听证会后一年多的时间里对 2008 年金融危机更全面、更深入的思考。他说，这次危机是典型的人们在冲昏头脑后的泡沫（classic euphoric bubble），资产市场价格与任何根

据基本面（fundamentals）的理性分析结果相去甚远；这不是历史上第一次，也不会是最后一次。

他指出一些政治口号和具体政策为这次危机奠定了基础。早在克林顿政府末期，2000 年 10 月，住房和城市发展部就制定政策，扩大了"两房"（房利美和房地美）支持廉价房的目标和权限，推动了"两房"增持的次级房贷数量，为危机种下了祸根。

他承认在这次危机中，监管人员低估了资产价格泡沫的程度，但把责任主要归结于海外政策管理者、美国评级公司、金融公司和每一个从复杂金融产品和数据中误读风险程度的人。一方面，他说，在人人都头脑发热的时候，金融公司的风险管理者、美联储和其他管理人员都没有真正理解极端负面风险分布（tail distribution）的大小和影响。另一方面，他也说，直到今天，我们也很难指出用于构建风险管理模型的理论框架上的任何纰漏。

防止泡沫是一个可以达到的目标吗？格林斯潘说："除非我们这个社会放弃富有活力的市场，禁止使用杠杆借贷，选择计划经济的某种形式，否则我担心防止泡沫最终是徒劳无功的。我们能做的只是思考、设计一套在泡沫过后更好的收拾残局的办法。"他建议，每一个金融公司都在活得好好的时候就留一份"遗嘱"（living will），明确写出，如果公司倒闭，如何处置公司的一切债务和资产；这样公司一旦倒闭，政府有一个基本的游戏规则可以遵从。也就是"把丑话说在前面"，以防万一。

格林斯潘还建议，提高整休金融系统能力的办法是提高银行的资本充足率，以抵消由于这次政府救助整个金融业所增加的"道德风险"；增加流动资金比例和对金融产品交易中要求抵押的比例。格林斯潘的这些政策建议与目前在美国国会酝酿的金融改革方案完全一致。所不同的是，他反对建立一个整个系统的全面监管者，因为预测危机的本身就是一件不可能的任务。他强调，无论我们采取怎样的改革措施，这些措施都不能建立在"监管者可以预测危机"的假设之上。

格林斯潘和现任美联储主席伯南克一样，否认美联储控制短期利率的货币政策导致了这次危机。以斯坦福大学经济学家约翰·泰勒为首的一些人始终认为，按照泰勒规则（Taylor Rule，详见《哈佛经济学笔记》第 96 页 "费尔德斯坦讲货币政策"），美联储在 2003 年后短期利率 "水平过低，持续时间过长" 促成了这次危机。

两任美联储主席一致认为，房地产市场主要受长期利率的影响，不是短期利率；而长期利率在危机前几年一直很低。这主要是由中国等发展中国家储蓄过多，美国等发达国家消费过多造成的。发展中国家过多的储蓄流入美国，打破了长期利率是由一系列短期利率预期的均值而组成的一般规律。换句话说，是全球不平衡使美国长期利率与美联储负责制定的（短期）基准利率（Federal Funds Rate）脱钩。

两任美联储主席也否认受短期利率影响的可调整利率的房贷在推动房价上涨中的主要作用。格林斯潘的理由是，可调整利率的房贷在房价到达顶峰之前的两年就已经到达顶峰了。伯南克的理由是，可调整利率房贷的平均月供比固定利率房贷的月供仅仅低 16%，所以不会是房价上涨的主要动力。他们还指出，房价上涨是一个全球性普遍现象，不是一个美国中央银行所为。

格林斯潘在布鲁金斯发表论文讲演时的两位评论员是哈佛大学经济学教授吉尔密·斯坦恩（Jeremy Stein）和曼昆。斯坦恩说，低利率政策对收入捉襟见肘的贷款人来说影响可能很大，鼓励了证券市场的借贷，扩大了杠杆化的程度；而且可调整利率房贷在生活水平高、消费水平高的城市相当普遍，推动了房市泡沫。他说，两位美联储主席在讨论低利率政策的影响时，思考范围太狭窄了。

曼昆说，格林斯潘的论文中有一点他尤其赞同，这就是危机的不可预见性。有人说，只要政府监管人员再聪明一些，再警惕一些，职业操守和水平再高一些，就会避免这次危机。曼昆认为这是极端不现实的幻想，没有人有超常能力可以预见未来；国家经济监管者、政策制定者也和市场参与者一样，都是人，都有正常人的偏见和犯错误的可能。

曼昆赞赏公司留 "遗嘱" 的想法，并建议把各个公司的遗嘱完全公开、透明地放在互联网上；这样就不会有任何相关人在公司倒闭时辩解，他以为的权力比他的实际权力要大，并且在公司破产后争论不休，影响整个金融体系的稳定。曼昆还喜欢格林斯潘论文中的另一个建议：必须转换债券的想法。这就是要求公司至少有一部分债券在公司债务危机时自动转成股本。这部分债券的利率因有必须转换股本的性质而高出普通债券，公司为此要付出更高的成本，所以在融资时会更慎重，减小杠杆化。这样，政府救助危机中的公司的成本——对公司来说是"外部化"的成本（externalized cost）——就被公司内部化了。

但是有一点，曼昆与格林斯潘持不同意见：就是杠杆倍数的大小对金融公司盈利率的影响。格林斯潘认为，提高资本金比例和减小杠杆化必须是有限度的，如果程度太大，就会使金融公司的运营利润太小，生意难以为继。曼昆想到的是默迪格利安尼—米勒定律（Modigliani-Miller Theorem）。这个著名定律说，一个公司的价值与它的融资结构无关。债券与股本的比例决定了利润在债权人和股东之间是如何分配的，与公司本身的赢利性没有关系。曼昆估计，这个定律也适用于金融公司。他预计，那些金融公司会说，这个定律完全不适用于他们。谁对谁错呢？曼昆认为，这是一个很好的课题，值得感兴趣的人深入研究。

曼昆还提出另一个问题。大多数金融公司的资产都是长期的（借出去的钱很长时间才到期），但是负债都是短期的。他们都是赚取长期的高利率，偿付短期的低利率，这个利率差就是他们利润的一部分。他们所做的就是"期差转化"（maturity transformation）。当他们不能在短期债券市场继续融资时，他们就入不敷出了。这在金融市场经常有连锁反应，成为银行恐慌、金融危机的一个主要导火索。曼昆的问题是，这种"期差转化"是一个成功的金融系统必不可少的特点吗？它的价值是否大于它的成本？

第六节　全球资本主义经得起全球危机吗

> 全球化是历史的长期趋势，还是历史的偶然？一个国家
> 是否应该为保护自己的利益而从国际一体化中撤离出来？哈
> 佛大学国际政治学家弗里顿阐述全球不平衡与 2008 年金融危
> 机的关系，并预言美国的未来。

2010 年 2 月 2 日哈佛大学政治系国际政治学家杰弗里·弗里顿（Jeffry Frieden）以"全球资本主义经得起全球危机吗"（Can Global Capitalism Survive a Global Crisis）为题，在午餐时间给予公开讲座。弗里顿的专业领域是国际货币和金融方面的政治关系。他的著作包括《全球资本主义：20 世纪中的跌宕起伏》（Global Capitalism：Its Fall and Rise in the Twentieth Century，2006）、《债务，发展与民主》（Debt，Development，and Democracy，1991）和《以世界为银行：美国国际金融中的政治》（Banking on the World：The Politics of American International Finance，1987）。

弗里顿首先声明，他对这个问题没有明确的答案："我是一个典型的做学问的人——只提出问题，不解决问题。"然后，他回顾全球化的历史进程，试图从历史的角度阐明这次金融危机的长期影响。1870—1914 年的这轮全球化非常成功，西方国家间的贸易往来、人均收入都持续增长。这轮全球化的程度，从某些方面来说，比最近 30 年的全球化更深。当时，除了中国、印度、墨西哥以外，大多数国家都实行"金本位"，有严格的固定汇率，比 1972 年"尼克松震荡"（Nixon Shock）以后的浮动汇率机制更有利于国际贸易、投资、金融一体化。而且，当时的移民政策非常松散，任何想移民的人不需要什么烦琐的手续就能成功移民。宏观经济层面稳定发展，直到第一次世界大战爆发。

两次世界大战期间，由于民主国家日益扩展选举的权利，1920 年美国通过第 19 条宪法修正案，允许妇女投票，政治家不得不代表更广大民众的意愿，形成统一政见越来越困难。当全球化（国际一体化）意味着一些国

家要牺牲自己的利益、导致国内问题（例如，更高的失业率、更多的进口等）的时候，这些国家的政治家为了赢得国内大多数民众的支持，不得不反悔以前的国际承诺。

20世纪30年代初的德国就是典型的例子。一战后的《凡尔赛条约》迫使德国大量赔款，偿付赔款的计划叫"杨计划"（the Young Plan）。1929年德国成为美国最大的借款国，与现在中国和美国之间的不平衡类似。当时，德国政府一方面努力履行国际承诺，一方面面临非常艰难的国内经济状况——失业率高达25%，而且政府还要为偿还战争赔款增加税收。就在这时，美国把进口关税增加两倍，使德国赚取外汇的渠道雪上加霜，而且美国拒绝重新协商债务，减轻德国负担。德国不堪重负、内政动荡的局面为希特勒上台奠定了基础。

现在，位于在瑞士巴塞尔的中央银行间的主要合作平台BIS（Bank for International Settlement）就是在1930年为监督执行"杨计划"而成立的。弗里顿意在说明，不是德国政府不好，故意不履行国际承诺，而是德国国内的经济情况实在太糟糕了，民选上来的政治家实在没办法保持以前的承诺。这就是希特勒在1932年大选中获胜的原因：为什么他憎恨国际银行家，认为他们是德国人民的吸血鬼；为什么他在1933年初上台后的第一件事就是拒绝偿付所有债务。

弗里顿认为，1870—1914年的全球化和最近30年的全球化是历史的巧合；没有国家会为了全球一体化而牺牲自己的利益，这个事实就决定了全球一体化不是长期趋势。根据民意调查，全球化在20世纪90年代被认为与好事相关联，人们的头脑变得飘飘然了。这一时期的代表作包括《纽约时报》专栏作家汤姆·费里德曼（Tom Friedman）的书《世界是平的》（*Flat Earth*）。现在全球化被更多的人与坏事相关联，例如，贫富分化、高失业率等。

哈佛大学国际经济学家理查德·库珀反对这个观点。他的视角更长远、广阔。他认为，全球化从15世纪哥伦布发现新大陆就开始了，人员、食品（土豆、红薯、玉米、作料等）跨海洋、跨大陆的交往是日益全球化的先兆；科学技术、生产力的不断发展就是全球化的基础，所以全球化是历史的长期趋势；不错，有很多国家为保护自己利益而撤出国际体系，但这是历史的偶然，是短暂的，不是长期的。

弗里顿说，现在的全球不平衡与 20 世纪 30 年代美国和德国之间的不平衡很相似。美国从最大的债权国成为最大的债务国，在 2001—2007 年间累计债务 5 万亿美元。中国实行固定汇率，把宏观经济政策从属于这个先决条件，累计外汇储备 2 万多亿美元，其中大约 2/3 是以美元计价的资产，包括大量的美国国债。弗里顿引用肯尼迪政府管理学院的经济学教授丹尼·罗德里克（Dani Rodrik）的观点。他说，罗德里克是他很尊敬的经济学家，"他就认为发展中国家以压低货币汇率、促进出口，以出口带动经济发展的模式是对的，亚洲四小龙，二战后的德国都是如此"。

但弗里顿认为中国贸易开放的程度（出口加进口占 GDP 的比例）相对于中国经济体的规模超常的大；美国是一个经济大国，但是贸易占 GDP 的比例远远小于中国。国家越大，它的对外贸易需求就越小，因为它的国内市场巨大，从很大程度上可以自给自足（详见《哈佛经济学笔记》安查斯主讲的"国际贸易理论系列"第 188 页"感受数据"）。弗里顿说，中国的很多出口可以在国内市场消化；中国长期不变的固定汇率政策人为地压低了人民币比价，误导资源在全球的分配，从相当大的程度上造成了目前的全球不平衡。这是不可持续的，中国必须找到其他发展经济的途径；而 2008 年席卷全球的金融危机就是在这种背景下爆发的。弗里顿认为，全球不平衡是这次危机的一个主要原因。

弗里顿指出，全球不平衡的另一方面原因在美国。美国联邦财政在 2000 年有 2000 多亿美元的盈余，在 10 年以后有 1 万多亿美元的赤字。这里有很多原因，包括 2001 年"9·11"恐怖袭击事件，小布什政府在 2001 年和 2003 年的两次减税，过高地估计了税率对税收的负面影响（关于税率与税收的关系，详见《哈佛经济学笔记》费尔德斯坦主讲的"美国经济政策系列"）。

但有一点弗里顿强调不可忽略：格林斯潘领导的美联储在"9·11"之后把基准利率压得太低，时间太长。美国经济在 2002 年末明显好转，但美联储仍然在 2003—2005 年间维持低利率；利率甚至小于通货膨胀，

使真实利率为负值，促使了美国消费者和政府都大量贷款。前十几年的
"金融创新"出来的复杂投资和融资渠道更加助长了美国社会在各个层面
的负债。美国入不敷出，成为最大的债务国。其他主要债务国包括英国、
西班牙和爱尔兰。

弗里顿说，就像肯尼斯·格罗夫和卡门·雷哈特（Carmen Reinhart）
的新书《这次不同了》（*This Time is Different*）指出的一样，每次危机都是
"换汤不换药"，危机的成因和主干大体相似。"国际资产流动的周期现象都
是一样的，从刺激经济扩张，到繁荣，到泡沫，再到泡沫破裂后的危机。
美国就是在酝酿一场典型的债务危机。"

当危机爆发后，第一件事就是要停止恶性循环。现在市场已经平静下
来，金融危机中最糟糕的阶段已经过去。接下来的问题是如何缓解美国长
期的债务危机。当外资涌入时，消费上升，投资增加，进口成倍增长，房
地产价格狂涨。弗里顿预计，今后美国要经历的是这一切的反面，美国必
须减少消费，使储蓄大于投资，出口大于进口；美国真实工资很有可能止
步不前，甚至下降；美国经济的调整阶段就是美国人勒紧裤带，勤俭节约
的阶段。

第七节 美国还有实现"美国梦"的土壤吗

> 实现了"美国梦"的著名实业家、慈善家、亿万富翁彼得·彼得森担心他的子孙后代不能实现他们的梦想，因为美国的国债和外债都已经大得不可持续。他认为，美国已经别无选择，必须行动起来，改变现状。

林间讲堂

哈佛校园东北角的神学院附近是一片幽静的私人别墅区。这里古树参天，历史悠久，传统上叫"教授区"（Professors' Row）。前几年房价直线上升的时候，这里的房子据说已经高出了普通教授的承受能力，只有波士顿主管投资的商业人士才能负担得起。在这个别墅区的东北角是红砖墙围绕的一片树林。深秋时节的林间小道上铺了一层落叶做成的"地毯"，踩上去轻微作响。晚风袭来，丝丝凉意，令人突然清醒许多。其实，这个看似世外桃源的地方距离熙熙攘攘的哈佛广场地铁站步行才 20 分钟。

蜿蜒的林间小道通向一个外表古朴，内里典雅的"平房"。这个看似"平房"的屋子因为坐落在一个平缓的小坡上，里面也有不少上下阶梯，通到礼堂和其他房间。短层的阶梯与简朴考究的装修一起显得错落有致。这里就是著名的美国文理科学院（American Academy of Arts and Sciences）的所在地。

它成立于 1780 年，是在美国第二任总统约翰·亚当斯（John Adams，1735—1826）的倡议下建立的。它的目的是为美国学者和各界人士提供交流思想的平台，成为思想的家园。迄今为止，它有 4000 多名美国成员，600 多名外国名誉成员。它每年接受各地的访问学者，共用哈佛图书馆的研究设施，定期举办各类讲座及艺术表演等活动。

实现了"美国梦"的彼得森

2009 年 11 月 11 日傍晚的主讲者是著名实业家、慈善家、亿万富翁彼得·彼得森（Peter Peterson）。他的财富主要来自他在 1985 年与史蒂夫·施瓦茨曼（Stephen Schwarzman）共同创建的黑石集团（The Blackstone Group）。当时他们两人合用一个秘书，总共资产才 40 万美元。今非昔比，现在的黑石早已经成为全方位的全球投资公司，旗下管理的资产在 2009 年 6 月 30 日达到 935 亿美元。2007 年 6 月黑石集团在纽约成功上市，彼得森随即成为拥有十几亿美元的富翁。就在这时，他作了一个 10 亿美元的决定：他决定捐献 10 亿美元创建彼得森基金会（Peter G. Peterson Foundation）。一年后，他从黑石共同主席的位置退休。

彼得森不但在资本市场驰骋近 60 年，在政界和思想界也非常活跃。1972 年，他才 46 岁就被尼克松总统任命为商务部部长。尼克松辞职后，他重返商界，成为雷曼兄弟主席和首席执行官（1973—1977 年）。1981 年他在华盛顿创建国际经济研究所。在主任费雷德·伯格斯坦（Fred Bergsten）的领导下，这个研究所成为举世瞩目的经济思想政策智库，不少政府智囊都是从那里出来的。2006 年这个研究所为表彰彼得森的贡献，改名为彼得森国际经济研究所。1985—2007 年，彼得森任外交关系委员会主席。2000—2004 年，他任美联储纽约分行主席。近年来，他出版了多部著作，其中包括《空腹跑步：民主党和共和党在如何践踏我们的未来，美国人要如何应对》（*Running on Empty : How the Democratic and Republican Parties are Bankrupting Our Future and What Americans can do About It*）、《灰色的黎明：新时代的波澜会如何变革美国和世界》（*Gray Dawn : How the Coming Age Wave Will Transform America and the World*）和《美国会在变老之前长大吗》（*Will America Grow Up Before It Grows Old*）。2006 年他被选为美国文理科学院院士。

这样一位成就显赫的人士却成长在美国中部内布拉斯加州的一个希腊移民家庭。1934 年他仅仅 8 岁，就开始在他父亲开的餐馆里收钱。他父亲开了 25 年的餐馆，没有一天关门休息。彼得森说，他父亲的工作就是现在我们所说的 "24-7 的工作"（每天 24 小时，一周 7 天）。他回忆，他父亲永远在工作，在储蓄，把省下的钱寄给希腊的亲戚。他记得，他小时候想要一辆新自行车，他父亲回答："你现在的自行车还可以再骑两年。"他从父亲那里学到了努力工作和勤俭节约的作风。1947 年他以优异的成绩从西北大学获学士学位，1951 年从芝加哥大学商学院获硕士，然后步入商界。从一个希腊移民家庭走进纽约和华盛顿，驰骋政商两界的过程，是他的自传《美国梦想者的教育》（*The Education of an American Dreamer*）的主要内容。

彼得森的后代能够实现"美国梦"吗

但是彼得森在美国文理科学院讲话不是关于这本自传的长篇大论，而是对他为什么在两年前创建彼得森基金会的一个简短注释，总共发言不到半小时。他说，他有五个孩子和好几个孙子孙女；他自己实现了美国梦，但是他担心，他的孩子和孙子在今天的美国社会不能实现他们的梦想。

他指出三个不可持续的、不可否认的趋势，而这三个趋势是美国人不可回避的巨大挑战。第一，美国政府的福利待遇项目不可持续。他主要指社会保障信托基金（Social Security Trust Fund）的赤字。他说，这个基金的名字名不副实，它既不能被信任，也没有基金，只有一大堆隐性债务。他没有展开说明原因（关于美国社保基金的运作和现状，详见《哈佛经济学笔记》第 125 页"美国社会保障制度的挑战与出路"）。

第二，美国国际收支平衡中的巨额外部赤字不能持续；这些赤字可能会在几年之内使美元巨跌，造成危机。彼得森虽然通过资本市场成为亿万富翁，但他承认，他不是那些复杂金融衍生品的专家。他担心持有大量美元的国家一旦反对美国的某种对外政策，有可能以抛售美元来要挟美国改变外交政策。他还担心外国人对美元的信心不能持续："我们有这么多的债务，我们到哪里才能筹集这么多的钱呢？如果外国要大幅度提高利率，否则不愿意借给我们钱，我们怎么办？我们是不是只能眼睁睁地看着长期利率节节升高，经济节节衰退，美元直线下跌呢？"他指出保持美国在国际市场竞争力的办法有两条：一是注重研发；二是提高数学和科学领域的教育水平。

他相信市场经济的活力。他回忆 20 世纪 70 年代初他代表尼克松政府与苏联代表谈判时的情景："当时所有人都告诉我苏联如何强大，是个超级

大国。我不相信，坚持用自己的观察和分析得出结论。我到苏联访问时看
到的是计划经济的失灵。他们有各种各样的高级仪器设备，但是没有人保
管，没有人爱护，甚至没有人使用，就放在那儿浪费。为什么？因为财产
都不是自己的，即使有利润，他们个人也没有好处；他们都是‘事不关己，
高高挂起’。这样的体制怎么能和我们匹敌呢？"

第三，美国公共医疗费用（医疗保证计划和医疗补助项目）的增长没
有节制，严重拖累政府财政预算，迅速增加联邦政府债务。彼得森没有展
开解释（详见本书第二章"有关美国医疗体制的政治与经济"）。彼得森说，
这里最根本的问题是制度问题。这个体系没有预算的限制——医护人员按
照医疗工作量和服务程序收费，他们的动机是，不管医疗效果怎么样，检
查的程序越多越好。病人也没有动机考虑成本，反正有国家报销，没有上
限。所以公共医疗的费用是个无底洞，预计没有资金支持的债务高达 38 万
亿美元。彼得森说，目前对奥巴马政府医疗体制改革最乐观的估计是不会
增加财政赤字，但是那些已经累计的赤字怎么办呢？

彼得森显得忧心忡忡——把所有的债务加在一起，美国真正的债务高
达 564000 亿美元，平均每个美国人要承担 184000 美元。"我们欠的债比我
们拥有的财富还多。要使这些债务持续，美国经济必须以双位数增长。这
是美国正常增长速度的四到五倍，这几乎是不可能的。"所以这些债务不可
能持续。他指出，美国人的问题就是贪婪，总想拥有得越多越好，不知足；
而且美国人急切，不耐心，不作计划，现在就要消费，不管不顾；美国人
不为将来着想，不想如何还债，只顾现在消费（we want it all, we want it
now, and we don't want to pay for it）。在这种思想的影响下，彼得森担心
美国会变成一个第三世界的国家，潜在的债务危机很快就会成为现实。

他出资建立研究所、基金会，就是要分析研究这些问题，提出政策建
议，努力改变现状。目前美国有不少鼓励储蓄的税收政策——各种推迟缴
税的名目（tax deferred schemes），但是只有富人大量运用这些政策，真正
应该增加储蓄的穷人很少利用这些政策（详见《哈佛经济学笔记》第 109
页"美国税收制度的弊端与改革前景"）。彼得森说，新加坡就强制储蓄，
但他没有点明美国是否应该效仿新加坡。

他还说，解决这些挑战的办法有很多，但问题是缺少政治意愿（political will）——总统的领导力（presidential leadership）和跨党派的合作（bipartisanship）。他问，我们是不是需要有另一个危机才能聚集足够的政治意愿，才能采取行动？《纽约时报》专栏作家汤姆·弗里德曼（Tom Friedman）说，美国的问题就是没有行动（missing in action）。彼得森还引用一位诺贝尔奖得主曾经说过的话："如果你没有选择，你就什么问题也没有了。"（If you have no alternative, you have no problem.）彼得森说，我们现在已经没有选择了，只能行动起来。

在讲演伊始，彼得森就透露，他不但没有个人魅力，而且他的个人魅力是负值（negative charisma）。但他丰富的阅历和一些巧妙的引语还是让听众不时发出会心的微笑。无论他的数据是否准确，他的担心有无必要（相关反对者声音，详见《哈佛经济学笔记》第 273 页"不信偏见的经济学家：库珀解读经济热点问题"），彼得森与年龄相仿、经历相似的乔治·索罗斯都代表了美国精英阶层关心公共事务的情怀（详见下一节"索罗斯对话桑德尔：开放社会，道德规范与市场的关系"）。他们的出发点不是宏观的忧国忧民的崇高道德，而是对子孙后代未来的珍重和关切，真诚地关心美国的长期经济走势，并愿意通过各种方式尽其所能，改变现状。

第八节　索罗斯对话桑德尔：
开放社会、道德规范
与市场的关系

> 市场交换是不是中性的？是否体现出价值标准和道德选择？市场在什么时候会失灵？我们应该做什么正确的事情？华尔街退役交易员、亿万富翁索罗斯与哈佛大学著名政治思想家和哲学家桑德尔交换见解。

2009 年 10 月 19 日下午肯尼迪政府管理学院就开放社会、道德规范与市场的关系组织公开对话。主持人介绍对话双方：一位是开放社会研究所（Open Society Institute）创始人和董事会主席乔治·索罗斯，另一位是哈佛大学政治系教授麦克·桑德尔（Michael Sandel）。

索罗斯 1930 年生于匈牙利的一个犹太家庭，16 岁移民英国，22 岁从伦敦经济学院（London School of Economics）毕业，进入投资银行，26 岁辗转到纽约成为华尔街的交易员，羽翼日渐丰满，于 1970 年创建自己的基金，后来成为著名的量子基金。1992 年，索罗斯豪赌英镑贬值，净赚 11 亿美元。索罗斯因此被认为是"使英国中央银行破产的人"。2008 年《福布斯》把他列为全世界第 29 名最富有的人，净资产为 110 亿美元。

自从 1979 年以来，索罗斯为各种公益事业捐款，累计高达 60 亿美元。捐款通过开放社会研究所和索罗斯基金会（Soros Foundations）发放，主要用于支持中欧和东欧国家社会转型，鼓励社会开放，接纳新思想、新事物，提倡民主与自由。20 世纪 70 年代，当他自立门户、驰骋金融市场时，他声明，他想在华尔街赚足够的钱来支持他成为作家和哲学家。现在他的资产不仅足够支持他像哲学家一样写作、思考，发表言论，还使他成为一个大慈善家。他自称是一位很有影响的人物，因为他具备以下三个条件：对未来有憧憬，有政治理念和信仰，还有强大的经济实力。他说，有很多人有其中一个或两个条件，而他是三者都具备的极少数人之一。

桑德尔是哈佛大学著名政治思想家和哲学家。他于 1975 年从位于波士顿西部的布兰迪斯大学（Brandeis University）毕业，于 1981 年从牛津大学获博士学位。从 1980 年至今，他在哈佛大学政治系负责道德政治哲学（moral political philosophy）的教学。每年在哈佛校园最大的礼堂——桑德斯讲堂（Sanders Theatre，那里也是曼昆主讲经济学原理的地方），他给本科生主讲道德推理（Moral Reasoning：Justice）。他用柏拉图式的教学方法——接连不断地提问，启发学生思考，深受学生的喜爱。他的课程从实际生活中人们时时刻刻都面临的道德选择出发，引出哲学领域里各种经典作品，着重说明什么是正义，什么是正确的，我们应该做什么样正确的事情。他的讲解不但没有哲学的枯燥，反而引人入胜，让学生大开眼界。据说，能容纳一千人的桑德斯讲堂几乎场场爆满。

索罗斯首先发言。他说，市场经济和开放社会相辅相成；市场有"看不见的手"，政治家有"看得见的手"，市场是在政治家制定的行为框架里运作的。市场是为私人需要服务的，不考虑道德标准，通过买和卖高效地创造市场价值。但市场价值与社会价值不同，要满足公共领域的需求就需要道德标准。索罗斯指责那些相信市场万能的极端主义者，或市场原旨主义者（market fundamentalism），把市场万能的思想渗透到市场不应该涉及的领域，危害极大。他说，现在有一些私人捐赠基金会（private foundations），他们的目的就是要倡导市场原旨主义；这会损害我们的"开放社会"。索罗斯创建"开放社会研究所"就是要捐资与这些人唱反调，制衡他们。

桑德尔跳出经济学家的视角，从哲学家的角度看待市场经济和经济学。他说，经济学家认为市场上的买卖只是简单的利益交易，对社会道德没有任何影响，其实不然。他举两个例子说明这个观点。

一个例子是在以色列的一所幼儿园：和所有幼儿园一样，幼儿园不希望家长在接孩子时迟到，否则老师就不得不晚下班；他们决定对迟到的家长罚款。出人意料的是，接孩子迟到的家长反而越来越多。为什么在这个情况下价格不起作用？原来，如果家长迟到，他们会觉得因为给老师带来不便，而很不好意思；现在他们只要交罚款，迟到就是理所当然的，因为罚款用来付老师的加班费，延长时间看孩子就是一种付了费的服务。

另一个例子是在得克萨斯州的一所小学：学校为了鼓励学生读书设立了一个机制，学生每读一本书就可以领到两美元，学生为了得到金钱奖励，自然会读书。但是当没有金钱奖励时，学生还会读书或努力争取好成绩吗？桑德尔问，我们要培养学生读书的欲望，还是要培养学生挣钱的欲望？所以他认为，市场不是中性的。

他说，现代经济学的起源是政治和道德哲学的一部分，与政治和道德哲学密不可分，后来独立成为一个学科，越走越远，与政治和道德完全分离。在20世纪80年代，里根总统和撒切尔夫人主政期间，市场被认为是解决社会问题的主要手段，市场原旨主义大行其道。但我们仍然会遇到这个问题：如何鼓励人们把公共利益放在个人利益之上呢？

经济学家的答案是通过给予经济动力（incentives）和签订合同（contract）。桑德尔认为这个思路是错的。他认为这个问题的本质在于人的道德标准和价值观。他说，在最近30年中，思想界有回归经济学原貌的趋势；我们要重新看待经济学，重新建立经济学，把价值判断和对道德标准的关心代入经济学，创造"芝加哥学派"以外的选择，研究道德和政治经济学。

索罗斯说，现在市场上盛行错误的道德观念，把赚钱本身当做目的，而不是手段。他说，他戴着"两顶帽子"：一方面他是市场参与者，在市场上，他会毫不犹豫地追求利润最大化；另一方面他也是一个公民，作为公民，他会毫不犹豫地倡导有利于公共利益的政策，即使这些政策会损害他个人的经济利益，他也会把公共利益放在个人利益之上。他希望改变市场上盛行的错误的道德观念，但是人们的价值观根深蒂固，很难被改变。

桑德尔幽默地插言："这与财务报表、金融市场截然相反。"索罗斯似乎有意引出桑德尔关心的话题："人们在一门心思地追求成功的过程中，被个人利益冲昏了头脑，很难判断什么是正确的，什么是错误的。我们在为非营利的社会公益组织慷慨解囊写支票的时候，觉得自己是非常正义的，但我们是不是在做正确的事呢？"他区别，"感觉好"和"做好事"是两码事。"我们在这里高谈阔论，感觉很好，但我们是不是在做好事，做正确的事呢？"大家都笑了。他自知在公益事业中有很多矛盾，例如，很多非营利组织要花很多钱宣传自己，提高自己的形象和知名度，为的是从各种基金会要钱。

桑德尔说，政治充满了操纵，例如，30 秒钟的电视广告就可以用一两句巧妙的标语式语言全面否定或肯定一个候选人。公众需要的不是这样别有用心的政治技巧，而是为我们的公共政策开展真正的、广泛的、深入的公开辩论；这些公共政策要带有我们的道德标准和价值判断，而这与严峻的政治和经济现实未必就是矛盾的。他以美国医疗政策改革为例具体说明。

今年（2009 年）暑假，他在电视中看到奥巴马总统公开向选民解释他的医改方案，说明他的方案长期来看如何能够既保障人民健康又节约医疗费用，试图得到选民的支持。但是他的方案中的一些细节被一些共和党政客抓住不放，在全国各地的政府与选民的沟通会议中（town hall meetings）夸大其词，发表耸人听闻的言论，在选民中制造不满情绪。9 月 9 日晚，奥巴马用黄金时间向参众两院的议员就医疗改革发表公开讲演（详见本书第二章"有关医疗体系的政治与经济"中第二节"奥巴马政府的医改思路"）。在讲演即将结束时，他引用刚刚因脑癌去世的马萨诸塞州著名民主党人士、自由派政治家泰德·肯尼迪（Ted Kennedy，肯尼迪总统的弟弟）的政见，说明享受医疗保健是每一个人的权利，而不是一部分人的特权。

既然医疗保健是每个人的权利，那么医疗改革实际上就是一个道德选择和价值观的问题。我们的选择应该是，一个社会应该从经济上帮助那些疾病缠身的人——他们没有做错任何事，他们恰巧生病了，恰巧因病而债务累累；我们怎么能对这样的人无动于衷，任其自生自灭呢？当奥巴马把医疗改革放在道德框架上衡量，他唤起了人们的同情心和正义感，赢得了多数人经久不息的掌声。在桑德尔看来，奥巴马的同情心和正义感是他能够激励人心的源泉，正是这种品格使他在激烈的总统竞选中脱颖而出，使大多数选民忽略了他简短的政治履历而拥戴这位年轻的总统。

在简短的一小时的对话之后，主持人说这天的活动还有一个内容：建立哈斯尔非营利组织中心的剪彩仪式。其实这个中心创建于 1997 年，这是 12 年后第二次剪彩仪式。为此，他请来了这个中心的主要捐款人瑞塔·哈斯尔（Rita Hauser）和她先生、肯尼迪政府管理学院院长大卫·艾尔伍德（David Ellwood），以及哈佛大学校长福斯特。哈斯尔是一位看上去60多岁的老太太，身体消瘦，眼睛却炯炯有神。她在大庭广众之下的发言干脆利落，原来她有多年的国际律师经验，见多识广，而且还是家族基金会的主席。她说，第二次剪彩仪式就像是第二次婚礼，让我们重新审视我们的理想、我们的承诺和我们的责任。在这个中心众多的研究项目中，她支持探讨治理问题——国家的治理、公司的治理、非营利组织的治理，她看着台下的福斯特校长说："甚至包括哈佛大学的治理。"人们都笑了。

院长艾尔伍德重申这个中心的意义。我们都知道，政府和市场各自都有很多弊端。政府的强项是给那些需要帮助的人写支票（杀富济贫、转移支付），而不是使他们自助（帮助他们达到帮助自己的目的）。所以我们要通过帮助非营利组织努力建立公民社会，搭起政府和企业之间的桥梁，倡导与之相辅相成的一系列价值观和社会道德规范。我们要鼓励人们关心公共利益和公共事业，政府不善于做这样的事，所以民间组织要培养人们这种思想道德，让人们形成好习惯和新风气。他同意桑德尔对医疗改革的点评："说服大众支持医改方案的两种方式的确有不同的效果。一种是说，这个改革方案可以给我们省钱，顺便会做正确的事——让更多的人享受医疗保健。另一种是说，这个改革方案是在做正确的事，让更多的人享受医疗保健，顺便还可以省钱。"

福斯特的讲话也简单明了。她说，研究、支持非营利组织涉及多种学科，是一个交叉研究领域，这不但有利于学科之间的交流和整合，也有利于各行各业、各个国家和地区的人们之间的交流与合作。她幽默地提到，还有利于哈佛大学内跨院系的合作。在场的人都笑了，因为哈佛大学以分散决策、各院系各有各的体系而著称，而且"冰冻三尺，非一日之寒"。福斯特希望所有的人利用这个第二次剪彩仪式的机会为这个中心的宗旨重新投入，再次作出贡献；她还希望看到有正义感的感觉和做正确的事情有机的结合（to be righteous and right at the same time）。

三位嘉宾的讲话都很简短，点到为止。整个活动从始至终一个半小时。教室外面备好了简单的饮料、奶酪和水果，供与会人员在正式讲演后自由畅谈交流。

第九节　桑德尔讲道德准绳：
我们应该做什么正确的事情

> 在探讨正义的道德哲学中有三种思路。一种是功利主义的思想：我们应该作能够使最多的人的福利最大化的选择。另一种是尊重个人权利与自由的思想：我们应该作最尊重个人的选择。这两种思想在当代成为判断对与错的准则，是主流思想。桑德尔则推崇第三种思路：为了正义，为了公共利益，我们应该培养美德和人品，作最有道德的选择。他承认，这第三种思路中的"美德"和"道德"不可避免地涉及价值判断。但他说，正是因为人们在公共空间尽量抑制价值观的影响，单纯地强调程序，我们的公共生活才如此形式多于内容，意义就更罕见了。

2010 年 4 月 6 日晚，由侯密·巴巴（Homi Bhabha）教授主持的哈佛人文中心组织多位教授就麦克·桑德尔的新书《正义：我们应该做什么正确的事情》（*Justice：What's the Right Thing to Do*）进行座谈。一百多人的阶梯教室座无虚席，其中有不少听众提前半个多小时就已经到场恭候了。

桑德尔是哈佛大学著名政治思想家。从 1980 年至今，他一直在政治系负责道德政治哲学（moral political philosophy）的教学。他平时授课采取柏拉图式的教学方法，接连不断地提问，启发学生思考道德伦理，深受学生的喜爱。他的课程从实际生活中人们时时刻刻都面临的道德选择出发，引出哲学领域里各种经典作品，解释先贤们是如何思考这些哲学问题的。

在这次讲座中，桑德尔感谢巴巴教授作为人文中心主任始终不渝地支持思想的交流和对话，然后进入正题，介绍他的新书。在探讨正义的道德哲学中有三种思路。一种是功利主义的思想：我们应该作能够使最多的人的福利最大化的选择。另一种是尊重个人权利与自由的思想：我们应该作最尊重个人的选择。这两种思想在当代成为判断对与错的准则，是主流思想。桑德尔则推崇第三种思路：为了正义，为了公共利益（common good），我们应该培养美德（cultivate virtues）和人品，作最有道德的选择。他承认，这第三种思路不可避免地涉及价值判断。

他试举两例说明他的观点。在台风或地震这样的自然灾害后，人们居无定所，缺衣少食。对饮用水、食品和其他生活必需品的需求剧增，这些东西的价格也随之暴涨。这合理吗？相信功利主义的人，例如经济学家，认为价格的变化体现了新的供求关系，这是最基本的经济学原理在起作用。高价格会刺激供给，抑制需求，使整体福利最大化；"正义"的价格（just price）根本不存在。相信个人权利与自由至高无上的人认为，每个人都有自由选择的权利，可以选择买与不买，他们选择的结果就决定了一个东西的最终价值和价格。

桑德尔说，其实这两个理由都有漏洞。如果我们从那些买不起生活必需品的人的角度考虑，他们的福利是极度负值，高价格并没有使整体福利最大化。我们再想，这些东西都是生活必需品。人们在购买高价饮用水的时候根本没有选择的自由——没有饮用水就无法生存——他们是被迫的。

除了这两个原因以外，桑德尔说，还有第三个原因说明这个价格不合理，不道德：就是那些乘人之危，故意哄抬价格牟取暴利的人不配赚这么多钱。他们贪婪，置他人痛苦于不顾，大发国难财。他们的所作所为应该受到遏止甚至惩罚。如果一个社会允许这样不道德的事情发生，它就不是一个好的社会。要建立一个好的社会，我们就要培养人们养成有难同当的品格。所以有人建议制定法律，禁止发国难财，禁止在类似情况下哄抬价格。

有人对第三条思路不敢苟同，因为讲道德不可避免地涉及价值判断和价值观。在功利主义的思想框架下，收入越高越好，福利越多越好。在个人权利与自由至高无上的思想框架下，自由越多越好。追求富裕和自由的价值观似乎都无可非议。我们作为一个社会为什么不能作有道德的选择呢？近代的思想传统以提倡自由为主线，而古代的思想传统以提倡美德为主线。

桑德尔举的第二个例子是对同性婚姻的看法。一种看法是国家不应该承认同性婚姻；一种看法相反，国家应该承认，因为公民有自由选择的权利；还有一种是极端自由主义：国家根本不应该涉足婚姻，民间组织就可以办理结婚登记和手续。当然，无论是支持同性婚姻的人，还是反对同性婚姻的人都很少同意第三种看法。如果婚姻的目的仅仅是传宗接代，同性婚姻自然不成立。但如果我们把婚姻看做两个人相亲相爱、白头到老的承诺，为什么同性婚姻不能被承认？

桑德尔总结，仅仅追求福利最大化和个人自由不能使我们生活在一个好的、正义的社会。那么，我们就要讨论什么样的社会是好的社会，什么样的生活是好的生活；我们还需要一个能容纳不同观点的、宽容的社会。

巴巴教授邀请了四位评论员。第一位是肯尼迪政府管理学院简·曼斯布里奇（Jane Mansbridge）教授。她指出，桑德尔在讲演中似乎把一件事的目的分得很清楚，但实际上，很多事情都有双重或多重目的，而且这些目的在一定程度上可能是相互矛盾的。例如，大学的任务既是办教育，培养人才，又是做研究，拓展知识前沿，不一定其中一个目的就比另一个目的重要，更不是非此即彼。桑德尔承认她说的是对的，但强调这些相互交叉的、甚至相互矛盾的目的需要在真正透明的、宽容的公民社会，通过公开讨论、辩论得以协调统一。

第二位评论员是哈佛政治系哈维·曼斯菲尔德（Harvey Mansfield）教授。他最近的新书叫《男子气概》（*Manliness*）。他的发言带有明显的保守主义色彩。他的问题是，一个社会有没有可能有太多的正义？一本名为《谁真正在乎》（*Who Really Cares*）的书用数据说明，保守主义者（conservatives，一般是共和党）每年给慈善机构的捐款是自由主义者（liberals，一般是民主党）的两倍。民主党一般主张通过税收等刚性措施杀富济贫，而保守主义者则显得更加慈悲为怀，通过主动自愿地捐款帮助穷人。

桑德尔回答，一个社会有可能有太多的正义。在"正义"的名义下，其他价值可能被忽略或压制了。"例如，我和巴巴教授一起去吃中饭，如果我们两人把账单严格地一分为二，这样做看起来是公平了，但这样斤斤计较有损于我们同事间的关系。"巴巴教授插言："那就做得太没有男子气概了。"大家都笑了。

桑德尔接着说："另外，我还知道一个经济学家和一个律师合写一本书——我不会点名他们是谁。他们在合作期间经常一起吃中饭，但从来没有任何一方付另一方的饭费，也没有轮流请客。他们总是各买各的饭，各付各的账。原因是，如果一方请客，那么另一方就会有动机多吃，或者点贵的菜。至于为什么保守主义者比自由主义者给慈善机构捐款多，他们更加慈悲为怀只是一个可能的原因。另一个可能的原因是，他们普遍比自由主义者挣得多，收入高。"

第三位评论员是哈佛法学院助理教授珍尼·苏克（Jeannie Suk）。她的发言有强烈的法律视角。她说，桑德尔在提倡讲道德、追求正义的时候，他没有说清楚"主语"——谁应该讲道德，谁要追求正义。如果说，每个人或每个社会要讲道德，这是一回事；如果说国家机器也要讲道德，那就是另一回事了。国家与宗教、伦理分开就是要保持国家的中性（neutrality of the state）。试想，一个法官怎么能抛开法律程序不管，让自己的价值观影响断案，甚至主导断案呢？

桑德尔回答，他倾向把公共空间（public sphere 或 public life）和私有空间（private sphere 或 private life）的界限模糊一些。他知道，在自由主义政治思想中（liberal political thought），这个界限非常清晰。他认为，这个界限到底应该在哪儿划分——什么是"公"，什么是"私"——也应该通过公开讨论、辩论得以界定。正是因为人们在公共空间尽量抑制价值观的影响，单纯地强调程序，我们的公共生活（public life）才如此形式多于内容，意义就更罕见了。

第四位评论员是曾任哈佛燕京学社社长 12 年的中国思想史教授杜维明。他赞同培养美德、人品的重要性和道德在政治生活中的重要性。他的问题是，在我们共同追求好的生活和普适价值观的过程中，有没有一个基本原则可以遵循？例如，一种原则可以是，"己所不欲，勿施于人"。另一种原则可以是，"你希望别人怎样对待你，你就怎样对待别人"。前者是儒家和犹太教的传统，后者是基督教的传统。你认为哪一种原则更能够促进不同文化间的对话与交流？

桑德尔思考片刻，然后说："最直接的回答是我不知道。"他赞赏杜教授一直在促进跨文化的交流与理解，但指出从事这项事业有两种途径。一种是在完全不同的文化间找到共同的东西，作为基点或普适原则。他担心这样做以后，找出的基点太抽象，以至于失去实际意义。他更倾向另一种途径：找出各种文化中最有代表性的文献，不同文化背景的人共同分析、分享、交流这些文献中隐含的文化传统和特点。这样文化交流就具体化了。

当然这样做，也可能有另一个问题：同一文化背景的人对同一文献都会有不同的理解程度，甚至有根本不同的理解。桑德尔回忆，有一次在北京大学，他让学生先讨论《论自由》（*On Liberty*）中的一段话，再讨论《论语》中的一段话。学生们对《论自由》没有什么异议，但对《论语》中的一段话却各抒己见，僵持不下。这次讨论既是一次文化间的交流，也是同一文化内的交流。无论如何，这样做最重要的意义是与会人员有开放的态度和胸怀倾听不同意见。

在自由提问时间里，坐在观众席上的斯坦利·霍夫曼（Stanley Hoffmann）教授第一个发言。他是哈佛政治系一辈子研究欧洲政治、历史、文化的年过八旬的老教授，与桑德尔共事了 30 多年，很看重他。他说，公开提倡"美德"，让一个社会，甚至一个国家都追求"美德"，是一个非常危险的说法，因为它打破了"公"与"私"的界限，强迫人们有同样的价值观。什么是"美德"？"美德"的标准是什么？人们有不同的价值观。而对自由的标准、福利的标准，人们有基本的共识。

桑德尔反问，有没有一种政治思想是不危险的，完全没有问题的呢？功利主义的政治思想、个人主义至上的政治思想都各有各的问题。我们还是要根据不同的情景，作出不同的选择。

曼斯菲尔德教授这时说，他也是一个有美德、讲道德的人。大家都笑了。他说，他不能接受桑德尔对刚才他的问题的回答。在《谁真正在乎》这本书中，作者把旧金山这座城市（民主党为主）和美国中北部的北达科他州这个州（共和党为主）加以比较。两个地方的人口差不多，但旧金山的人均收入高出很多。即使这样，他们给慈善机构的捐款也只是北达科他州的一半。民主党在税收政策中倾向杀富济贫，表面上看，这是有道德的正义之举，但正是民主党人忽略了慷慨、慈悲这些美德。

杜维明教授说，他理解对"美德"的定义和标准的担忧，但强调培养美德和人品的过程也是一个在开放社会里自我反思、自我检查的过程。他区分两种不同的私有空间。一种是私密的，例如日记，完全不能公开。另一种是自己的、私人的，但完全可以公开交流。例如，对有代表性的文献《论语》，每个人都有自己的理解和切身体会，这些都可以相互交流和学习。以前一直有一个问题，就是哈佛文理学院是否可以包括宗教研究。宗教是每个人心灵上的事情，研究宗教是在研究私人的事情，不是公开隐私的事情。

桑德尔举例说明宗教道德与政治生活关系的变化。1960 年当杰克·肯尼迪竞选总统的时候，很多选民担心他是天主教徒。肯尼迪辩解，他对天主教的信仰完全是私事，不会影响他作为总统的任何决定。46 年以后，奥巴马在即将竞选总统时，用充满宗教色彩的语言四处讲演，阐述他相当激进的政治主张，与肯尼迪在 1960 年的声明截然相反。公民社会中公开辩论的内容和倾向总会不知不觉地影响国会——法律制定者，进而影响法律本身。如果一定要坚持国家中性（国家与宗教、道德分开），那么桑德尔认为，这个议题——国家是否应该坚持中性——也应该在公民社会中展开讨论。

第二个观众提问是关于宗教战争的：如果战争即将爆发，我们是否还要作最有道德的选择？桑德尔回答，他说的是一般原则，在战争即将爆发的特殊情况下，可以作特殊处理。这时巴巴教授插言，或许保持道德正义和其他标准紧张矛盾的关系（keep this tension alive）就是捍卫道德正义。

第三名提问的观众说，她认为肯尼迪在 1960 年的声明和 2006 年奥巴马的主张并不矛盾，因为肯尼迪意在排除天主教对总统处理公务的影响，并不排除道德对总统的影响。巴巴教授说，我们的确不能把道德等同于宗教。

第四名提问的观众是一名中国学生。他说，那段引起北大学生争议的《论语》段落是说，如果父亲偷了东西，儿子不应该随意揭发父亲。杜维明教授说，《论语》确实有这么一段话。如果儿子不分事情原委立即举报父亲，孔子对此表示不满，因为这是不通人情的。人与人的关系不同，对正义需求的程度也不同。儒家传统是以德报德，以直报怨。

桑德尔笑着说，他儿子就坐在观众席里，他希望儿子对他有一定程度的包庇。大家都笑了。他接着说，他热爱人文学并不是抽象的，而是喜欢在具体的人与人关系的情景中理解体会人文主义。紧张矛盾的关系永远是政治的一个主要特点。从个人这个个体到社会这个大群体之间还有一个很大的中间范畴，正是在这个范畴里我们努力建立一个公共空间。在这个中间地带，如何划分什么属于"私"，什么属于"公"，这本身就是在不断变化之中的，不是固定的。

　　时间很快就过了两小时。主持人巴巴教授说："这个中间地带有很大的调节、对话、阐述的空间和需要，就让我们以此作结吧。"

第十节 哈佛前校长谈"有关幸福的政治"

> 曾经两次任哈佛校长的巴克教授退休后潜心研究一个在学术上无法确切定义的话题：人们的幸福感。他把提高人们的幸福感作为政府工作的最终目标。他说，事实上，我们并不需要政府成为创造经济增长的能手，而需要政府成为"多面手"的全才，在医疗、教育等直接影响人们幸福感的领域作出成绩。

2010 年 10 月 19 日，前哈佛校长德瑞克·巴克（Derek Bok）教授以"有关幸福的政治"（the politics of happiness）为题公开讲座。巴克是哈佛大学历史上唯一两次担任过校长的人。1971—1991 年，他任校长 20 年。2006 年萨默斯卸任后，巴克接任临时校长，直到 2007 年福斯特上任。在任校长之前，巴克任哈佛法学院院长 3 年。多年学术行政生涯使他对高等教育有深入思考，有多部专著。而他最新的著作却是关于一个完全不同的话题：政府怎样才能提高人们的"幸福"程度。

巴克早年从斯坦福获本科学位，从哈佛法学院获法学博士，从乔治·华盛顿大学获经济学硕士，2010 年正好 80 岁。他满头白发却精神抖擞，目光炯炯有神。他说，他从 20 世纪 70 年代就对"幸福"这个问题感兴趣，可是"幸福"这个概念太模糊，无法客观定义，很难研究。"退休"的一个好处就是可以完全随心所欲——想做什么就做什么，想写什么就写什么，完全没有限制。所以退休后，他就想研究这个很难从学术角度把握的问题。

18 世纪英国哲学家、功利主义的代表人物杰里米·边沁（Jeremy Bentham，1748—1832）认为政府的唯一作用就是要提高人们的幸福程度，或净幸福程度（用幸福的程度减去不幸福的程度）。但因为幸福的程度无法度量，所以这个思想在这之后的 200 年无人问津。一直到 20 世纪 70、80 年代一些学者再次对"幸福的程度"感兴趣，采取调查的方法研究这个问题。他们发现，人们在面对自己的老板时最不幸福，在有性生活时觉得最幸福。近年来，法国总理、英国首相都在不同场合相继点明人们幸福程度的重要性。但是，世界上只有深藏在喜马拉雅山脉中的不丹王国真正把"幸福"作为政府明确追求的目标之一。

事实上，人们常常被错觉所迷惑。当我们真的得到我们原以为能使我们幸福的东西时，我们其实只有短暂的满足感，这些东西并不能给我们带来长久的幸福感。同样，生活中非常糟糕的事情也只是暂时地影响我们的情绪，一般来说，我们会很快走出阴影，生活得一如既往。

那么，什么才能给我们带来相对长久的幸福感呢？研究人员发现：成功的婚姻、亲密的朋友、助人为乐、参加社会组织、相信宗教、人们自我感觉的健康程度、拥有自己的企业或事业和廉洁高效的政府及民主政治体制。巴克说，很难想象在腐败猖獗的政体下，人们有真正的幸福感和安全感。什么能给我们带来相对持久的悲伤呢？爱人或孩子的死亡、离婚、长期忐忑不安（例如，失去医疗保险）、失业及其引起的丧失收入、身份和自尊，由于健康因素引起的长期痛楚、失眠、抑郁等症状。

在微观层面，富人比穷人感觉更幸福；但这不能解释一个宏观现象：美国现在的人均收入比 50 年以前高很多，但美国人的总体幸福感并不比50 年以前高。美国中部和南部的经济收入水平较低，东部较高，但幸福指数恰好相反——纽约州、马萨诸塞州的幸福指数远远低于一些低收入的州。

这就引出了一个重要问题：钱在人们的幸福感中到底起一个什么作用？人们的幸福感比"钱"和"权"在制定公共政策中更重要。幸福的人更加健康，更加长寿，更加与人为善，在社区组织和生活中更加积极踊跃，对社会的贡献更大。所以巴克认为，提高人们的幸福感应该是公共政策的一个目标。

有人不重视关于幸福感的调查数据，认为那些都是从人们主观的自我感觉而来，太不准确，无法把握，根本不应该把理性的政策制定建立在"松软的沙滩"上，随时可以塌陷。对此，巴克反驳，国民生产总值、价格指数、失业率、贫困线等数据都有很多不完善、不确切的地方，关于幸福的调查数据并不比这些常用的经济数据差。在巴克看来，真正的问题在于：政府应该怎样做才能提高人们的幸福感？如果经济增长损坏了人类赖以生存的自然环境、不能使人们更加幸福，为什么很多政府在一味地追求经济增长？

　　经济学家凯恩斯在半个多世纪前就预计人们的生活会足够富裕，以至于人们会发现，自己有很多闲暇时间可以花在音乐、艺术等更精致的精神生活上。巴克解释，显然，凯恩斯没有担心未来的经济增长从何而来，而担心人们会如何使用太多的闲暇时间；这说明，经济增长没有人们想象的那么重要；政府要重新分清主次。美国民意测验显示，大约只有1/6的问题政府能够正确对待，1/3的问题政府错误处理，1/2的问题政府根本没有理睬。

　　事实上，我们并不需要政府成为创造经济增长的能手，而需要政府成为"多面手"的全才，在医疗、教育等直接影响人们幸福感的领域作出成绩。美国人均生产总值在世界上处于领先地位，但美国人的幸福感却与其经济地位不相匹配，美国人对政府的信任程度也相对低下。这说明，我们要改革政府，重新理顺政府任务的轻重缓急。巴克预计，美国政府不会像不丹王国那样重视人们的幸福感，但强调两世纪以前的边沁的政治思想是对的，近些年对人们幸福感的调查研究对政府制定政策是有价值的。

　　在问答时间里，有人问到哈佛大学经济学家本杰明·弗里德曼在2005年出版的《经济增长的道德结果》（*The Moral Consequences of Economic Growth*）这本书对巴克中心论点的影响。巴克清楚地知道，弗里德曼用巨大篇幅，旁征博引，说明经济增长会带来更加开放、更加民主、更加明智的社会政策，但巴克显然没有被说服。他说，经济增长经常与开放的社会政策携手并进；经济衰退经常与保守的社会政策形影相随，这是事实，但这并不能说明它们之间的因果关系。任何学过统计的人都知道，即使强烈的正相关（或负相关）也不能证明其中的因果关系。

　　在最后的答疑时间里，巴克也显示了对文化差异的意识。如果你问美国人："你是否嫉妒比尔·盖茨（或其他富翁）的财富？"大多数美国人会回答，不嫉妒，因为他们会把盖茨的成功主要归功于他个人的努力和才智。如果你问法国人同样的问题，或者把盖茨的名字换成某个法国富翁的名字，多数法国人的答案会相反，因为他们把某个人的成功看做既得利益者的先天优势，他们不相信机会平等在法国社会是事实，认为整个体系就是不平等的。

　　相信自我努力、自我实现是美国人相当强的文化基因。这是因为他们太天真了，过于相信"美国梦"的神话，还是因为美国的机制真的鼓励这种天马行空、自由闯荡、开创事业的自我奋斗精神，无论你的家庭背景和种族肤色怎样，都可以重新开辟一片属于自己的天地？同样，法国人的答案是因为他们城府太深了，还是因为他们的体系的确机会不均、埋没人才、缺乏创新？有 20 余年哈佛校长经历的巴克最有资格回答这个问题，但他没时间展开，我们只能在他对美国高等教育的多部著作中寻找答案。

第六章
校园新闻

这一章报道一些校园动向。前三节是哈佛两任校长和前文理学院院长对高等教育不同侧面的反思。中间四节是关于哈佛大学在 2008 年金融危机后的变化，反映了这个时代"少花钱、多办事"、"节约、节能"的主旋律。最后三节是对 2008—2010 年三年毕业典礼嘉宾讲演的记录。虽然都是大庭广众下的书面发言，但其中不乏肺腑之言。他们对毕业生的忠告和建议里渗透了过来人对生活的体验和理解。这无论对青年人还是中年人，都富有人生启迪。

第一节 哈佛首任女校长就职讲演：
大学的责任

> 哈佛第 28 任校长、首任女校长福斯特在就职典礼上定义大学的任务：大学应该对我们的过去和未来负责，而不是完全，或哪怕是主要，对当下负责。福斯特要将眼界超越当前。她还说，大学的性质决定了这是一个不安稳的、很难管制的地方，但不安稳和难以管制是思想自由、创新自由的必备条件。正是自由的思想和自由的创新在塑造未来。这种没有任何限制的想象力正是一所大学真正的依靠。

美国 231 年历史中（1776—2007 年）共有过 43 届总统，而哈佛大学在其更加漫长的 371 年历史上（1636—2007 年）仅有 28 位校长。每一位新校长举行就职典礼都是一次对过去与未来的深刻反思。研究南北战争和美国南部历史的历史学家德鲁·福斯特（Drew Faust）在 2007 年 10 月 12 日正式当选为哈佛大学的第 28 任校长。在此前的大约一个月（9 月 18 日）她刚刚度过了自己 50 岁生日。福斯特在 2001—2007 年间任拉德克里夫高等研究所首任所长（Radcliffe Institute for Advanced Study，其前身是一所著名的女子学院，Radcliffe College）。在这之前，她在宾夕法尼亚大学历史系任教 25 年。

就职典礼在室外三百周年纪念剧场举行（这里也是每年举行毕业典礼的地方）。尽管天气潮湿阴冷，上千名哈佛教员、职工、学生、校友和社团成员身披雨衣聚集在这里。来自世界各个大学的代表在下午 2 点列队进场。在他们之中，有 9 名福斯特从小学到大学的老师。他们走上主席台，在两边就座。台上最中间的位置坐着三名哈佛前任校长：第 25 届校长巴克（任期为 1971—1991 年，2006—2007 年间为代理校长）、第 26 届校长尼尔·鲁登斯坦（Neil Rudenstine，任期为 1991—2001 年）以及第 27 届校长萨默斯

（任期是 2001—2006 年）。2 点 30 分就职典礼正式开始。宾夕法尼亚大学校长、哈佛大学教职工代表、哈佛学生委员会主席，和马萨诸塞州州长德瓦尔·帕特里克（Deval Patrick，也是哈佛校友）等各界人士分别致辞。祝词间穿插演唱或乐器表演以示祝贺。

随后，一个富于象征意义的仪式开始：职务徽章从三位前校长手中传递到福斯特手中。这是 300 多年间哈佛历任校长的就职典礼上必不可少的环节。所有的哈佛徽章都历史悠久，可以清晰地上溯到约翰·列文瑞特（John Leverett）校长于 1708 年的就职典礼，甚至更早。就职典礼的正规流程中还使用了包括钥匙、1650 年宪章、图章等在内的众多古老而有纪念意义的物品。

福斯特在仪式结束后发表就职演说，内容与上任校长萨默斯所作的就职演讲截然不同。萨默斯在 2001 年的就职演说中，明确列举三个工作目标：加强大学本科教育（因为哈佛本科生抱怨很大）、使哈佛大学从组织上更加融合（cohesive，这也是他后来加强校方中央集权的理由）和使大学的组织机制更加适应科学突飞猛进的需要。

福斯特称，她不会列出具体的目标或规划，而是想回答高等教育中备受关注的问题。她说："现在是对哈佛大学及其他类似机构在 21 世纪第一个十年中的作用进行反思的时候。"她试图为高等教育在社会中不断变换的角色和自己下一个五年、八年甚至十年里的工作提出"原则性指南"。

"公众需要大学具备使命感，但对大学具体应该对谁负责，对什么负责这个问题却很模糊。"福斯特解释，"这种模糊很大程度上来自我们对大学漫无边际的期望。这种期望时而非常强烈，但也非常模糊、空洞，不具体。"

"那么，就让我试着定义大学的任务：大学应该对我们的过去和未来负责，而不是完全，或哪怕是主要，对当下负责。"福斯特认为，每个人都对眼前、当下倾注了太多的注意力。身为一位杰出的历史学家，福斯特要将眼界超越当前。

"大学的性质决定了这是一个不安稳的、很难管制的地方。但这也是它要对未来负责的原因。拓展知识就意味着变化。变化让人们觉得不舒服；变化蕴涵着损失，也有收获；蕴涵着迷惑，也有发现。但不安稳和难以管制是思想自由、创新自由的必备条件。正是自由的思想和自由的创新在塑造未来。这种没有任何限制的想象力正是一所大学真正的依靠。"

有人认为大学是培养劳动力的地方，是社会流动性的引擎或半政府机构，甚至还影响政策的制定。"那只是我们工作的一部分，但并非全部。大学是一个学习的地方。这种学习影响人们一辈子的生活；这种学习传承千百年的文化，并通过质疑约定俗成的东西塑造我们的未来。"

"作为大学的成员，我们必须致力于不安稳、不舒适的位置，用怀疑的眼光审视一切，谦虚谨慎地发现真理；永远相信有更多的东西要学习，有更多的东西要讲授，有更多的东西要理解。""说服一个国家，一个世界去尊重那些致力于挑战社会基本认知的机构非常不容易。要得到他们的支持就更是难上加难。尽管如此，我们有责任去做大量的解释说服工作；我们要出色地完成我们的任务，使这些宝贵的机构——我们的大学——不但生存下来，而且在新的世纪中更加茁壮。"

第二节 高等教育何去何从

> 曾任哈佛文理学院院长的中国历史教授柯伟林认为，通才教育的真正目的还不仅仅是培养一个良好的公民，还包括培养一个完整的人。这样的教育不是通过重复的训练培养一种技能，而是培养学生的鉴别能力，从不同的角度批判性地思考问题，有独立的完整的人格，成为一个更好的人。他还提醒说，并不是每个人在 18 岁时都应该进大学，有些人在某些方面可能还没有准备好，那么他们就不应该进大学，他们应该先做别的事情，无论是旅行还是工作，等他们准备好了再进大学。

2008 年 11 月 21 日晚，哈佛大学中国近代史教授、费正清中心主任柯伟林（William Kirby）在哈佛法学院作关于中国高等教育的现状和发展的讲座。2002—2006 年，柯伟林作为哈佛文理学院院长，和前哈佛大学校长萨默斯，一直把改革本科生核心课程当成一项重大使命。他们居安思危，认为哈佛大学尽管名列前茅，但不能自满自足，必须锐意改革，否则就不能适应全球化时代的需要。卸任以来，柯伟林一直关注和研究 21 世纪高等教育的发展。2008 年 10 月他领导的费正清中心组织了由中国各大学校长、院长参加的关于高等教育的闭门会议。

他首先描述了中国高等教育近几年的迅猛发展。2000 年中国在校大学生大约是 600 万人，到 2007 年就增长到 2600 万人。相比之下，美国的在校本科生是 1300 万人，研究生只有 200 万人。中国大学的数量和校园面积都在飞速增长。上海复旦大学就有四个校园，图书馆、科研设备、科研经费都可以与美国的一流大学相媲美。

"中国这样快的发展给哈佛大学提出了挑战，当然也有合作的机会。"柯伟林幽默地说，"离哈佛大学越远的地方，哈佛大学的声誉就越好。""大约 100 年以前，如果有世界范围的大学排名，没有一个美国大学会进入前

10 名。大约有八个大学会是德国大学，两个会是英国大学。事态是变化的。50 年以后，100 年以后，哈佛大学未必就名列前茅。哈佛成立于 1636 年，也就是中国的明朝末年，基本模仿英国的教育制度。通过不断地学习积累和在世界范围内招揽人才，哈佛才成为今天的哈佛。如果我们不广纳人才，如果我们丧失原创性，我们就会丧失在知识创新方面的领先地位。当然以前哈佛大学为了广纳人才，几乎没有从校内提拔的正教授，绝大多数正教授都是从外校招聘进来的。那是走极端了。近几年有所改变，校内提拔和外校招聘有了比较好的平衡。我访问台湾时，也告诉他们，如果他们拒绝招纳大陆最优秀的学生和老师，他们就会在知识领域落伍。"

柯伟林提到上个月费正清中心组织的高等教育会议："虽然各个大学有很多不同点，但我们面临很多相同的挑战。例如，大学规模什么时候应该扩张；应该如何扩张；如何在保障教育质量的情况下扩张；如何鼓励教师在作研究的同时教好书，上好课；如何鼓励教师自我审视，自我提高；如何做好国际化教育，适应全球化发展——这一点被美国人视为对其他国家'一无所知'、'趾高气扬'的今天尤其重要；如何培养一个'完整的人'（a whole person）。"

在柯伟林看来，教育的目的还不仅仅是培养一个良好的公民，还包括培养一个完整的人。这样的教育不是通过重复的训练培养一种技能，而是培养学生的鉴别能力，从不同的角度批判性地思考问题，有独立的完整的人格，成为一个更好的人。这才是真正的通才教育（或博雅教育，liberal art education）的目的。这一点和哈佛新校长福斯特在 2008 年毕业典礼上讲的大学对社会的责任和使命如出一辙，遥相呼应。

"这就需要中国重新重视人文教育。自从民国初年，中国致力于建设一个现代化国家，相信科学技术是国家富强之路，就开始重理轻文，经历了五六十年代的变革和'文革'以后，文史哲方面的专家就更少了。"他注意到中国最高领导层大多是工程师出身。最后，柯伟林引用肯尼迪总统的话，说明诗歌的重要性——在暴虐横行或物欲横流的时候，是诗歌在呼唤正常的人性的回归。"肯尼迪在说诗歌，但他的话也适用于各种人文教育。"

在问答时间里，有学生问："学生毕业后最终还是要找到一份工作，你说的这种教育对找工作有什么帮助呢？"柯伟林回答："通才教育的重心是开阔学生的眼界，要学生有广阔的知识面，培养学生的创造力和适应力。绝大多数学生今后做的工作和上学学的东西都不一样，这就需要学生有足够的灵活性，快速适应新的环境。高盛现任首席执行官劳埃德·布兰克费恩（Lloyd Blankein）上大学时主修的是历史。前任财政部部长鲍尔森（Hank Paulson）大学时主修的是英文专业。所以最重要的是，我们在一个人成长过程中最重要的年龄阶段，为他个人的成长，也为未来的社会，打开他的视野，打开各种可能性。"

柯伟林还提醒说，并不是每个人在 18 岁时都应该进大学，有些人在某些方面可能还没有准备好，那么他们就不应该进大学，他们应该先做别的事情，无论是旅行还是工作，等他们准备好了再进大学。"我见过的一些最努力的学生是在哈佛成人教育学院（Harvard Extension School）。他们工作一天以后，利用晚上的时间上课。没有人要求他们必须上课，但他们自己要求学习。他们比很多的年轻学生更有动力，他们已经准备好了。所以，一个社会要对不同年龄阶段的人随时提供再学习、再教育的机会和切入点，也就是说学习永远不晚。"

第三节 2008年哈佛本科生录取率最低：高等教育市场与资本市场的区别

> 曾任哈佛校长的经济学家萨默斯曾经说，如果哈佛大学是所有有能力、有志向的学生和学者聚集的地方，其他大学没有办法在学费和教育质量方面与哈佛竞争，哈佛大学也就没有任何危机意识或动力去改变其习以为常的任何机制。高等教育的市场不是一个完全竞争的市场。与此相反，在资本市场，投资决策的好坏，效率的高低，会在灵活的价格"指示灯"下，一览无余。

2008年4月3—9日的《哈佛校报》(*Harvard University Gazette*) 报道，今年是哈佛本科生录取率最低的一年。在27462名申请人中，只有1948名幸运儿，录取率为7.1%。去年录取率为9.0%（22955人申请，录取2058人）。2008年的录取生中，有50.2%是女生，将近9%是来自77个国家的外国学生。招生办主任威廉·菲茨西蒙斯（William Fitzsimmons）说："从庞大的申请人队伍中录取学生从来没有像今年这么艰难。被录取的学生在方方面面都很优秀，但是很多没有被录取的学生也同样优秀。"

哈佛大学的教育真的值得成千上万的年轻人向往吗？古希腊哲学家苏格拉底，柏拉图的老师，在西方思想史上的烙印之一就是怀疑一切，质问一切，澄清一切，即使是所有人都信奉的"真理"。

萨默斯在他短暂的五年校长任期之后说："如果人们选择一个酒店的原因仅仅是他们的朋友都选择这个酒店，如果他们想与他们所有的朋友聚在一起，就只能选择这个酒店。其他的酒店根本无法与这个酒店在价格和服务质量方面竞争。同样，如果哈佛大学是所有有能力、有志向的学生和学者聚集的地方，其他大学没有办法在学费和教育质量方面与哈佛竞争。哈佛大学也就没有任何危机意识或动力去改变其习以为常的任何机制。"

也就是说，高等教育的市场不是一个完全竞争的市场。与此相反，萨默斯曾经举例说明，在资本市场，投资决策的好坏，效率的高低，会在灵活的价格"指示灯"下，一览无余。

萨默斯认为，哈佛大学几百年来形成的内控机制已经完全不适合新时期的需要，他在校长任期内做了几件实事。其中包括他启动的助学金计划（Harvard Financial Aid Initiative）：哈佛大学给家庭年收入在 6 万美元以下的所有本科生免除所有学费，给家庭年收入在 6 万 ~8 万美元的家庭减轻学费。

这使哈佛大学给本科生的助学金在 2008 年高达 1.25 亿美元，比去年增长 21.4%，创历史新高；在过去六年中，助学金增长 87%。有大约 2/3 的本科生受到不同程度、不同形式的经济援助，包括奖学金、助学金、贷款和在校园工作。其中，有一半以上的本科生因家庭经济不济而收到助学金，平均每人每年助学金将近 4 万美元，相当于上哈佛大学所有费用的 78%。

萨默斯意在使家境贫寒的学生同样享有接受高质量教育的机会。哈佛大学录取学生的唯一标准是学生的成绩和各方面素质，家庭经济条件不是录取的参考项目之一。这或许解释了将近 20% 的申请增长率（从 2007 年的 22955 申请者到 2008 年的 27462 申请者）。

人人平等地享有良好高等教育机会的思想并不开始于萨默斯。1933 年成为哈佛校长的詹姆斯·科南特（James Conant）也憧憬没有特权阶层的、完全民主的社会；人们可以通过努力和才干改变命运，从社会下层到上层；也可以因为懒惰和挥霍从社会上层到下层。他在上任后的第一份年报中说，任何人，无论他腰缠万贯，还是一贫如洗，无论他是波士顿人，还是旧金山人，只要他有才华，就应该能够受到哈佛教育。

注：据 2009 年 5 月 12 日校报，哈佛大学 2009 年从 29114 名申请学生中录取了 2048 名本科生（14∶1 或 7% 的录取率），录取率与 2008 年相同。其中 60% 以上的学生需要不同形式的助学金，这是前所未有的。好在校方为了确保不同家庭背景的学生只要优秀都可以上哈佛的理念，在经济危机中对助学金有增无减。到 4 月底为止，76% 的录取学生已经决定来哈佛大学，比例与去年相同，其中 10% 是外国学生。

第四节 哈佛投资损失史无前例

哈佛大学所获捐款的投资活动在 2008 年 7 月 1 日到 10 月 31 日的短短 4 个月招致了 22％ 的损失，大约 80 亿美元。哈佛管理公司预计到 2009 年 6 月 30 日损失有可能达到 30％ 之多。哈佛大学一向以权力分散而著名，校长福斯特借此机会呼吁大家发扬集体主义精神，互相协调帮助，共渡经济难关。

2008 年 12 月 2 日哈佛大学校长福斯特和执行副校长爱德华·福斯特（Edward Forst）就金融风波中哈佛管理公司（Harvard Management Company，HMC）的投资效益联名致信给各个学院的院长。信中说，哈佛大学所获捐款的投资已经在 2008 年 7 月 1 日到 10 月 31 日的短短 4 个月中损失了 22％，大约 80 亿美元。而且这还是保守估计，因为有些投资在市场流动性极低的情况下很难估值，尤其是私募基金和房地产。哈佛管理公司预计到 2009 年 6 月 30 日损失有可能达到 30％ 之多。哈佛大学一向以权力分散而著名，校长借此机会呼吁大家发扬集体主义精神，互相协调帮助，共渡经济难关。

哈佛管理公司由 11000 多个基金组成。由于数量大，金额多，哈佛决定在内部设立管理公司，以减少资金管理费，于是在 1974 年建立哈佛管理公司，负责大学所有捐款和退休金等一系列资金的投资和管理。多年来，其投资业绩一直在同行业中遥遥领先，高于各种相关投资回报指标。2007—2008 年的投资回报率是 8.6％，使资产总值在 2008 年 6 月 30 日达到 369 亿美元。这样的业绩在 165 个大型机构投资者当中，排名在前 5％，远远高于中间值负 4.4％ 和标普 500 的负 13.1％。这使前 10 年的年均回报率为 13.8％，前 5 年的年均回报率为 17.6％。

股市一路上扬和哈佛校友连年不断的捐款，使哈佛管理公司的投资收入在整个大学运转经费中的比例由 1992 年的 18.6％ 增长到 2008 年的 35％，高达 16 亿美元；正常学费的收入仅仅承担了教育成本的 2/3。有些学院依靠哈佛管理公司投资收入的比例甚至在 50% 以上。而这些哈佛管理公司每年拨给哈佛大学支持正常运转的经费，仅占捐款每年投资收入总额的 4%～5%。

至少在以前的 40 多年，哈佛大学捐款投资的最大负增长是 1974 年的 12.2%，当时的捐款才有大约 10 亿美元，用于学校运转经费的数量就更小了。另外其他 3 年的负增长都在 0.5%～3% 之间。哈佛还从未经历过 30% 的投资损失。

2008 年 6 月 30 日的哈佛管理公司年报显示，按投资地区分，12% 的资金投在美国股市，大约同样的比例在外国市场，大约 10% 在新兴市场。这些市场无一例外地都在下跌。按投资类型分，11% 的资金投资在私募基金（PE），9% 在木材和农业，大约同样的比例在房地产。私募基金和房地产在前几年资产价格狂升的时候，给哈佛带来丰厚的收益，但转眼就拉了整体投资效益的后腿。

2008 年 6 月份，哈佛管理公司还打算增加在私募基金投资的 2%，现任公司主席、首席投资官简·曼迪罗（Jane Mendillo）已经决定出卖 38% 的私募基金。15 亿美元的投资在市场流动性极低的情况下究竟能收回多少还不得而知。曼迪罗 2008 年 7 月才接管哈佛管理公司，以前是波士顿西部 Wellesley 大学的首席投资官，投资业绩连续几年高于相关市场指数，2008 年 3 月被哈佛挖了墙脚。她的前任穆罕默德·埃尔 - 埃利安（Mohamed El Erian）虽然业绩斐然，但仅仅任期两年就回到在加州的私人投资公司。从 2007 年 11 月到 2008 年 6 月，哈佛管理公司主席和首席执行官的位子一直由哈佛商学院管理实践教授罗伯特·卡普兰（Robert S. Kaplan）（Professor of Management Practice）临时顶替。他以前是高盛投资银行的副董事（Vice Chairman），有丰富的投资经验。曼迪罗这次能在任多久，也需拭目以待。

一般来说，哈佛对投资表现一年只作一次公开报告，但 2008 年的市场情况如此严峻，几乎所有哈佛管理公司的投资种类都大幅缩水，校方决定增加一次由校长和执行副校长签名的中期报告，让所有的人有充分的思想准备，提前作准备。

2008年的投资缩水会直接影响到明年各个学院和各个系的预算，而且校长的报告预计2009年校友的捐款会减少，需要学校资助的学生会增加，学费收入会减少，所以各个学院、各个系的经费形势都非常严峻。哈佛文理学院在11月下旬就停止雇用任何新的行政人员。哈佛医学院已经决定所有的系在今后18个月中必须减少经费10%。跨系的任务小组（task force）已经组成，商议什么活动可以在不影响科研、教学的情况下被削减；各种以社交、旅游为主的活动首当其冲。

现在资金紧张，新校长仍然不愿意改变助学金政策，至少维持今年的助学金总额不变。除了节省其他开支以外，哈佛准备利用其 Aaa / AAA 的借贷信誉（根据 Moody's 和 Standard and Poor's 评级公司），从资本市场发放要缴税的固定利率债券，并且把一部分目前短期免税债务转化成长期债券，甚至准备动用5%以上的捐款储备，以保证必要的科研经费和家庭困难的学生的助学金。

哈佛大学录取学生时，一贯是择优录取，不考虑家庭收入。在萨默斯做前任校长时，哈佛管理公司的投资连年增长，资金雄厚。为了实现提高社会不同阶层之间的流动性、受教育机会人人平等的理念，萨默斯强化助学金政策，尤其向低收入家庭倾斜：被录取的家庭年收入6万美元以下的学生免去一切学费和生活费；对那些在家庭年收入8万美元以下的学生，哈佛保证学生的学费和生活费不超过家庭年收入的10%，超出的部分由学校通过各种途径解决。他意在表明，只要你优秀，无论你的家庭背景怎样，都可以上哈佛。助学金从2001年的1.56亿美元增长到2008年的3.21亿美元。但要保证如此庞大的助学金项目在金融危机的形势下照常运作谈何容易。

根据12月8日（周一）的校报，上周五哈佛卖出了15亿美元的债券，还准备再卖6亿美元以应对今后现金流的短缺。即使哈佛的借款信誉是AAA，今天的借款利率有增无减。这次融资的利率是30年的国债利率加上3.375%，将近哈佛两年前发债利率的两倍。

第五节 经济危机中的哈佛大学

校长福斯特在对哈佛校区的公开信中，督促各个学院和部门在保证研究和教学质量、保证学生助学金数量的情况下，想方设法减少不必要的开支；同时强调学校的宗旨：在危机中作艰难取舍选择的同时，我们不应忘记自己对社会更大的责任，我们要通过教育和辩论让每个人都作出明智的选择，尽量使思想的力量在领导的思想面前发挥最大的作用。

2009年2月19—25日的哈佛校报头版头条全文刊登哈佛校长福斯特致全体哈佛社区的公开信。信中坦言由于席卷全球的经济危机严重影响下一学年的预算，校方决定减缓在奥斯顿（Allston，与剑桥区隔河相望的小区）的扩建计划；各个学院和部门要在保证研究和教学质量、保证学生助学金数量的情况下，想方设法减少不必要的开支。

校方预计2008—2009学年，哈佛管理公司主管的哈佛大学捐款会损失大约30%，即120亿美元。哈佛大学每年运作经费的1/3来自捐款投资的利润。各个学院依赖捐款投资利润的程度不同。文理学院经费的一半都靠投资利润，现在投资缩水严重，明年的经费自然紧张。

校长感谢各个部门从2008年12月份以来为减少开支所作的努力，并解释说，虽然哈佛大学以决策分散著名，我们也尽量避免"一刀切"的政策，但当我们把减少开支从计划落实到实际中时，不会所有的人对每个政策都满意。

哈佛大学运作经费的一半都是教职员工的工资，为了减少工资支出，学校领导层已经达成共识，所有教授和较高级别的行政人员都不会有每年随通胀而增长的加薪，这会节省2000多万美元的开支；并且创建"提前退休计划"（early retirement plan），鼓励55岁以上的行政人员提前退休。

如果他们选择这一计划，校方会弥补他们由于提前退休而带来的退休金损失，并提供7年的健康保险，直到他们62岁以后可以享有社会健康保险（Medicare）。据估计，大约有1600名行政人员符合提前退休标准，但多少人会选择参加这项计划还不得而知。与此同时，教师的聘用不受影响，目前有 50 多个教师空位仍然在招人。

福斯特坚持前校长萨默斯制定的助学金政策，确保优秀的学生无论家庭经济条件如何，都可以上哈佛大学。她说，2004 年以来，哈佛本科生助学金的总量已经增长了一倍。2009 年本科生招生办公室收到 29000 多封申请信，是申请人数最多的一年，从中挑选 1650 名非常不易（比例接近 18：1）。

最后，福斯特回到学校的宗旨：在危机中作艰难取舍选择的同时，我们不应忘记自己对社会更大的责任，我们要通过教育和辩论让每个人都作出明智的选择。她还引用公共卫生学院新院长胡里奥·费伦克（Julio Frenk）的话，我们要尽量使思想的力量在领导的思想面前发挥最大的作用。

经济系难题

同一期校报的另一则消息说，大学本科学费 2009—2010 年增长 3.5%，达 33696 美元。一个本科生一年的学费，加食宿，加杂费，总共是 48868 美元。与此同时，助学金总量增长 18%，到 1.47 亿万美元。文理学院院长迈克尔·史密斯（Michael Smith）重申，哈佛大学对各种经济背景的学生都是敞开的。实际上，这策略是一种在价格方面的区别对待：费用涨，助学金涨意味着那些有能力的家庭必须缴纳更高昂的学杂费。

哈佛大学的确有它优秀的一面，但每年将近 5 万美元的学杂费，14：1 的录取比例，教学质量又如何呢？ 2009 年 2 月 17 日学生主办的报纸发表评论员文章，指责经济系在经费紧缩的情况下取消大三年级的小型研讨班，进一步减少学生和教授在小范围内接触的机会。

经济学多年来一直是最受学生欢迎的主修领域，但同时也是学生抱怨最大的领域。几乎每次学生调查都显示，经济系是学生满意率最低的系，其主要原因是师生比例太小。每年本科生中有 700 多名主修经济。2008—2009 学年，经济系在十大最受欢迎的主修领域排行榜中遥遥领先，有 758 名本科生主修经济学。相比之下，排名第二的政治学系只有 495 名本科生主修；排名第三的社会科学吸引 306 名本科生。经济系研究生部每年招收 30-35 名博士生，他们 5-6 年以后才能毕业，所以有将近 200 名博士生。

经济系有 50 多名教授、副教授、讲师，是文理学院最大的系。粗略地算，师生比例大约是 1：20，但这仍然不能满足学生需求。

曼昆主讲的经济学原理，即经济学入门，面对所有大一年级学生，每年有将近 1000 名注册学生，助教就有大约 30 位。曼昆每学期在最大的教室桑德斯礼堂上 5~6 堂大课。具体学习任务都是由助教分小组展开的。助教主要由经济系的研究生组成。有时经济系研究生也满足不了这么大的助教需求，他们就去哈佛法学院招经济学背景较强的学生当助教。

费尔德斯坦的课"美国经济政策"也是座无虚席，有 200 多名注册学生，3 名研究生助教，每名助教负责两个小班的教学。多数教授每周给学生的固定办公时间只有 1~2 小时。当然，学生也可以另外和教授预约见面时间，但每个人都明白作业练习、复习考试、答疑等都是由助教负责的。

经济系当然也知道本科生与教授接触时间少，学生怨声载道，所以特意安排大一年级小型研讨班和大三年级小型研讨班，给学生提供在小范围内与教授接触的时间，用批判性的眼光看待问题，练习写学期论文的机会。每个小型研讨班限制学生不超过 16 人，几乎每年都是供不应求，进不去的学生大为不满。

提高师生比例只有两个办法：增加经济系教师的位子或减少主修经济的学生人数。目前全学校在想方设法减少开支，增加经济系预算几乎不可能，连大三年级小型研讨班也难以为继。经济系教授也不愿意特设门槛减少学生，例如，经济学原理等基础课程的成绩必须达到多少才可以主修经济。

但是目前的经济危机和金融系统的裁员有可能减少学生主修经济和金融的意愿。就像 21 世纪初高科技泡沫破裂以后，计算机行业从火爆变得冷清一样，经济系也许会有同样的经历。以前私募基金、对冲基金付给毕业生的薪水是其他行业的两倍到三倍。这使得学生在选择主修领域时容易很多——谁不愿意选择高薪的行业？在金钱的诱惑下，寻找自己的过程被简化了。转眼间，形势突变。20 岁出头的学生们必须扪心自问：我真正想做什么？我真正喜欢什么？一些数学功底强的学生在考虑主修科学工程或其他自然科学领域。哈佛经济系的难题或许会被意外地缓解。

第六节 哈佛管理公司主席答疑

哈佛大学校报于2009年5月28日全文刊登对哈佛管理公司主席曼迪罗的采访。问题问得恰到好处，回答却显得闪烁其词，委婉曲折，像外交辞令一样，似回答，似不回答。统观全篇，其主要思想概括起来就是"道路是曲折的，前途是光明的"。

哈佛大学不仅是美国最老牌的大学，而且也是最富有的私立大学。哈佛大学捐赠基金一直规模庞大，得益于哈佛校友会捐款和300多年来广泛的社会资助，完全没有政府支持。这笔资金自1974年起便由哈佛管理公司旗下的基金管理公司管理。事实上，这笔资金并不是一个单一基金，而是由上千个单独的基金组成，其中许多限于特定用途，例如支持某个研究中心或某一个特定的研发项目。哈佛管理公司以低于外部基金管理机构的运作成本，掌管着哈佛拥有的所有捐款、退休金、信托基金和其他投资。

这笔资金在2008年的金融风暴中损失严重，预计在2008—2009学年缩水30%，即120亿美元。哈佛大学1/3以上的经费来自这些资金的投资利润。投资损失毫无疑问会使今后几年经费相当紧张，影响到每一个人。

预算紧缩

2009年5月13日哈佛学生报纸《哈佛红》(*The Harvard Crimson*)报道，学生校园生活将在第一轮的预算紧缩中受到影响。文理学院院长麦克·史密斯宣布了7700万美元的一系列削减项目，其中包括从下一学年开始取消各个学生食堂早餐中的热餐，从校园到校外的学生宿舍区（车程约10分钟，步行大约20分钟）的班车末班车从凌晨3点45分提前到半夜1点30分，关闭主要图书馆里的咖啡店等。其中，取消早餐中的热餐一项预计每年会节省出90万美元。

尽管如此，哈佛文理学院还需要在以后的两年中再减少1.43亿美元的开支才能弥补 2011 学年将出现的 2.2 亿美元的财政缺口。校方正在策划是否合并一些小规模的院系，鼓励高龄教授退休（早先只是鼓励行政人员退休），增加分组教学时学生的数量以减少助教的需求和其他策略。目前，文理学院没有招聘正教授的计划，只有 19 个较低的教师职位在招人。

各种财政节流措施的效果还不得而知。知道的是学生对第一轮的预算紧缩怨声载道，当然这也不排除学生报纸和其他任何报纸一样对问题的夸大。为回应学生的抱怨，校方准备增加夜间脑力休息的食品供应，并建议学生在半夜 1 点半以后从哈佛大学警察部（Harvard University Police Department）叫车接送以保障安全。

曼迪罗其人

哈佛管理公司的掌门人是 2008 年 7 月 1 日上任的曼迪罗。她对哈佛管理公司来说可以算是"内部人"，她职业生涯的一大部分就是在哈佛管理公司建立起来的。15 年的工作经历使她对哈佛管理公司了如指掌。曼迪罗从耶鲁大学获大学文凭和 MBA 文凭，于 1987 年进入哈佛管理公司，从高级投资官员步步晋升到主管外部投资的副主席。

哈佛管理公司的投资结构是内部投资和外部投资的结合。"内部投资"是指哈佛管理公司自己的投资管理人决定投资去向；"外部投资"是指哈佛管理公司选择外面的投资管理人来运营一部分哈佛捐款基金。2002 年曼迪罗离开哈佛管理公司时，她掌管的外部投资已经增长到将近 70 亿美元，相当于整个哈佛捐款基金的三分之一。

2002—2008 年，曼迪罗任马萨诸塞州韦尔斯利学院（Wellesley College）捐赠基金的首席投资官。她把整个基金重新布局、重新管理，引入了很多哈佛捐款基金的管理方法和投资模式。她的投资业绩连年高于相应的市场指数。从 2002 年 7 月 1 日到 2007 年 6 月 30 日，她主管的基金的年平均回报率是 13.5%，整个基金从 10 亿美元增长到 17 亿美元（其中也包括每年新增捐款）。曼迪罗从而成为业界名人。

从 2007 年 11 月开始，哈佛管理公司主席的位置一直由一位哈佛商学院教授、前高盛副主席罗伯特·卡普兰临时兼任。2008 年 3 月，哈佛校方成功地把曼迪罗从韦尔斯利学院聘任回哈佛。7月1日曼迪罗走马上任之后，卡普兰也随即成为哈佛管理公司董事会成员。

曼迪罗的前任

哈佛素有雇用华尔街明星级人物掌舵哈佛管理公司的传统，但能让这些人愉快地"在其位、谋其政"并不容易。曼迪罗的前任穆罕默德·埃尔-埃利安在就职刚刚一年多后便宣布辞职，要返回他在加州的私人投资公司。埃利安在任期间（2006年7月1日到2007年6月30日的财政年度中），捐赠基金获得了23.0％的回报率，总市值由一年前的292亿美元增长到349亿美元。

这个投资业绩是哈佛管理公司自1974年创立以来业绩最好的年景之一，不但优于Trust Universe Comparison Service所测算的151家大型投资基金的业绩中值17.7％，甚至高于其中业绩最佳的前5％家基金的中值20.9％。这使得哈佛捐赠资金在到2007年的10年间的年均回报率达到15.0％，到2007年的5年间的年均回报率更高达18.4％，自1974年成立以来到2007年间的年均回报率为13.3％。

就在捐赠基金业绩超常，重要性与日俱增的时候，埃尔·埃利安却要离开哈佛，令人费解。人们猜测埃利安辞职的原因与他的薪酬有关。他在哈佛管理公司的收入虽然远远高于哈佛校内的各种工资级别，但与在私募基金公司的收入仍相差甚远。计算一个对冲基金经理的酬劳的标准公式是，所管理资产总额的2％作为管理费，加上20％的基金年投资利润。因此，管理一只数十亿美元的对冲基金经理每年可挣得几千万美元。为非营利机构管理基金的收入与为营利机构管理基金的差距显而易见。董事会用一年的时间寻找适合人选，最终曼迪罗脱颖而出。

持续的高回报率使哈佛大学愈加依赖哈佛管理公司的投资利润来补充学费收入。哈佛本科生的学费只是其教育成本的三分之二。在1997财政年，来自哈佛管理公司的资金仅占学校总收入的21％；而到2007财政年，这一数字已达33％。在这10年间，哈佛管理公司对哈佛大学运营开支的支持增长了两倍。哈佛每年把哈佛管理公司投资利润的5％花在大学的正常运转上。在 2007 财政年，来自哈佛管理公司的资金支持了大约三分之一的学校运营支出，共 11 亿美元。

捐赠基金的投资利润也用来支持学生的助学金项目。这样，无论学生是否有能力付学费，只要优秀，学校都可以录取。自 2001 财政年到 2007 财政年，发放给学生的奖学金和各种学生奖励从 1.56 亿美元增加到了 3.02 亿美元，增幅超过 94％。同期，哈佛管理公司支持哈佛大学运营经费从 6.15 亿美元涨至 10.4 亿美元，增幅超过 70％。这些数字意味着当哈佛管理公司投资遭受损失的时候，哈佛大学的正常运转也会随着投资业绩走下坡路。

曼迪罗答疑

为此，哈佛大学校报于 2009 年 5 月 28 日全文刊登对哈佛管理公司主席曼迪罗的采访。问题问得恰到好处，回答却显得委婉曲折，像外交辞令一样，似回答，似不回答。统观全篇，其主要思想，一言以蔽之，就是"道路是曲折的，但前途是光明的"。

据说，咨询公司的很大一部分工作就是要给客户的经历找出顺理成章的解释，并适当地把未来前景描述得比较积极乐观。他们的宗旨与大学"追求真理"的宗旨截然不同：只要客户认可他们的解释和描述，即大功告成。而曼迪罗在 1987 年加入哈佛管理公司之前就曾经在波士顿咨询公司 Bain & Company 工作过一段时间。她自然带有咨询员的风格，加之多年的职业生涯，使她对记者的问题对答如流，既冠冕堂皇，又显得入情入理。不过，即便是"表面文章"，也为外面的人了解哈佛管理公司提供了一个窗口。

曼迪罗对哈佛管理公司最近 10 个月的业绩是这样解释的：在这段时间里，市场动荡的幅度和速度都是前所未有的。庆幸的是哈佛管理公司的投资非常分散——无论是投资的地理位置还是投资的渠道和类型都很分散。公司的投资管理人在这场危机中一直非常主动地买卖资产（而不是被动地跟着市场跑）。当然哈佛管理公司也不能置之度外，我们也深受危机的影响。

曼迪罗说，她仍然预计这一财政年（2008 年 7 月 1 日到 2009 年 6 月 30 日）的亏损是 30％；市场动荡仍然很大，因为一些资产不在股市上流通，所以确切的损失还很难估计。从长期来看，哈佛管理公司的业绩一直很好。

在 1998—2008 的 10 年期间，捐款基金的平均年回报率是 13.8%。在 1988—2008 的 20 年间，平均年回报率是 14.2%。这些都是超常的，所以在今后的一段时间内回报率很有可能会比最近 20 年的平均回报率低很多。但是往前看，她相信现有的分散风险的投资战略和计划的势头很好。

她没有具体说明哈佛管理公司到底有怎样的投资战略和计划。她唯一提到的做法是"tail risk hedging strategies"（尾部风险对冲策略，尾部风险指不太可能发生、但一旦发生则代价相当高的风险）。当市场发生概率很小的事件发生时，由于这种战略的存在，总体投资回报率没有那么糟糕。自从 2008 年夏天开始，哈佛管理公司开始卖出那些认为价格到了峰值的投资，同时积极发现由于市场最近几个月的非正常表现而产生的投资机会。流动性强的市场和流动性弱的市场在今后的两三年中都会有不少这样的投资机会。

她说，虽然我们有很大的投资损失，但这些损失相对于我们参与的市场的普遍损失还比较小。而且在危机期间，我们仍然争取主动，增加投资的灵活性（意味着增加现金比例），并抓住一些新的投资机会。我们的回报率比很多投资者都要好，与主要大学的捐赠基金的回报率相差无几。以前那些给我们超常回报率的资产类别在最近几个月中反弹很大，但所有的投资人都经历了同样的波澜。

投资者可以从去年的经历中学到什么呢？曼迪罗说，去年的经历说明，市场可以矫枉过正得多么快、多么深。哈佛管理公司有自己内部的基金经理，也有在外面精心挑选的分布在全球各地的基金经理。我们主动管理资产，每天转手，与市场息息相通；我们对市场的理解既有广度，也有深度。

有人认为哈佛管理公司的投资风险过大，借贷和杠杆作用在牛市的时候使基金收益颇丰，在熊市的时候损失巨大，造成了现在的困局。对此，曼迪罗说，在过去几年，哈佛管理公司的资产分布很好，超常的回报率得益于在大宗商品资产和私募基金方面的投资。这两方面今年带给我们不少负面的影响，但我们不能忘记这些投资以前给我们的正面影响。分散风险并不能保证回报率永远是正的。当所有的资产类别都在贬值的时候，分散风险也无济于事。但从长期来说，在正常的市场情况下，分散风险对哈佛是有好处的。

　　她还说，哈佛管理公司以前投资的市场分布和态势赢得了高回报率，但也减少了投资的灵活性。自从她去年接管哈佛管理公司，董事会就决定了去杠杆化，增加现金量和投资灵活性，她自己更加速了这一变化；而且在去杠杆化的同时，她还决定着重研究因市场过度调整而带来的投资机会。

　　当被问到在过去的几年中有什么应该做而没有做的事情，曼迪罗回答得非常婉转，没有点明过去哈佛管理公司高管层的任何错误，而是回到宏观层面，说前几年市场低估了风险，高估了价格，已经过头了。可这是"事后诸葛亮"、人尽皆知的现实。

　　当问到最近备受关注的高管薪酬问题时，曼迪罗解释了哈佛管理公司对基金经理的薪酬原则。如果基金经理主动积极的投资业绩比相应市场指数高，他们就符合得到奖金的标准。奖金的一部分会在当年兑现，另一部分会被公司保留，抵消今后投资业绩比相应市场指数低时的损失。如果一个基金经理连续几年的业绩都比市场指数高，那么他会拿到全额奖金。这种情况很少见，但是一旦发生，这个人为哈佛管理公司创造的附加值比他的全额奖金要高很多。

　　如果哈佛大学不用内部的投资机构（HMC），而雇用外面的一般基金经理人，根据资产类型和投资人的业绩，所有成本会占管理资产的 300 ~ 500 个基点。而现在所有哈佛管理公司的运作成本，包括工资、奖金和一些公共运作成本，占管理资本的比例只是雇用外面服务的一个很小的比例，而且其中很大一部分还是根据投资业绩而来的。

　　曼迪罗还说，哈佛大学的优秀有很大一部分原因在于它吸引最优秀人才的能力。这在哈佛管理公司也同样明显。我们的业绩明显高于同行业的均值，而我们的成本却低于同行业的均值。哈佛管理公司的董事会定期审核我们的薪水体系，确保我们的水准与同行业趋势一致。与传统投资公司雇员不同的是，我们的投资管理人在这里工作也是为了支持大学在教育和科研方面的总任务。正是因为有这样的共识，我们的一些投资管理人宁愿放弃薪酬更高的工作。

　　当被问到哈佛管理公司今年初宣布解雇员工的原因时，曼迪罗否认这是因为哈佛投资基金缩水。当她在 2008 年 7 月刚刚接手哈佛管理公司的时候，就决定了这样的人事变动。她提醒听众，她在返回哈佛管理公司之前曾经在这里工作了 15 年，熟悉资金和人员是如何管理的。为了优化公司管理结构，她雇用了自己的运营主管（COO）和其他队伍的负责人。裁减一部分人，增加几个主要的投资专业人才和行政管理人员，也是优化公司结构的一部分。经过重新调整投资战略和行政人员之间的平衡，她相信公司的发展趋势会越来越好，完全可以保管好哈佛大学的投资资产，应对未来的投资环境。

当被问到有什么投资机会时，曼迪罗说她不愿意预测哪个具体的市场会在今后的一两年当中有什么变化，但是预计在今后的三到五年中，不同的投资领域都会出现投资机会，例如房地产和自然资源。股票市场也会有一些吸引人的机会，一些股票会因为实体经济的增长而具有增长的潜力。个别的公司会因为信贷市场的复苏而恢复增长势头。债务市场也是一样。

当被问到个人投资者应该从去年的金融危机中吸取什么教训并如何思考未来时，曼迪罗说，最有价值的教训就是，我们没有一个人能够预测市场在下周或下个月的走向，所以我们尽量不要把对投资的安排过度集中在一种假设情景和条件下；我们要在能够承受的波动（volatility）下，力争长期的平均年回报率为正。如果我们能够根据平衡风险和收益的原理，寻找市场定价失败的时机，投资在那些有增长潜力的资产，那么我们投资的长期走势就是非常良好的。

当一个投资管理者的业绩高于相应的市场指数时，这是说明他的投资战略和技能比大多数投资者高明，还是说明他仅仅是运气好？如何剔除"高风险，高回报"的一般规律，仅仅留出表明智慧和技能的那一部分回报率，在金融学里是一个比较复杂的技术性问题。但一般来说，投资战略都是建立在一些假设的情景和条件下的。假设的正确率越高，投资的回报率就越高。曼迪罗对最后一个问题的回答是否意味着比较平均地假设各种情景发生的可能性，从而比较平均地分布投资？保守的投资战略意味着保守的回报率，跟着市场走的成分更大——结果不会太好，也不会太坏，即英文里的 mediocre performance。当然将来是未知的，令人惊讶的事随时都有可能发生。

第七节 节约光荣，浪费可耻

> 人们要养成节水、节电、节纸张、节能源的生活习惯和
> 生产方式。这个大方向毋庸置疑。道理人人都懂，但要落实
> 在行动上——"从我做起，从现在做起"——还有一段距离。
> 这个距离被 2008 年在美国爆发的金融危机缩短了，"节约"的
> 生活习惯不仅仅是"应该"，而且是"必须"。

历史的车轮未回转，每个时代都有自己的特征和主旋律。在享乐奢侈、消费主义至上的生活方式占据主流几十年之后，勤俭节约、返璞归真的生活方式正在取而代之。这个变化有两个背景：一是人们逐渐认识到石油等天然资源和其他基础材料不是取之不尽、用之不竭的。依靠高资源、能源投入的经济发展不可持续。二是越来越多的科学研究证明温室气体在使大气变暖，如果不减缓这个趋势，后果不堪设想。2009 年 12 月 6—18 日在哥本哈根举行的《联合国气候框架公约》（*UN Framework Convention on Climate Change*）第 15 次国际会议因此而举世瞩目。会议有 192 个国家参加，众口难调，成果甚微。保护环境与经济发展难以调和的矛盾和各国政府间协调行动的艰难可想而知。

但是今后的大方向毋庸置疑。人们要养成节水、节电、节纸张、节能源的生活习惯和生产方式。道理人人都懂，但要落实在行动上——"从我做起，从现在做起"——还有一段距离。这个距离被 2008 年在美国爆发的金融危机缩短了。

这次危机的程度之深、范围之广，至今令人心有余悸。它严重打击了实体经济，使美国的失业率居高不下；工资收入和投资财富都大幅缩水。这使"节约"的生活习惯不仅仅是"应该"，而且是"必须"。人们不得不重新审视自己的生活方式：什么是可有可无的，什么是必不可少的。

从郊区大别墅到城里小单元

根据美国一项住宅区能源使用调查（Residential Engergy Consumption Survey），平均每个住在自己房子里的人比每个租房子住的人要多消耗39%的能源。平均每个住在独栋别墅的成员比每个住在公寓的人要多消耗49%的能源。显而易见，每个人的住宅面积越大，消耗的能源就越多。为此，哈佛大学经济系教授爱德华·格力斯尔（Edward Glaeser）于2009年11月5日在《波士顿环球报》发表文章，从节约能源、保护环境的角度极力反对鼓励买房子的政策。

他认为，奥巴马不应该签署用联邦政府的钱给买房子的人8000美元的补助，除非这些钱在以后房贷的利息减税中得以抵消（关于利息减税，详见《哈佛经济学笔记》第109页"美国税收制度的弊端与改革前景"和第116页"开放经济中的税收政策：猫鼠游戏"），或者至少要降低可以用于利息减税的房贷的上限，减少政府赤字的压力。

美国的税收政策一直通过房贷利息减税，鼓励人们买大房子，尤其是独栋别墅，而不是住在相对拥挤的单元楼里。20世纪50年代，跨州的高速公路的建立引导人们从市中心拥挤的单元楼搬到郊区宽敞的别墅区，房贷利息减税更加鼓励了这个趋势。结果是美国家庭在住房和汽车交通方面消耗大量能源。格力斯尔认为，明智的税收政策应该减缓、扭转这个趋势。

有人以数据说明，即使美国家庭真的改变生活方式，大量减少能源消耗，对减少全球碳排放也是杯水车薪，解决不了大问题。格力斯尔反对这种说法，认为即使是杯水车薪，也不能不做，美国应该以身作则。如果中国和印度赶上美国的人均排碳量，世界排碳量就会增长150%以上。"一个生活在越野车轮子上的国家怎么能告诉生活在自行车轮子上的国家减少排碳量呢？"要有国际信誉，格力斯尔呼吁，美国就必须停止那些鼓励与越野车相匹配的生活方式的政策。

哈佛大学的行动与吃高价比萨

哈佛大学也是这个大气候中的一员。福斯特在2007年接任校长后，宣布要在2016年前减排30%，以2006年哈佛排放温室气体的数量为基准。

2009 年 12 月 14 日校方宣布，2006—2009 年，哈佛已经减排了 10%（12 月 17 日校报）。大约 40% 的温室气体排放是由于室内照明、冬天取暖和夏天空调。这里的减排成果主要是从尽量使用天然气供暖、更换蒸汽炉等方法来提高各个校舍的能源使用效率。校方规定，在校舍里没有人时，要有不同的能源使用标准。校方已经组织了由很多学生、教职员工组成的工作组，探讨减排方案，分享最有效的节能办法。

校方已经"综合考虑了健康、舒适和节能的多方面需要"，决定降低冬天室内取暖温度，提高夏天室内空调温度的标准，并根据楼房的使用率调整标准，增加太阳能的使用程度和覆盖面。校方也预计，并不是所有院系都能完成 30% 的减排目标，还需要设计备用方案。福斯特深知哈佛大学权力分散、各自为政的传统，所以把全大学范围内的节能目标视为增加跨领域、跨院系协调合作的机会，鼓励大家发扬集体主义精神，不能自顾自。

时代不同了，校园里很多细节都带着时代的气息。各个办公室的打印机都被设置在正反双面打印；以前教室里发给学生的资料现在变成了 CD 盘，学生可以自己打印或在电脑上阅读；很多房间的开关下面都贴着"随手关灯"的字样；循环使用纸张和瓶子的垃圾箱在校园里随处可见。哈佛标榜自己的循环使用率是 55%；大约 16% 的用电都是从可更新的资源而来。2010 年 2 月 4 日的校报报道，哈佛大学所有本科生宿舍在 2009 年中已经减少温室气体排放 15%、用水 30%、水电费 9%。

以前各个院系和中心的午间讲座都备有午餐，现在是与会人员自备午餐。以前各个院系和中心的圣诞晚会都非常丰盛，2009 年的圣诞晚会相差甚远。经济系的变化尤其大。以前经济系总是租用校园附近一个宾馆里的大厅举行圣诞晚会，服务员接连不断地送上各种食品，几十名博士生会热闹好几小时。2009 年经济系决定就在哈佛大学自己的教学楼举行，吃自助餐，而且食品数量与人数完全不成比例，只要晚到一小时就没吃的了。

晚会后半部分从 8 点到 11 点是每年例行的拍卖会。大家为拍卖会募捐各种东西或服务，拍卖后的钱捐到慈善机构。拍卖的名目繁多，从各种罕见洋酒，到车接车送、带你去滑雪一天，到带你去波士顿郊区历史景点旅游，到"两名经济系博士生为你和你的伴侣看一个晚上的孩子，保证你的孩子比你过得更愉快"。

　　拍卖会进行到9点多时，有学生饿得不行，就打电话到比萨店，让他们送货上门。送到后，许多学生一拥而上争着要。但这些毕竟是经济系的研究生，他们总会用经济手段解决各种争端。主持人（一名经济系博士生）当即决定拍卖比萨饼。一块饼的价钱从5美元一直升到11美元。12块饼共卖了121美元，大约是原价的10倍。因为这些钱会捐到慈善机构，大家吃高价比萨也觉得心安理得。

第八节 2008 年毕业典礼三则

1. 校长告别讲演：寻找幸福之路

> 校长福斯特在与毕业生的告别讲演中，戳穿学生患得患失的心理："人在作选择时就意味着有失有得……当你选择在薪水丰厚的华尔街工作，你可能在想，成为一个艺术家、一个演员、一个政府职员、一个中学老师、一个记者怎么能够养家糊口呢？如果要成为大学里的英文系教授，不知道要在研究生院里熬多少年，写多长的博士论文才能毕业？我的回答是，如果你不试一试，就永远不知道答案。"福斯特建议学生选择他们热爱的工作："如果你一半以上清醒的时间都在做你不热爱的工作，就很难有幸福可言。"

哈佛本科生毕业典礼不是一天的活动，而是历时三天的毕业典礼周。2008 年是哈佛第 357 届毕业典礼，从 6 月 3 日持续到 5 日，每天都有不同的主题。

6 月 3 日的主题是校长在学生毕业之前的最后一次演讲，地点是能容纳 1000 多人的纪念教堂。这一习俗始于 1642 年的哈佛第一届毕业生，目的是在学生正式毕业之前有机会与校长在宽松的氛围中自然随意地交流。但随着哈佛规模的扩大，这种交流也逐渐演变为相当正式的校长演讲。

校长福斯特的讲演集中解释一个现象：很多哈佛毕业生都问她，为什么一半以上的哈佛本科毕业生都去华尔街投资银行或名牌咨询公司工作？福斯特没有正面回答，反而在思考学生为什么会问这个问题。"丰厚的薪水和待遇无疑是吸引年轻人的一个重要原因，但如果你们很满意自己的选择的话，为什么还会问我这个问题呢？"

她发觉有些学生在选择投资银行或咨询公司时是被迫的，他们觉得不这样选择不行。"你们其实在问我生活的意义，什么样的生活是幸福的生活？那么让我们放下外表的伪装，回到这个问题最初的起因。""我想，你们在担心传统上看起来的'成功'生活和你们心里认为有意义的生活是不一致的。你们希望把这两个目标在下一步选择工作或研究生深造的过程中统一起来，但发现这两个目标不能统一，所以你们会困惑，会提问。"福斯特戳穿学生患得患失的心理："人在作选择时就意味着有失有得。你们也在担心被你们放弃的那些工作、那些研究生项目对你们意味着什么。"

"对你们的困惑和担心，我们也有责任。"她接着说，"因为自从你们第一天走进校园，我们就要把你们培养成领袖，肩负起领导世界和未来的责任。我们对你们的巨大期望可能成为你们的负担。你们在努力寻找一条路，一条既满足自己的心灵，又不辜负众望的路。

"你们在寻找一条幸福之路。怎么样才能找到幸福呢？我可以给你们一个提示：逐渐变老。有研究显示，年龄大的人生活幸福程度比年纪轻的人要高。但也许你不愿意等那么长时间就想找到幸福，那怎么办呢？

"当你选择在薪水丰厚的华尔街工作，你可能在想，成为一个艺术家、一个演员、一个政府职员、一个中学老师、一个记者怎么能够养家糊口呢？如果要成为大学里的英文系教授，不知道要在研究生院里熬多少年，写多长的博士论文才能毕业？我的回答是，如果你不试一试，就永远不知道答案。"

福斯特说，人生有 A 与 B 两种方案。生命是一个很长的过程，你永远有时间做你的预备方案 B，但不要一开始就从方案 B 出发，而是要大胆地追求你最喜欢的方案 A。"做你热爱的工作吧。如果你一半以上清醒的时间都在做你不热爱的工作，就很难有幸福可言。"

"你们在问我这个问题的同时，也在问你们自己。你在选择事业的同时，也在审视自己的选择、自己的生活目标。这种自我批判意识和自觉是通识教育给你们最有价值的东西，是最好的武器。正是从这个意义上说，通识教育中'liberal'（自由）的意思是'liberalize'（开放），是使你自由，使你更好地主宰自己的生活，发现人生的意义，不作被迫的选择。最好的寻找幸福生活的办法是不断追求，永不停止，永不满足。在这个过程中，改变行业，改变路途，没有关系。生活的意义要靠自己去寻找，去发现。"

2. 美联储主席伯南克：适应能力对个人成长和对经济发展同样重要

> 与 2007 年的主讲人前总统克林顿相比，伯南克没有像政治家那样刻意与观众拉近距离，激发他们悲天悯人的情怀，而是从学者的角度，冷静地分析了当前经济形势与 20 世纪 70 年代高通胀、低增长时期的区别，强调灵活性和适应能力对美国经济的重要性以及对即将走出校园步入社会的年轻人的重要性。

6 月 4 日，哈佛毕业典礼进入第二天。这天的主题是毕业生在室外的"三百年戏剧"（Tercentenary Theatre）自己组织聚会。这个聚会不像毕业典礼那么正式，目的是让学生交流在哈佛四年的学习生活和体会。学生自己请自己喜欢的主旨讲演嘉宾。这次的嘉宾是美联储主席伯南克。虽然天公不作美，但现场依然坐满了几千名穿雨衣、打雨伞的毕业生和家长。

与 2007 年的主讲人前总统克林顿相比，伯南克没有像政治家那样刻意与观众拉近距离，激发他们悲天悯人的情怀，而是从学者的角度，冷静地分析了当前经济形势与 20 世纪 70 年代高通胀、低增长时期的区别，强调灵活性和适应能力对美国经济的重要性。伯南克特别说到，灵活性和适应能力对即将走出校园步入社会的年轻人也同样重要。

他感慨道，自己 1975 年从哈佛本科毕业的毕业典礼仿佛就发生在昨天，也仿佛发生在很久很久以前，但无论如何，他很高兴再次回到母校。伯南克回顾了自己毕业时的经济形势，着重讲解能源和生产效率两个问题，突出当前的经济形势与 20 世纪 70 年代的不同之处。

当时，格林斯潘担任福特总统的经济顾问，美国刚刚从越南撤军，刚刚经历了经济衰退；在石油危机的阴影下（每桶石油从 1972 年的 3.2 美元到 1975 年将近 14 美元），粮食和其他物价飞涨，通胀率在 10% 以上，失业率达到 9%，经济增长低于美国长期增长的平均水平。

尼克松总统被迫采取价格管制，特别是石油产品的价格。价格管制的结果是，人们在加油站排起了长队，一些地方甚至实行了单双日制——以车牌号码最后一位数的单双来决定在单双日加油。由于美国国内石油价格低于国际价格，国内石油开采和生产也没有积极性，使得汽油短缺和通胀预期雪上加霜。

伯南克指责当时的经济政策制定者高估了美国经济的生产能力，美联储低估了自己控制通胀的能力。当时的美联储认为工会的作用和一些市场垄断性公司导致了由成本推动的高通胀。但伯南克认为这些只是表象，不是问题的根本。"亚当·斯密在 1776 年就指出，从长期来看，劳动力的生产效率在决定人们的生活水平当中比其他任何因素都更重要。"1948—1973 年，美国人工每小时工作效率每年平均增长 3%；这意味着人均生活水平 23 年翻一番。在这之后的 20 年中，人工效率每年平均增长 1.5%；这意味着人均生活水平每两代人才能翻一番。"能够即时掌握经济发展趋势的变化是很困难的。即使如此，70 年代经济政策的制定者没有完全意识到生产率提高速度的减缓使得当时的经济政策显得过度宽容，导致经济过热。"1979 年，在新的美联储主席保罗·沃克尔（Paul Volker）的领导下，美联储迅速提高利率。尽管经济增长和就业率为此付出了一些代价，但这一政策有力地打击了通胀。

伯南克说，这段经历能说明两个问题：第一，高通胀对经济有严重的破坏作用。第二，中央银行必须争取中期的物价稳定。现在的经济形势与当年存在一些相似之处，比如现在原油的价格是 2003 年的四倍多（2003 年原油的价格仅仅是每桶 30 美元出头，现在的价格将近每桶 130 美元），与 20 世纪 70 年代油价增长的幅度差不多，但是，经济效应却非常不同。首先，加油站没有等待加油的长队。其次，在次贷危机之前，经济增长稳定，失业率很低。

伯南克认为，这些不同之处比相同之处更能说明问题。"这主要是因为我们今天的经济比 33 年以前的经济更具有灵活性，更有能力适应困难的情况和挑战；经济政策的制定也从过去的错误中学到了很多，提高了很多。这些进步是我们对未来保持乐观的基础。""最近四个季度的平均通胀率是 3.5%。虽然比我们希望的高，但远远低于 70 年代中期双位数的通胀率。而且，通胀率增长的幅度，最近一年是 1%，也远远低于 1973 年石油危机后 6% 的增长。" 伯南克承认，如果人们认为现在高石油价格导致的通胀是暂时的，那么现在的通胀率就会很快降低；如果人们认为通胀是长期的，并且这种通胀预期直接影响到他们对工资和产品价格的设置，那么工资—物价相互推动的恶性通胀就会给美联储提出难题。他说，美联储会继续仔细跟踪通胀预期。"幸好，现在的长期通胀预期还在百分之零点几的范围，而70 年代中期是百分之几的范围。"

那么这一轮石油价格的四倍增长为什么没有给美国带来像 70 年代那样的经济后果呢？伯南克分析，美国经济所需的能源强度自从 1975 年后降低了大约一半。这个进步不是因为政府组织的节能项目，而是因为家庭和私有经济体在应对高能源价格时采取的各种节能措施，包括提高对节能仪器设备的人量投资。另一个原因是美联储和其他中央银行已经从 70 年代的经历中总结了经验教训。"我们承认长期通胀预期对我们保持低通胀至关重要。在目前复杂的经济情况下，保持人们对美联储承诺稳定物价的信心，仍然是我们的首要任务。"（有关通胀预期在制定货币政策中的重要性，详见本书第一章第三节"机械货币政策与人为货币政策孰优孰劣"及其中第 4 小节"如何让中央银行言行一致"）

能源需求增长和能源供给增长的迟缓，会继续给能源价格施加压力。但高价格的好处是增加节能的动力，增加对节能技术的投资，增加传统能源和新能源的供给。政府应该支持基础科学研究，小心谨慎地制定和实施保护环境等政策。伯南克对经济前景持乐观态度："就像 70 年代后的经历所证明的那样，在提高能源使用效率的同时，经济是可以继续增长，人们生活水平是可以继续提高的。"

伯南克说，20 世纪 90 年代中期以来，生产率增长基本保持在每年2.5%，这显示了美国经济的弹性和生命力。对经济增长方面的研究表明，科研技术创新必须要转化为成功的商业应用。"这个国家（美国）充满竞争力的市场经济体系，灵活的资本和劳动力市场，个人创业的传统和强有力的科研体系，都帮助确保技术创新在不断地转变为商业用途。在这一过程中，哈佛大学和其他大学都有重要贡献。"

从 70 年代末，政府除了支持基础科研，还放开了对航空业，卡车货运，通信业和能源业的管制。解除政府管制使企业成本降低，创新增加，出现了一批新产品和新行业。"如果没有解除对运输和通信业的管制，我们很难想象今天网上零售和方便的购物条件。"另外，减少贸易障碍也加大了竞争，扩大了市场和技术的传播。良好的货币政策也减弱了经济周期性波动的幅度，控制了通胀，增加了家庭和其他私有经济个体投资的意愿和信心。这些都帮助解释90年代中期以来生产效率的提高。

生产效率提高的同时是人均实际收入的提高。现在的人均生活水平比1995年提高了35％。帮助提高生产效率的技术创新也创造了许许多多的就业机会，当然也减少了许多像银行收款员和集装箱边的工人这样的工作。

伯南克承认，90年代中期以来生产效率的提高带来了人均实际收入的提高，同时也加剧了收入的不平等。经济学家仍然在努力研究产生这一现象的原因，但可以基本肯定的是，技术创新给高技术的员工带来的好处比低技术员工的好处要大。而且，国际贸易的增加和工会作用的减弱，也在不同程度上加剧了收入的两极分化。

"我们应该如何对待收入不平等呢？" 伯南克问，"回答这一问题不可避免地要涉及价值观和艰难的取舍。但可以肯定的是，那些阻止我们经济活力的举措是错的。虽然新技术和国际贸易会使一些人失去工作，或减少对他们掌握的旧技术的需求，但妨碍新技术的实施和国际贸易，从长远看只会得不偿失。从近期看，更好的选择是对那些受影响的员工提供政策性帮助。这样，我们不但可以帮助那些真正需要帮助的人，而且可以赢得公众对经济繁荣至关重要的灵活性的支持。"

"从长远看，提高就业机会、减少经济不平等的最好的办法是发展教育和提高美国员工的技能。"二战后，美国生产效率迅速增长，与同时期教育的普及和提高密不可分。相比之下，最近几十年教育发展的速度慢了许多。更糟糕的是，教育的不平等和受教育机会的不平等很严重。在思考如何发展教育的时候，伯南克着眼于学前班以前的教育和大学毕业以后的非传统教育。"儿童早期教育、社会大学、专科学校、在职教育、远程教育，以及成人教育，所有这些都是一生一世不断学习的途径。这些广泛的学习途径和我今天强调的经济适应能力和灵活性是完全一致的。"

最后，伯南克把话题转向哈佛大学毕业生。"通过个人努力、才华和一些运气，你们已经获得了非常优秀的教育。你们的教育，具体地说，是你们的批判性和创造性思考的能力。这是你们最大的财富。这一财富与其他财富不同。你运用得越多，这一财富增长得越快。所以，好好利用你们所受的教育。"

"经济学家预言不准是众所周知的，但我可以充满信心地预言，你们现在对 10 年后、20 年后和 30 年后的预期和今后的现实会非常不同。30 年后，我的同学录上有各种各样不同的职业。他们当中有很多成为律师、医生、教授、建筑师、工程师、编辑、银行家、经济学家或企业家，但也有不少人在他们的职业栏填上作曲家、音乐家、环保工作者、剧作家、画家、社群组织者等。即使像我这样一个传统意义上正式工作的人，我们日常工作的性质和我们与经济社会的关系，都和我们在 1975 年毕业时想象的非常不同。我想说的是，你们不可能预计今后要走的路；你们只能尽可能多地为各种可能的机会和失望做好准备。对个人的成长就像对经济体一样，适应能力和灵活性是非常重要的。"

3.《哈利·波特》作者罗琳主旨讲演：失败的好处

著名作家罗琳在毕业典礼讲演中告诉学生，不要惧怕失败，失败可能会有意想不到的好处。她说："贫穷使生活中一切似乎重要，但其实并不重要的东西悄然而去，剩下的只是最重要的、最不可替代的东西。我还活着。我的生活状况不可能比当时更糟糕了，这个最低点成为我重建生活的坚实基础。如果我在生活中的其他方面没有失败得那么彻底，或者在某一方面做得还说得过去，我就不会那么执著，那么坚定，那么义无反顾地追求那个真正属于我，我真心热爱的事业——写小说。"她还说，"我们不需要魔法来改变这个世界，我们改变世界的能力在我们的内心：我们有能力憧憬更美好的未来。"

6 月 5 日是哈佛大学毕业典礼的最后一天。正式毕业典礼在校园中心的"三百年戏剧"（Tercentenary Theatre）举行。这天的主讲人是《哈利·

波特》(*Harry Potter*)的作者罗琳(J.K. Rowling)。42岁的罗琳身穿白底粉花齐膝连衣裙，肩披乳白色毛衣披肩，与周围身穿黑色博士服或深色西装革履的学者绅士迥然不同。她的神态也有些像小姑娘见大场面似的局促不安，与旁边的女校长形成鲜明对比。

她幽默的开场白解释了这一切："接受哈佛大学毕业典礼讲演的邀请以后，几个星期我都紧张得吃不下饭，睡不着觉，体重下降了好几磅。我想这对我个人和哈佛大学来说是个双赢的局面。"几千名听众都笑了。

"后来，我想到了21年以前自己的大学毕业典礼。当时，主旨讲演人是英国最著名的哲学家Baroness Mary Warnock，可惜的是她说了什么，我现在一个字也记不起来了。所以我想，即使我今天说错了什么，也不会对你们的远大宏图有什么伤害。这样想着，我就轻松了许多。"大家又笑了。"今天当你们离开这场讲演以后，还记得这个笑话，我的影响就比那个著名的英国哲学家还大。"大家笑着鼓掌加以鼓励。

罗琳转入正题。"哈佛大学学生可能没有经历过什么失败，以至于在你们眼里的失败就是普通人眼里的成功。但我想告诉你们，失败有一些意想不到的好处。"

她说，她的父母从未上过大学，家境贫困，一心想让她成为一个有专长的劳动者，今后有一份稳定的工作，可以按时偿付房子贷款，老了有固定的退休金，不用被贫困缠绕。可是她上大学时，完全没有学习动力，唯一的爱好就是一个人趴在咖啡馆的桌子上写故事。她父母认为这只是一个没有长大的孩子的怪癖，不会给她带来任何稳定的工作。

罗琳说："当我像你们这么大的时候，我最害怕的甚至还不是贫穷，而是失败。"大学毕业后第七年，她迎来了一个"彻彻底底的失败"—— 短暂的婚姻结束了，她没有工作，成了除无家可归的乞丐以外当代英国最穷的人。父母和她本人最担心的一切变成了现实。

她拥有的只有一个她"喜爱的女儿，一台旧打字机和一个远大的理想"。"贫穷使生活中一切似乎重要，但其实并不重要的东西悄然而去，剩下的只是最重要的、最不可替代的东西。我还活着。我的生活状况不可能比当时更糟糕了，这个最低点成为我重建生活的坚实基础。如果我在生活中的其他方面没有失败得那么彻底，或者在某一方面做得还说得过去，我就不会那么执著，那么坚定，那么义无反顾地追求那个真正属于我，我真心热爱的事业——写小说。"

罗琳告诉台下的哈佛学生："当然你们不会像我一样，失败得那么惨、那么彻底，但你们不可能不在任何事情上没有任何程度的失败。如果你因为生活得谨小慎微而没有任何失败，那么这样的生活还不如没有生活过。这样生活的本身就是失败。""生活不是一系列的收集钱财，简历上的一系列职务、头衔，虽然有些人把二者混为一谈。生活是艰难的，复杂的，任何人也不能完全控制。"

罗琳接着转入第二个话题：想象力的重要。"你也许在想，我说想象力重要，是因为想象力在写小说中的重要性，但我想在更广义的角度说明想象的重要。"人类可以通过想象换位思维，理解其他人的经历。我们可以用这种能力控制别人，增加自己的权力，也可以用这种能力同情那些经历过我们自己没有经历过的苦难的人们。"有些人只愿意生活在他们自己舒适的圈子里，从来不屑于想象如果他们生在不同的家庭、受不同的教育、有不同的经历，会怎么样？但他们对他人的冷漠只会有一天被更大的噩梦惊醒，因为他们的冷漠就是对邪恶势力的默许。"

她说，她二十几岁时在伦敦的一个国际组织——大赦国际（Amnesty International）总部工作，挣钱糊口。她每天接触的都是其他国家受政治迫害的人们的证词，听他们讲述受迫害时恐怖的经历。她永远也不会忘记，其中一个人在听到他妈妈在他们国家被政府抓住枪决的消息时撕心裂肺的惨叫。

在这个国际组织，"我看到了人类为了争夺权力、维持权力的残酷，但我也看到了人类的善良和慈悲。有无数生活在法治社会里的人，他们的生命财产有法律的保护，完全没有经历过任何迫害的人为了那些他们完全不认识的、生活在其他国家、受政治迫害的人奔走求援。我在这一过程中所尽的微薄之力是我一生中最有意义的经历之一"。

她总结说："人类是相互关联的，相互影响的。我们的存在就会影响他人。哈佛的毕业生会如何影响其他人呢？你们受的教育给你们独特的地位和独特的责任。如果你们能够为那些没有权势的人说话，用你们的想象力，想象他们的经历和困苦，那么庆祝你们毕业的不仅仅是在座的骄傲的家长，还有千千万万被你们帮助、被你们影响的人。我们不需要魔法来改变这个世界，我们改变世界的能力在我们的内心：我们有能力憧憬更美好的未来。"

最后，罗琳说，在她 21 岁毕业典礼时，坐在她旁边的同学是她在困难中求助的最好的朋友，他们后来也成为她孩子的教父教母。她希望哈佛毕业生能够拥有和她一样的持久而真正的友谊。

罗琳的讲演只有 21 分钟，但结束时台下的掌声就将近两分钟。有趣的是，当天的小雨在她开始讲演时停了，在结束时又下了起来。第二天的校报报道说："这是不是罗琳的魔法在奏效？"报道的题目是《魔术般的讲演》。

其实，罗琳的人生就是一个奇迹。她所描述的人生最低点是 1994 年，而她的第一本《哈利·波特》就出版于 1996 年。此后她持之以恒，于 2007 年出版了第七本《哈利·波特》。起初，很多出版商都拒绝出版她的书，第一次出版发行量只有 1000 册。但就是这样一个系列小说被翻译成 65 种文字，在 200 多个国家发行，全球售出了 3.75 多亿册。她是第一个通过写小说成为资产 10 亿美元以上的作者。她用这些财产建立了慈善基金会，力图解决贫困、疾病、单亲家庭儿童教育等社会问题。

罗琳的家庭背景、人生经历本身就是对二十一二岁的毕业生最好的激励，就是对那些一边准备进华尔街投资银行或咨询公司工作，一边问校长"为什么大约一半的哈佛本科毕业生都去华尔街工作"的学生最好的答案——不进华尔街同样可以成功，甚至可以取得更大的成就。

第九节 2009年毕业典礼三则

冬去春来，转眼间就到了一年一度的毕业典礼。6月初的天气清冷得反常，人们不得不穿薄毛衣或夹克。2009年波士顿的天气变化无常，4月有一两天气温高达32摄氏度以上，人们热得要开空调。随后的一个多月又冷得至少要穿两件衣服，但天气并不妨碍一系列庆祝活动。

校园里照例彩旗飘飘，成群结队，欢声笑语，赠送鲜花，合影留念。主要庆祝活动集中在6月2日校长对毕业生的告别讲演，3日大学本科毕业生自己组织的告别活动和4日哈佛毕业生联谊会组织的毕业典礼。

2009年是哈佛大学第358届毕业典礼。第一届毕业典礼是在1642年。后来由于战争或瘟疫等原因，有9年的毕业典礼被跳过去了。2009年也是最后一次履行6月第一周举行毕业典礼的惯例。从下学年开始，开学时间从9月中旬提前到9月初，毕业典礼也会随之提前到5月下旬。

1. 校长告别讲演：争做即兴表演家

校长福斯特的告别讲演中不乏肺腑之言。她回忆自己1968年大学毕业典礼时年轻人无所不能的乐观和激情以及变成"大人、成年人"之后的冷漠与自私。但是她说，现在那种追求更高目标的境界和对更美好世界的憧憬又回来了。我们目前面临的很多挑战和奥巴马入主白宫不仅仅使新的思想、新的投入成为可能，而且是必需。福斯特还说，我们不喜欢不确定性，更喜欢安定，但正是不确定性给我们个人的生活和事业带来机遇，现在的世界最需要那些优秀的即兴表演家。

学生几年来日夜奋战，把大好时光用在学习与消化老师讲的艰涩难懂的技术性问题上，这到底会对今后的事业和生活有什么帮助呢？光阴似箭，无论他们心理准备好了没有，他们都必须走出校门，面对变幻莫测的大千世界。在成百上千的毕业生即将离开校园、忐忑不安地走向社会的时候，校长能给他们什么带有人生哲理的启示呢？

6 月 2 日下午的校长告别讲演照例在校园中心的纪念教堂举行。虽然是大庭广众之下的书面发言，但并不完全是冠冕堂皇的作秀，其中不乏肺腑之言。 校长福斯特首先回忆了这批毕业生在过去四年里的经历。她说，你们进入校园时正好是卡特里娜（Katrina）飓风肆虐的时候，你们离开校园时正好是经济风暴席卷全球、改变这个国家和世界的时候。你们也目睹了哈佛的变化。你们在四年中经历了三位校长（萨默斯，代校长德里克·博克和福斯特本人），你们经历了旧的教学大纲的退出和新的教学大纲的引入和一些校舍的变化。福斯特然后列举了一些优秀毕业生取得的成绩（没有点名道姓）。

她说，过去四年很多的变化是四年前没有想到的：奥巴马入主白宫、经济危机席卷全球、流感蔓延等，这些都使未来更加难以预测。"我要和你们讲的不是如何追求优秀，在这方面你们已经知道怎么做了，而是要讲如何利用未来的不确定性。"

去年这个时候，有很多哈佛毕业生选择了去华尔街工作。其中一个学生说，他这样选择的原因是不想进入"真实世界"，而进入金融行业是最稳妥、最保守的选择。金融风暴对你们来说也是一件好事，因为你们没有最保守的选择了。你们当中的一个学生说，因为金融公司今年很少招人，他准备去教书，而教书才是他真正想做的，今年的就业形势让他没有理由不做自己热爱的事。当然，有一少部分毕业生仍然会去金融公司工作。这也是好事，因为你们还年轻，有弹性和韧性承受金融界的动荡。与其在你们45 岁时经历中年危机，自问"我到底在做什么？我为什么做这些？"还不如在 20 多岁的时候就思考这些问题。

有一位作家描述和她先生去巴黎旅游的原因："不是有人要求我们去，也不是我们认为应该去，而是我们从心底里想去，这样我们的旅途就有了一个好的起点。"福斯特说，这就是发自内心的动力，这就是生活。

她说，博雅教育的目的，不是要训练你们成为某一方面的专家，有一份特定的工作，而是要让你们在不确定的充满变化的情形下有应变能力，能够即兴表演。"即兴生活是激情与平静、构架与自由、理性与感觉魔术般的结合。我们不喜欢不确定性，更喜欢安定，但正是不确定性给我们个人的生活和事业带来机遇。"

最能概括福斯特讲演内容宗旨的话，应该是她引用一位著名爵士音乐家的话："透彻地掌握你的乐器、你的乐谱，然后把它们全部抛在脑后，尽情地弹琴。"现在的世界最需要那些优秀的即兴表演家。

重新思考我们的生活，重新投入进去不是每一代人都有的机会。福斯特回忆自己 1968 年的大学毕业典礼时说："当时我们意气风发，雄心勃勃，觉得巨大的社会变革迫在眉睫，我们要结束战争，消灭贫困和种族歧视。渐渐地这种无所不能的乐观和激情消逝了，我们逐渐地变成了'大人、成年人'，我们回到了自己的小天地，为自己个人的好生活而努力，那种追求更高目标的境界和对更美好世界的憧憬没有了。

"但是现在又回来了。我们目前面对很多挑战——金融动荡，传染病蔓延，对内政策，对外政策，都是困难重重。这些挑战和奥巴马入主白宫，不仅仅使新的思想、新的投入成为可能，而且是必需。

"奥巴马总统把我们生活的这个时代，定义为重新振作和重新创造的时节。重新振作、重新创造需要新的思想、新的思维。我们一直坚持，最好的教育是那种培养分析能力的、形成思考习惯的、能够把信息变成理解的教育。这就是教育为什么这么重要，受过教育的你们这些人为什么这么重要。"

学生聚会

毕业纪念日的活动是在校园中间的露天草场举办，没有毕业典礼那么正式，形式上比较轻松。毕业生代表的讲话有对四年大学生活的认真反思，也有自嘲自讽的幽默。他们对最近四年的课业过重、睡眠不足直言不讳，他们的脑海里只是被"成就"这个词充斥着。他们说："为了重建哈佛形象，有必要提醒整个世界哈佛毕业生是多么的了不起。他们处处趾高气扬，只往上看，不往下看，永远觉得高人一等。""在今后的几天里，所有的人都会告诉我们，'艰难困苦与沮丧失败都是真实生活的一部分，你们要有思想准备去面对'。别听他们的，他们肯定不是像我们一样，从哈佛毕业的。"

学生按照惯例会请一位毕业纪念日的主旨讲演人。2007 年的主讲人是前总统克林顿。他讲演的中心思想是，人类的基因组成有 99.9% 都是一样的，我们为什么要去为千分之一的不同而大动干戈，反目为仇，甚至争斗得你死我活；我们为什么不能通融，不能忍让，不能着眼于大局和人类共同的利益呢？毕竟我们都是人，都是一样的人。

今年是 NBC 新闻《今日》节目的联合主持人、杰出新闻工作者马特·劳尔（Matt Lauer）。他曾经报道过伊拉克战争、北京奥林匹克运动会，采访过无数政经要人。他说："哈佛大学的文凭并不意味着你有任何特权（entitlement），并不意味着你一定比其他人优秀。你受的教育是一个强大的工具，但这只是你工具箱中的一个。我要你们用所有的工具——你们的慈悲为怀，你们的与人为善，你们的大度宽厚，你们的公平正直，你们的诙谐幽默，去建立人与人之间的桥梁，而不是树立障碍与隔阂。"他 20 分钟的讲演也不乏幽默。他说："要有孩子，而且要有好多孩子，因为当你不能找到生活中的乐趣和幽默的时候，你的孩子会帮你找到。""每个人至少要有一个永远和你说真话的朋友……记住生活中唯一不变的是你的品格。"

2. 校长毕业典礼讲演：大学的三个原则

校长福斯特在毕业典礼中说："变化可以发生在我们面前，也可以通过我们而发生，我们必须要成为变化的设计者，而不是变化的牺牲品。当尘埃落定，我们必须自问，在经济危机过后，我们想要的是什么。"福斯特把学校的目标和任务浓缩为三个基本原则：第一，无论家庭背景、经济条件，所有优秀的学生都有平等地享受高等教育的机会。第二，大学是创造和传播知识的重要阵地，基础和应用科研尤其重要。第三，大学必须用审视的、怀疑的眼光看待一切，通过怀疑重新检验而得到智慧。

6 月 3 日在校园中间露天草场举行的毕业典礼包括三部分：早晨发文凭，共 6777 个文凭（包括 1562 名本科毕业生），81 个证书。这使世界范围的哈佛毕业生联谊会（Harvard Alumni Association）30 多万会员的数目迅速膨胀。中午是各个本科生宿舍、各个研究生院分别组织的午餐。下午是哈佛毕业生联谊会的年会（Annual Meeting of the Harvard Alumni Association），有 3 万多名毕业生及其亲朋好友参加。校长和校方邀请的讲演者的讲话是年会的亮点和高潮。

校长福斯特在向哈佛毕业生联谊会汇报学校工作进展的同时，也对平时日复一日、年复一年，看起来普普通通的教学工作和研究生活赋予重要的意义。

她说，在过去的一年里发生了很多以前完全不可思议、不可想象的事情。2008 年秋天刚刚开学不久，金融风暴就突如其来，几周之内历史悠久、不可一世的大金融公司顷刻坍塌，几万亿美元的金融资产挥之即去。九个月以后，我们有了一个崭新的世界，我们以前约定俗成的假设、构架和价值观都要重新审视，我们的资源也没有那么丰厚了。多数人认为九个月以前的那个世界一去不复返了。我们的毕业生面临几十年不遇的不景气的工作市场。很多哈佛教授和毕业生都应招到政府工作，策划应对危机的各种方案，其中包括奥巴马本人。

知识和有知识的人对应对危机至关重要。而生产知识和有知识的人就是大学的工作，就是我们的任务。我们生产知识，传播知识，教育学生，分享研究成果。奥巴马说，我们必须支持大学迎接新时代的挑战，必须把科学研究放在重要的位置。

哈佛大学也不能逃脱席卷全球的金融风暴，我们在确保做好本职工作的同时，也不得不重新审视我们的预算、花销的优先次序，争取找出更加经济实惠的方法做好同样的工作。我们要想的不是要有什么更好的条件，而是要想：做同样的事，不需要什么，什么是可有可无的。不要想我们已经失去的，要想我们仍然拥有的。"我们不能忘记哈佛优秀的悠久历史——我们今天比以往更加需要这种优秀。"

　　我们不要认为自己是这个形势的牺牲品。"变化可以发生在我们面前，也可以通过我们而发生，我们必须要成为变化的设计者，而不是变化的牺牲品。当尘埃落定，我们必须自问，在经济衰退和危机过后，我们想要的是什么。"要回答这些问题需要计划，需要全大学范围的讨论协商，征求各方意见。现在这些程序已经开始。执行这些程序的结果意味着一系列具体政策的变化。从整体来说，这些具体变化就代表着我们认为21世纪的科研大学应该是什么样的，也必须是什么样的。

　　校长把学校的目标和任务浓缩为三个基本原则：

　　第一，无论家庭背景、经济条件，所有优秀的学生都有平等地享受高等教育的机会。受教育是实现"美国梦"的主要渠道。大学学费日益升高使得中等收入的家庭不堪重负。机会平等关乎社会公平、关乎创造优秀。在过去五年中，我们对本科生和研究生的助学金都有大幅度提高。我们要成为吸引优秀人才的磁铁。

　　第二，大学是创造和传播知识的重要阵地，基础和应用科研尤其重要。二战以后，美国联邦政府和科研大学搭成伙伴关系，从事科学研究。但最近30年来，联邦政府在科研方面的投资占GDP的比例已经减小了15%。现在科研方面的私有投资也在减少，又赶上经济危机。选择从事科学研究的人太少了，从事科研的、又能够找到足够的基金支持的人就更少。有人为了能够找到资金支持就选择保守的课题，不愿意做更基本的、更深入的、更有突破性的研究。

　　奥巴马在2009年通过的财政刺激政策中包括在今后两年对科学技术研究210亿美元的资金支持，并承诺在两年之后每年要拿出GDP的3%来支持科研。但是联邦政府债台高筑，政策能否兑现还很难说。所以我们必须寻找新的支持科研的方法和途径，例如，与周围的大学、医院、企业及其他研究机构进行合作研究，寻找基金会支持等。

　　第三，大学必须用审视的、怀疑的眼光看待一切，通过怀疑和重新检验而得到智慧。虽然哈佛大学是波士顿地区第二大私营雇人单位，为马萨诸塞州去年一年创造直接和间接经济价值高达53亿美元，但大学的作用不能用短期的、实用主义的标准来衡量。大学是寻找追求真理的地方，即使某一个真理在特定的时间不受欢迎。在充满挑战的今天，我们不能忘记我们的使命。我们必须要问什么对我们来说是最重要的，什么是可有可无的。

3. 能源部部长朱棣文讲演：不请自来的建议

> 美国能源部部长朱棣文告诫毕业生，追求个人理想和自己热爱的事业不应该是生活的唯一目标。当你头发花白、步入老年时，你希望在回首往年的时候感到骄傲。这种骄傲不会来自你一生中积累的物质财富，也不会来自你一生中积累的荣誉称号，而会来自那些曾经受你影响的人，他们的生活因为你而更加美好。关于全球气候变暖的问题，朱棣文指出一个严峻的现实：那些最容易受伤害而且受伤害最大的人群——那些穷人，孩子和未出生的孩子——是最无辜的，也是最没有能力保护自己的群体。他呼吁："为了你们的孩子和世界上所有的孩子，我们要保护这个地球。"

2009 年的主旨讲演者是美国能源部部长朱棣文（Steven Chu）。他和另外两位物理学家因发现了在极低温度下如何用激光把原子固定在自己的轨道上而在 1997 年获得诺贝尔物理学奖。在 2009 年 1 月成为能源部部长之前，他是加州大学伯克利分校国家实验室主任，负责再生能源、新能源的研究工作。

他的讲演包括三部分：一些简短而幽默的点评，对毕业生不请自来的建议和与他自己主要工作有关的倡议。他首先感谢校长和哈佛毕业生联谊会邀请他讲演，随后幽默地说他不敢肯定他符合毕业典礼演讲嘉宾的"高标准"。"去年的主旨讲演者是亿万富翁《哈利·波特》的作者罗琳，前年的主旨讲演者是更大的富翁和慈善家、计算机'呆子'比尔·盖茨，而今年站在你们面前的完全不是一个富翁，但至少我可以说我是一个呆子。"他也会恭维一下哈佛，说他的哥哥和弟弟都是哈佛毕业的，只有他不是。今年（2009年）他成为哈佛大学十位荣誉文凭的获得者之一，或许他妈妈这次会高兴了。以前当他告诉他妈妈他拿到了诺贝尔奖时，他妈妈说："那不错。"然后紧接着问，"你下一次什么时候来看我？"

他说，他决定在讲演中引用其他人说过的话有两个原因。一是重要的话需要重复一次以上才能起作用。二是那些借用别人语言的作家其实是在重复最优秀的人的足迹。美国著名作家、哲学家、诗人爱默生（Ralph Waldo Emerson，1803—1882）说："那些古人把我最好的思想都偷走了。"毕加索说："好的艺术家借用；伟大的艺术家（干脆就）偷。"（Good artists borrow. Great artists steal）为什么毕业典礼的演讲嘉宾就不能如此呢？

他自知在毕业典礼上对学生的建议很少被珍惜，大多被遗忘，肯定不被遵循，但仍然愿意提出以下几条：

第一，感谢所有帮助你取得成就的人，包括那些教课不怎么好的教授，因为他们迫使你自学，而自学是在人生道路上取得成功的重要途径。

第二，在今后的生活中，培养大方大度的胸怀。在所有的谈判中，不要计较最后的很少的得失，大方地把一些零头放在桌子上留给对方。在与人合作中，记住要肯定别人的成绩，成绩不是稀缺资源，别人有了你就没有了。特别是在成功的合作中，要给别人90%的成绩。

第三，在生活开始一个新篇章的时候，建议你们选择自己热爱的事业和职业。如果你还没有找到自己的热情，不要满足，一定要坚持找到为止。生命本身就短暂，没有自己真正热爱的事业，生命更是稍纵即逝。"当我像你们这么大的时候，我一门心思地想成为物理学家。大学毕业后，我在加州大学伯克利分校做研究生、博士、博士后共八年，然后又在贝尔实验室（Bell Labs）工作了九年。这些年来，我生活的主要目标和快乐就是物理学。"

他的最后一个建议是，追求个人理想和自己热爱的事业不应该是生活的唯一目标。当你头发花白、步入老年时，你希望在回首往年的时候感到骄傲。这种骄傲不会来自你一生中积累的物质财富，也不会来自你一生中积累的荣誉称号，而会来自那些曾经受你影响的人，他们的生活因为你而更加美好。

"在贝尔实验室工作九年以后，我决定离开舒适的、方方面面都完美无缺的'象牙塔'，尝试在我看来更现实的生活——去（斯坦福）大学教书。我希望我所留下的不仅仅是一篇篇科学论文，我想通过教书孕育科学的下一代。"他说："在大学工作最好的部分就是学生，因为他们清新、热情、没有成见。他们自己并不意识到这一点，他们是我们这个社会精华的接受者、传承者、发展者。就是在大学阶段，他们的思想是完全自由的，也是最有创造力的。他们进入大学，以为教科书、教授就是权威。渐渐地他们会发现，教科书、教授也不是无所不知、无所不晓，于是他们开始自己思维。当他们有独立的思想的时候，我开始从他们那里学习。""我开始教书，带学生是因为我想回报这个社会，给予别人，但结果是我从中得到的比我给予的更多。"

然后朱棣文进入讲话的第三部分：气候变化。气候变化并不是一个新问题。在过去的 60 万年中，地球经历了六个冰川时代。现在的问题是各种数据都表明气候在迅速变暖 —— 北极圈的冰雪在减少，海面在上升。有史以来，科学第一次被用于预测我们现在的所作所为对 50 年以后、100 年以后的世界的影响。这个影响主要来自工业革命以来二氧化碳的排放。

如果现在不及时采取措施，减少二氧化碳排放量，全球气温就有 50% 的可能性在本世纪末上升 5 摄氏度。在上一个冰川时代，全球气温只低了 6 摄氏度，加拿大的绝大部分和美国北部都终年被冰雪覆盖。所以气温上升 5 摄氏度对全球的影响不可低估，北极冰雪覆盖的有机物有可能融化，迅速释放甲醇和二氧化碳，动物、植物以及人类都难以适应。

作为国际社会，我们愿意在这个至少 100 年以后才能见到后果的气候变化投入多少呢？上一代人努力工作是为了下一代人生活得更好。我们能不能为我们后代的幸福而承担起责任呢？

五年以前，朱棣文同意成为伯克利国家实验室主任的其中一个原因就是要广招科技人才，迎接气候变暖的挑战。他们已经建立了几个不同的能源研究所。他对气候变化和能源的挑战有充分的理解，但仍然表达了"危中有机"的乐观和信心，鼓励年轻人把握机遇，把握现在，通过发明创造新科技，设计更好的政策和建立管理更有环保意识的工厂企业，为可持续发展作出贡献。

有些缓解气候变暖的办法是显而易见的。例如，提高能源效率，节省能源的效果就非常可观。现有的技术可以使房屋使用能源效率提高80%，15年就会收回所需投资。房屋冬天的供暖、夏天的空调和其他用电占美国所有能源消费的40%，所以提高能源效率、节省能源的好处是巨大的，是"不捡白不捡的大便宜"。

但是更多关于气候变暖的问题是未知的。他说："奥巴马政府在为繁荣的、可持续发展的未来打基础。我们并没有所有的答案，这就是我们为什么需要你们加入，与我们并肩奋战。"

他为参加奥巴马政府而感到荣耀。奥巴马政府鼓励科技创新以解决能源危机。"美国有机会领导一次新的工业革命。我们要创造更有效的办法利用太阳能、风能、核能，处理发电厂排出的二氧化碳。更先进的生物能源和使汽车用电驱动也会帮助我们不那么依赖石油进口。"

发展中国家在努力追求达到发达国家的物质生活水准。在这个过程中，我们必须对气候变暖采取措施。朱棣文承认美国的人口只占世界的3%，而消耗的能源却占世界的25%，与此同时，世界上有16亿人基本没有用电，有几亿人靠燃烧树枝做饭。他说，一个严峻的现实就是，那些最容易受伤害而且受伤害最大的人群——那些穷人、孩子和未出生的孩子——是最无辜的，也是最没有能力保护自己的群体。

朱棣文呼吁最基本的人性，他引用两位人文领袖的话终结讲演。马丁·路德·金在1967年反对越南战争时提倡超越种族、阶层、国籍的无条件的博爱（all-embracing and unconditional love for all mankind）和直接面对挑战的紧迫感："明天就是今天。在人们的生活和历史上，有'太晚了'这么一说。"

1950年诺贝尔文学奖获得者威廉·福克纳（William Faulkner）（1897－1962年）在12月10日获奖晚宴中讲人文主义者在充满挑战的世界中的作用："我相信人不但会承受，而且还会战胜。人是有精神的，精神是永恒的。人有慈悲之心，人能够与人为善，自我牺牲，忍辱负重。诗人和作家的任务就是要写出这些精神，他们的使命就是要充实人们的心灵，时刻提醒他们勇气、光荣、希望、骄傲、慈悲和自我牺牲精神都是人们光荣历史的一部分。"

朱棣文最后总结说："你们在追求个人理想的同时，也要培养帮助别人的热情。没有什么会给你更大的满足感了。"他呼吁，"为了你们的孩子和世界上所有的孩子，我们要保护这个地球。"

第十节　2010 年毕业典礼三则

　　波士顿 4、5 月份的天气忽冷忽热，变化无常，连天气预报都不准。在仲夏一样的几天酷暑之后，哈佛大学第 359 届毕业典礼在一个阴凉的星期四（5 月 27 日）开始了，人们不得不穿上长衫长裤。当然，也有很多爱俏的女士仍然穿着裙子，用薄毛衣中和一下"温度"与"风度"；毕业生穿着标准的黑袍子，戴着黑帽子，在校园里穿梭。

　　哈佛大学成立于 1636 年，6 年后才有了第一届毕业生。参加第一届毕业典礼的只有 9 名毕业生，规模和气氛可想而知。今非昔比。在 2010 年的毕业典礼上，哈佛大学颁发了 7125 个文凭，89 个证书；其中，本科毕业生有 1673 人（约占毕业生总数的 23%），再加上他们的亲朋好友，有几万人住在校园附近，参加从周二到周四为期三天的庆祝活动。

　　在一批学生走出校园的同时，另一批新生即将踏进校园。2010 年报考哈佛本科生的人数创历史纪录，共有 30489 份申请，其中 2110 人被录取，录取率为 6.9%，保持在常青藤院校中首屈一指的地位（斯坦福录取率为 7.2%，耶鲁为 7.5%，普林斯顿 8.2%，麻省理工 9.2%）。即便如此，哈佛招生办公室的工作人员继续去各地高中动员学生报考哈佛，以广纳人才。5 月底之前，这些人已经为 2011 年招生走访了 60 个城市的高中；2010 年秋季，他们会再去另外 60 个城市。

　　学校生活就是一年又一年，送走一批又一批的学生。在这种循环往复中会有什么升华吗？除了开拓知识前沿，就是思想的沉淀和优良传统的延续。

　　托福英文考试中曾经有一道题，让学生判断 commence 的意思到底是"开始"还是"结束"。因为想到美国的毕业典礼叫 commencement，有些学生就选择了"结束"，其实他们错了，commence 的意思是开始。Commencement 的仪式是为了纪念毕业生开始人生旅途新篇章的第一天，非常正式，各种活动严格按照传统程序。校长这天的讲话叫 commencement speech，讲话的对象是全体毕业生及哈佛校友会。这一天的主讲人不是校长，而是另外一位由校长和哈佛校友会主席共同选定的 commencement speaker。2010 年这个主讲人是刚从最高法院退休的大法官大卫·苏特尔（David Souter）。

毕业生真正的结业式是两天以前，5 月 25 日。在这天，校长最后一次对本科毕业生说"体己话"。这次讲话叫"Baccalaureate Address"（告别讲话），是告别讲演。接下来的一天叫"class day"（毕业庆祝日），由毕业生自己安排聚会，没有 commencement 那么正式。毕业生组织起来，邀请自己喜欢的主讲人。2010 年的主讲人是 CNN 资深国际报道记者克里斯蒂亚娜·阿曼普尔（Christiane Amanpour）。

1. 校长告别讲演："危"中有"机"的生活

> 校长福斯特在告别讲演中向毕业生说明几个人生道理。第一要谦虚，谦虚使学习成为可能。第二要有冒险精神。风险是不可避免的，从事任何职业都有风险，索性就把目标设在自己真正热爱的事业上。第三，这个世界真的很需要你们，你们有义务、有责任使它变得更加美好。第四，不可预计的生活需要你有创造力，也会回报你的创造力。你们要为自己的生活设计蓝图，成为自己生活的作者和开拓者。

校长福斯特说，约定俗成使她成为给毕业生在跨出校门前最后一个做临别寄语的人；她的讲演理应让学生充满信心、满怀理想地面对校园外未知的世界。她说，她的讲演是事先准备好的，她只要按照计划读就可以了，但这不是生活，生活永远不会沿着预想的设计发生。如果说我们从哈佛大学过去几年的经历中学到些什么，那就是计划赶不上变化。

福斯特首先概述学生四年的经历。四年前当你作为新生迈入校园的时候，美国基本上已经走出了 2001 年"9·11"恐怖袭击的阴影，小布什总统宣布我们安全了许多；道·琼斯指数屡创新高；经济兴旺、社会安定在当时看起来是永久的；越来越多的哈佛毕业生进入华尔街和高端咨询公司，薪水又高又稳定；于是你作计划如何在四年后实现这些目标。

谁知两年后，世界突然变了。我们经历了自 20 世纪 30 年代经济大萧条后最严重的金融危机；年轻的民主党总统奥巴马入主白宫。那些你曾经希望会雇用你的大公司刹那间成为被政府救助的主要对象，被报刊杂志指责为"大而不倒"。哈佛大学也不能置之度外，不得不裁减各种项目。你战战兢兢地看着你的上届学长走上冷清的工作市场。虽然现在经济稳定了一些，但我们仍然不能确定经济复苏的强度和持久性。火山爆发、地震灾难、大量海底石油泄漏扩散等重大新闻屡见报端。

福斯特说，博雅教育和最近哈佛本科生教学大纲改革的目的都是要把学生放在一个陌生的环境中，让他们接触超越他们理解力——甚至也超越教师理解力——的现象，让他们不知所措，然后通过学习和思考，重新找到方向。福斯特幽默地说："在这方面，我们做得尤其好——再加上这个我们不可预知的外部世界的帮助。"

福斯特回顾这些是为了向毕业生说明几个人生道理。第一要谦虚，谦虚使学习成为可能。这些年的经历更加使我们谦虚。只有意识到自己的无知，才能有克服无知的愿望，才能努力克服无知。第二要有冒险精神。风险是不可避免的，从事任何职业都有风险，索性把目标设在自己真正热爱的事业上。不要觉得自己反正也达不到理想，就停留在离理想很远的地方。你们现在就要直接奔着自己的理想去，即使你们以后不得不接受自己的位置和处境。2008 年的经济危机使你们的"中年彷徨"提前了——提前思考自己真正热爱做什么，怎样生活才是充实的、有意义的——这是好事。

第三，这个世界真的很需要你们，你们有义务、有责任使它变得更加美好。比尔·盖茨几周前来哈佛讲演时说，我们务必把世界上最聪明的头脑用在世界上最大的挑战。世界从来没有像现在这样这么需要你们。福斯特鼓励学生，继续提出、探索那些大无边际、看起来不切实际的问题；继续超越眼前，着眼未来。

第四，不可预计的生活需要你有创造力，也会回报你的创造力。你们要为自己的生活设计蓝图，成为自己生活的作者和开拓者。你们生活的时代充满各种危险和不确定性，但也正是因为这些特点，你们的生活孕育着各种机遇和无限可能。因为你们不知道等着你们的究竟是什么，也就无法为未来作准备，所以我们职教人员的目的就是要让你们做好一切准备，具有随机应变的能力。

资深前线记者建议学生：拿起护照，世界旅行

以前 Class Day 的主讲人包括美国前总统、美联储主席、著名电视新闻节目主持人、喜剧演员、艺术家、体育明星和慈善家。2010 年的主讲人是美国有线电视新闻网（CNN）报道战争冲突、自然灾害的前线记者阿曼普尔。她在发展中国家做国际报道 27 年后，即将成为美国广播公司（ABC）每周日《这个星期》节目的主持人。她说，虽然新闻媒体普遍面临经济困境，但对高质量、专业新闻报道的需求仍然有增无减；新闻媒体是民主社会必不可少的元素，依靠的是一种"公共信任"。

她敦促哈佛毕业生在进入工作市场之前，拿起护照，用一年的时间到世界各地旅行，尤其是在发展中国家旅行。她说，你们会目睹这个世界面临的各种问题；你们会发现有无数人在期待有能量的理想主义者帮助他们建立小企业、管理小学校、走进教室教导学生等。这些经历会改变你的生活，把你的未来放在一个坚实的路径上。

她回顾了 1947 年美国外交部长乔治·马歇尔（George Marshall）在哈佛毕业典礼上宣布的著名"马歇尔计划"（Marshall Plan）。美国政府通过这个计划对二战后的欧洲给予大量经济援助，帮助他们在废墟中重建家园。阿曼普尔说，美国今天的挑战与当时类似。稳定伊拉克、阿富汗、巴基斯坦、也门和海地对美国的和平安全都至关重要。除了美国输送的军队和钱财，这些地方还需要今天毕业的你们这些人——有理想，有才干，真正能够带动这些地方发展的人。

阿曼普尔鼓励学生敢于冒险，从事那些能够激发你们热情的工作，因为那样的工作才会让你们自发地努力工作，而且持之以恒；而且那样的工作会提高你们成功的概率。她说，有理想，有目标，完全掌握技能，游

刃有余地工作就是她每天生活的动力和热情的源泉。她真诚地希望所有毕业生都能找到激发他们热情、值得他们全身心投入的工作。

2. 校长毕业典礼发言：强调大学为社会服务的传统理念

> 校长福斯特说，教育就是连接人的自我发展和他自觉行动起来为公益服务的桥梁。福斯特没有一味地提倡大公无私，而是承认"为公"和"为私"的目的经常是有矛盾的，尤其是"公共利益"和"自己舒适生活"之间的矛盾。她引用一位慈善家的话说，我们要创造性地平衡这两种动机；没有人能够只靠自私自利而实现自己最大的潜力，也没有人能够为他人作很多贡献，如果他还不知道自己是谁。

2010年校长福斯特的发言与以往不同，篇幅短，内容也简单，甚至显得有些苍白无力。校方称其为"remark"（谈论），而不是"speech"（演说）。当然如果我们指望校长每年的毕业典礼讲演都是长篇大论，而且新意层出不穷，我们是否太苛刻了？毕竟讲演的场合（毕业典礼）、对象（所有毕业生和校友）和目的（汇报学校工作）都是一样的。

福斯特为她的简短讲演在开篇作了解释：作为校长，她每年都要在这个时候向哈佛校友会作报告，但它的实际作用似乎只是在拖延大家听到主旨讲演的时间，所以想尽量简短；她很荣幸为大法官的主旨讲演作"垫背"。听众都笑了。

福斯特通篇发言紧紧围绕哈佛大学为社会服务、为公共利益服务这个长达三个世纪的悠久传统。她说，大法官苏特尔一辈子的工作履历就体现了这个传统，是我们学习的榜样。教育就是连接人的自我发展和他自觉行动起来为公益服务的桥梁。福斯特没有一味地提倡大公无私，而是承认"为公"和"为私"的目的经常是有矛盾的，尤其是"公共利益"和"自己舒适生活"之间的矛盾。她引用一位慈善家的话说，我们要创造性地平衡这两种动机；没有人能够只靠自私自利而实现自己最大的潜力，也没有人能够为他人作很多贡献，如果他还不知道自己是谁。

"为公益服务"贯穿在哈佛大学日常运作的方方面面。哈佛学生和教职员工在 2009—2010 年间自愿为社会服务的时间将近 100 万小时。2010 年本科毕业生中选择从事社会公益事业和政府公务员的比例从两年前的 17% 升高到 26%。福斯特没有说明，美国经济远没有两年前火热，私有企业招人数量减少对这个比例的影响。她说，有两名毕业生各自放弃了 IBM 和摩根斯坦利的工作，而选择了支教（Teach for America）。但 9% 的增长（17%~26%）中有多少人是因为没能在私营企业找到工作而选择了公益事业或政府工作呢？

校长没想到这个简单的问题，至少没有提及，继续罗列哈佛大学师生为社会服务的贡献。她没有点名道姓，但事例很多，范围很广，包括教职员工对海地地震灾害的援助，对非洲艾滋病的控制，为缓解气候变暖、重新设计金融体系的各种努力等。她宣布要成立"校长公共服务资金"（Presidential Public Service Fellowships），每年资助 10 名本科生利用暑假做志愿者工作；而且要把这个名目在校友集资中单列出来，专门为这个项目集资，争取以后扩展到研究生部门。

福斯特最后说，大学依赖于公共信任才得以存活，培养这种公共信任是我们的责任；我们在创造能够改变世界的人才和思想的同时，必须为建立、维护公共信任服务。比在哈佛几年学习经历更重要的是，毕业生如何利用他们的知识和生命对社会作贡献。福斯特希望，无论他们现在选择在私有企业工作还是在公益部门工作，都会始终不渝地顾及公共利益。

3. 毕业典礼主旨讲演：美国宪法语言简单，意思复杂

2009 年刚从美国最高法院退休的大法官苏特尔向毕业生举例说明宪法的复杂性。宪法体现了多重价值，当这些价值有冲突的时候，宪法本身为断案不能提供任何直接帮助；而且事实的意义随着时间的变化而变化，法庭的任何判决都要在变化的世界中重新审视。

大卫·苏特尔（David H. Souter）生于 1939 年美国马萨诸塞州，1961

年从哈佛大学获学士文凭，1966 年从哈佛法学院毕业。做了两年律师之后，他成为马萨诸塞州北部新罕布什尔州州政府司法部副部长、部长，然后成为州里最高法院法官。1990 年被老布什总统任命为美国联邦最高法院大法官，直到 2009 年退休。据哈佛校报报道，在华盛顿工作期间，苏特尔仍然抽时间回到他在新罕布什尔州的偏僻农舍；他喜欢独自在周围山林里步行，在安静的环境里读书；他不喜欢在媒体抛头露面，喜欢在自己房间长时间研究要审理的每一桩案件。

校长福斯特说，苏特尔奉献投入的工作精神和谦虚幽默的生活态度值得任何年轻人学习；在法庭上，他对律师彬彬有礼，但紧追不舍的审问影响了很多我们这个时代大案要案的审理结果；苏特尔始终注重细节，不受意识形态的影响，作独立公正的判断，而且真正关心法院判决对人们现实生活的影响。福斯特赞扬他不仅是一个好法官，也是一个好人。虽然苏特尔是共和党总统任命的大法官，当 2009 年他宣布即将退休时，民主党总统奥巴马称赞他身体力行，向世人说明了什么叫做"秉公职守，作独立判断的大法官"。

听政治家讲演会觉得情绪激昂，例如前总统克林顿在三年前毕业典礼上的讲演；听小说家讲演会觉得感人肺腑，例如《哈利·波特》的作者罗琳（详见本章第八节）；听经济学家讲演会觉得世界变幻莫测，"三十年河东，三十年河西"，例如美联储伯南克在 2009 年的主旨讲演（详见本章第九节）；听法官讲演会觉得清醒理智、逻辑缜密、思想深远，感叹现实生活的纷繁复杂。

在最高法院工作 19 年之后，苏特尔对法官如何运用宪法断案有深切感受，他说："就讲讲这些感受吧，毕竟我是因为做法官多年而被邀请的。"这次讲演的背景是，国会即将审批奥巴马总统为最高法院空位的提名——司法部总检察长（Solicitor General，副部长级，司法部第三号人物，代表政府打官司的人）、哈佛法学院前院长埃琳娜·卡甘（Elena Kagan）。在国会审批过程中，我们会听到很多批评最高法院的声音，其中最强烈的是指责最高法院杜撰法律、过分强调公民自由权等。苏特尔说，虽然我们在座的很多人可能会不同意这种批评，但是我们很少花时间仔细考虑这种批评从何而来。

在大家的印象中，宪法是被这样运用的：政府或个人引用宪法中的条例，并举证说明他的（它的）权利被破坏了，应该享有补偿；法官根据事实判断到底是原告胜诉还是被告胜诉。如果真是这样，用宪法断案的过程就非常直截了当——公正地阅读宪法和客观地看待事实。苏特尔把这个简单过程称为 "the fair reading model"（公平阅读模式）。他说，虽然这是可能的，但很少发生在最高法院。如果一个 21 岁刚刚毕业的大学生要成为参议院的议员，即使他被选民选上了也不行，因为宪法要求议员必须年满 30 岁，就这么简单。到了最高法院的案子，一般都是争议非常大的案子，而且在媒体的曝光下对全国影响深远，简单的断案模型远远不能真正描绘断案的过程。

运用宪法非常复杂。原因之一是宪法的语言模糊不清。也正是因为这个特点，宪法才持久耐用，经得住时间的考验。例如，正当程序、法律面前人人（也包括人与政府之间的）平等、人有拒绝不合理搜查的自由等。这些语言没有限制议员年龄下限那么清晰明确，需要复杂的推理才能确定在什么情况下适用，在什么情况下不适用。运用宪法复杂的另一个原因是，宪法中体现了多种不同价值，而这些价值并不是和谐统一的，而是经常相互对立的。例如，我们要自由，也要秩序与安全；我们要自由，也要平等。最高法院不得不在这些我们都要的好的价值中取舍。

苏特尔试举两例说明其中的复杂性。一个是 1971 年 6 月的著名案例，叫 "国防部文件"。《纽约时报》和《华盛顿邮报》分别从美国五角大楼（国防部）得到了被列为 "机密级别" 的关于越南战争的文件。两份报纸准备报道其部分内容，政府在几天之内就告到最高法院，要求阻止报道。代表政府的律师是曾任哈佛法学院院长 21 年的格力斯伍德（Irwin Griswold），他当时任司法部总检察长，代表政府打官司。断案的大法官是被称为 "有精湛法学思想" 的布莱克（Justice Black）。

辩论的中心是美国宪法第一修正案："国会不能制定任何限制自由言论和出版权利的法律……"（Congress shall make no law… abridging the freedom of speech, or of the press）从这句话的表面意思看起来，与 "议员必须年满

30 岁"一样清晰，完全限制政府侵犯他人言论和出版的权利，没有特例，非常绝对。大法官布莱克承认自己就是按照这句话的字面意思来作判断的。

但格力斯伍德律师辩解，第一修正案不是宪法的全部。当出版的内容伤害到美国国防安全的时候，美国政府限制出版是符合宪法的，因为宪法赋予了政府保障国家安全的责任。出版这个国防部文件会损害美国政府尽快结束战争、援救俘虏、与外国政府讨价还价的谈判能力。

布莱克法官说，如果出版内容对国家安全和利益有足够大影响的时候，法院就禁止出版，那么法官就变成了审批出版内容的官员（censors）。

格力斯伍德律师回答，他不知道有任何其他选择。

布莱克法官随即反应，宪法第一修正案就是"其他选择"。

格力斯伍德律师说，那么在这种情况下，问题就出在第一修正案的制定和书写上了。他力争说服法官"没有任何法律"并不意味着"没有任何法律"（"no law" does not mean "no law"），法官的工作就是在解释宪法。

在这场官司中，政府输了。但在苏特尔看来，格力斯伍德律师的理由是正当的，宪法在保护人权的同时，也赋予了政府保卫国家安全的责任，赋予了总统管理外交政策、指挥军队的权力。虽然格力斯伍德律师说服法官的努力失败了，但是法院必须承认，政府保卫国家安全的责任在一定程度上会限制出版的权利。所以，法院最终驳回司法部诉讼的理由并不是第一修正案的字面解释，而是以政府的举证不够充分为理由的。

这说明，法律中的语言即使像第一修正案中的语言那样绝对，也不能绝对保障某个权利。最高法院被迫在不同的好的价值中取舍，而这种取舍和为这些决定的解释是否应该被称为"不正当地杜撰法律"（illegitimate law making）呢？显然，对运用宪法断案的简单理解是不对的。

苏特尔的第二个案例是 1954 年的"布朗与教育委员会"（Brown v. Board of Education）。这不是关于宪法本身的内部矛盾，而是关于举证的复杂。这个案子的结果是，所有法官一致认为公立学校中法律规定的种族隔离违反宪法，破坏了法律为所有人提供同等保障的原则。这个判决取缔了 60 年前最高法院判决类似案件"隔离但平等"（separate but equal）的原则。

1896 年有一个著名的案例叫"普莱西诉弗格森案"（Plessy v.

Ferguson）。最高法院的判决是，只要火车不同车厢的各种物质条件是一样的，黑人与白人分别坐在火车的不同车厢并不违反宪法，于是就有了"隔离但平等"的判案先例。当时的原告主张，黑人坐单独的车厢就显示了不平等，次于白种人。当时的多数法官认为，如果黑人这样看待这件事，那是他们自己脑子里的主观意识造成的，只要车厢的各种客观物质条件都一样，就不存在白人比黑人优越的问题。

60 年后主流思潮逆转了。布朗坚持，黑人因为法律规定而上不同学校从本质上就是不平等的，即使黑人学校和白人学校的各种物质条件都是一样的。在这 60 年间，宪法没有变，事实（一个是火车不同车厢，一个是不同学校）没有变，但是断案的结果完全不同。为什么呢？因为时代变了。

1896 年的法官还记得奴隶合法化的时代。

对那个年代的法官来说，形式上的平等——各个车厢的客观条件是一样的——就已经是很大的进步了。1954 年的法官没有对奴隶时代的感性认识，他们觉得强迫黑人和白人上不同学校的法律是不可接受的。他们从法律中读出 60 年前法官看不到的东西。他们是不是在杜撰法律？很明显，那种"客观事实等待公正的法官去评判"的假设是不全面的。

苏特尔总结，宪法体现了多重价值，当这些价值有冲突的时候，宪法本身为断案不能提供任何直接的帮助；而且事实的意义随着时间的变化而变化，法庭的任何判决都要在变化的世界中重新审视。那种对大法官就是坐在那儿阅读宪法条例和事实报告，然后作公平判断的简单模型，是大错而特错了。

宪法既然这样制定，它一定包含着制定者对在多种价值冲突的时候总能找出解决办法的信心，但是现实的矛盾使我们感到自己的渺小。简短的宪法和对法官执行宪法的简单理解的背后还有所有人都追求稳定性、可控性的愿望。谁没有这种愿望呢？即使我们不赞同宪法制定者的每一个假设，我们仍然可以根据宪法的字句推理，面对事实，努力理解法律对活着的人的意义。

附：在哈佛学习三年后的心得体会

我想结合"哈佛笔记"专栏和由此而成的第一本专集《哈佛经济学笔记》，谈谈在哈佛大学听课三年后的想法——对哈佛大学的总体印象，一些经济学课程对我个人的启发和我对经济学家这个职业群体的基本看法。

1. 我对哈佛大学的总体印象

首先，我觉得哈佛大学没有人们想象的那么独特。不少大学的教学质量、学术成果、追求的理念都差不太多。最近在休假期间，我读了北京大学法学院吴志攀教授写的一个小集子《闻道与问道》。书的前半部分回忆了他在北大求学时的老师和在工作中的前辈对他的深刻影响，后半部分是他在学生毕业典礼、对前辈的追思会等场合的公开演讲和几篇随笔，显示了作者对"师道"的不懈追求。我从未见过吴教授，更不了解他，但书中流露出对前辈的感激、对学生的希望、对文化的关怀和对生活的反思，显示了一个真正学者的踏实、认真、简单、纯粹，有担当意识和人文情怀。这种朴素严谨、心无旁骛的治学态度和生活作风，无论是在中国还是在外国，无论是在古代还是现代，都会被人们敬仰。这些风格特点不是只有北大才有，更不是只有哈佛才有。只要我们相信这些理念和作风占据主流、占据上风，我们的大学和社会就会进入良性循环。

我没在中国上大学，不能把哈佛大学与中国大学比较，只能与我在美国西海岸的一个小型博雅大学比较。1991—1995 年，我在俄勒冈州波特兰市的路易斯克拉克大学（Lewis & Clark College，Portland，Oregon）读本科，主修数学和经济。在那里学习和生活的经历，是我认识比较哈佛大学本科生教育的起点。

相比之下，哈佛大学太大了。每年本科生招生人数大约 2000 人，是小型学院的四至五倍，再加上研究生部和各个专科院校。因为规模太大，难免有"批量生产"的弊端，一个学生很容易就会觉得自己只是学生卡上的号码，淹没在人海当中，而不是一个有血有肉、情感丰富的人，尤其是在班里尖子云集、不相上下的情况下，就更容易失去自我，失去方向。

经济系供本科生挑选的课程表也是小型大学的三至五倍。这样的规模只适合非常独立、非常自信、知道自己在做什么、今后想做什么的学生，否则很容易会不知所措。而小型大学的氛围则更加亲密，无论是在学生之间，还是师生之间；学生在办公室里更容易找到教授，学生不必过多担心自己的问题是否太渺小、"太傻"而占用教授的时间。

哈佛大学是研究性大学，教授的重心在科研、在研究生部。尽管校方再三强调本科生教育的重要性，教授也很难在学期末叫得出班里二三十个学生的名字。还有不少初级课程班里有上百人，具体教学工作都是由研究生助教在担当。

任何事都有利有弊。大型研究大学的好处是，教授在本科生的课堂里会渗透一些前沿性研究和一个领域的发展方向。这对有志于读博士、做研究的学生很有帮助。而且越是经验丰富的经济学家，出言越是谨慎，大而全的结论就越少，几乎没有。他们清楚地知道自己不知道的东西，知道自己不知道的东西对自己的思考和结论有什么影响。这样的环境更适合思想成熟的学生。

大型研究性大学和小型博雅大学没有好与坏之分，只有适合与不适合之分。就如同我们买衣服，不是越贵的越好，越是名牌就越好，而是越合适的越好。

2. 一些经济学课程对我个人的启发

接下来我想谈谈在哈佛大学学习经济学的感受。经济学中，除了最基本的经济学理论，大多数理论都是在研究探索之中（work in progress）。教授在课上会突出这些理论的复杂性和不确定性，让学生觉得这些理论不是死的，而是活的，是在发展变化之中的，有很多商榷的余地。教授会让你看到知识前沿和后来人有可能作出贡献的地方。你从一门课中看到的不是所有的答案，而是更多的问题。这对写毕业论文和想读博士的学生是极好的事情，因为一个好的论文不是从一大堆文献开始的，而是从一个好的题目开始的。怎样才能有一个好题目？只有打开视野和心胸（当然这和跟踪专业领域里的最新文献是相辅相成的）。

例如，经济学家普遍支持自由贸易，因为这样可以增加竞争，鼓励发明创造，利用规模效应，在更广阔的市场范围里利用先进技术，降低固定成本比例，使经济运转更加高效。但这并不等于说，自由贸易永远比各种贸易保护政策的不同组合都优越。经济学家在探索贸易政策中的最优政策组合。例如，对一个很大的开放经济体来说，出口太多有可能会降低出口产品价格，损害贸易条件（出口价格与进口价格之比），减少福利，那么，从理论上说就存在最佳进口关税。最优关税如何确定？在什么情况下，进口关税的利大于弊；在什么情况下，弊大于利？进口关税和进口配额的关系是什么？如何评价"出口补贴"、"对出口征税"等贸易政策？外国（发展中国家）的经济发展对本国（发达国家）是否有利？外国经济发展一方面会提高国民收入，提高对进口产品的购买力，但同时也有可能对发达国家有相对竞争优势的产品形成威胁。如何判断这两种变化的相对实力？为什么有关国家间贸易协议的谈判旷日持久、错综复杂，却又必不可少？区域性自由贸易是全球性自由贸易的基石和过渡，还是变相地歧视自由贸易区以外的其他国家？对华盛顿共识的看法、对国际货币基金组织的看法、对国际援助的看法、对削减贫困国家债务的看法等问题，就更加复杂了。这些问题在第一本《哈佛经济学笔记》中都有初步探讨。

在第二次学习经济学的过程中，我更加注重理论与政策的结合，政策与生活结合。在我选学的课程中，最为理论联系实际的应该算是"公共财政"这门课。2008 年夏，石油价格超过了每桶 140 美元，汽油价格随之超过了每加仑 4 美元，这对生活在车轮子上的美国人来说是个重负。当时的共和党总统候选人麦凯恩主张取消汽油税以减少消费者负担。民主党总统候选人奥巴马反对，说这种做法于事无补，只会对汽油公司有利。麦凯恩反唇相讥，指责奥巴马是精英集团的代表，不能体会普通百姓的生活疾苦。

从经济学的角度讲，谁对谁错呢？答案取决于汽油供给和需求的价格弹性分别是多少，谁高谁低——谁从汽油税导致的福利损失大，谁从取消汽油税的好处就多。价格弹性系数在理论上很容易定义，实际计算起来却很难。两名经济学家巧妙地解决了这个问题。他们发现，汽油税每增长10分钱，消费者要承担7分钱。也就是说，如果取消汽油税，消费者会得到70%的好处，大石油公司只得到30%的好处。

再比如，美国对穷人有发放食品券的政策。穷人在每个月的固定时间会领到政府补贴，在这之后的几天会集中购买大量食品。食品店是否会借机提高食品价格呢？如果是，那么享受政府大量食品补贴好处的是食品店，而不是穷人。经济学家跨时间、跨地域地收集数据，然后做计量分析，最后总结，穷人还是叮以得到绝大部分好处。

我建议，无论你是否是主修经济的学生，都应该选学"经济学基本原理"和"公共财政"这两门课程，了解基本经济学理论，提高公民意识。我原来在公司工作的时候，自己都读不懂自己的工资单，更不用说这些税率背后的政策框架和用意了。现在不但看到自己每年的收入和支出，包括医疗保险、失业金、为退休后的储蓄等，也看到了国家的账本、体制的框架和政策制定者的良苦用心。

在经济学的教学中，教授也会培养学生的责任感和担当意识。教授告诫学生，过去60多年的世界和平与经济繁荣不是不可逆转的。妥善处理发达国家与伊斯兰教之间的关系、发达国家与发展中国家尤其是与新兴经济体之间的关系，对稳定国际秩序至关重要。

在这个大框架下，年青一代面临的挑战之一就是缓解气候变化。他们要在以下三个条件下求解：（1）发展中国家急于发展，需要发展，没有理由让他们牺牲在他们看来是他们的最大利益；（2）气候变化不可能由发达国家独自解决；（3）这个问题又必须解决，而且发达国家的民主体制不可能允许专门为气候变化的问题给发展中国家资金支持。

年青一代也要面临美国国内的诸多挑战。美国财政账本中两项最大负担就是社会保障退休金和社保医疗。还有大约10年，社会保障退休基金就会入不敷出；还有大约40年，这个基金以前收入大于支出而累积的钱就会消耗殆尽。美国退休金体系就会破产，联邦财政不堪设想。解决办法无非是增加税收、减少退休后的福利、延长符合领取退休金的年龄、把这个基金投资在资本市场（以求更高的资本回报率维持这个体系）或以上这些办法的不同程度的不同组合。越往后解决这个难题，解决起来的难度就越大。相比之下，社会医疗保障更加棘手，对财政预算的影响更大。连从哪里入手解决这个问题都不明显。第一本和第二本笔记分别对美国退休金制度和出路、美国医疗保障体系现状及改革前景有较详细的阐述。

3. 我对经济学家这个职业群体的基本看法

最后，我想谈谈对经济学家这个职业群体的看法。经济学家看问题的确有与众不同之处。我这样说，既有褒义也有贬义。褒义是因为经济学家能够用极其理智的头脑透过现象看本质，分析得透彻，从而有独特的见解。他们会把政策目的和政策结果分开，说明好的政策用心未必会有好结果。政策制定者总是要小心翼翼地想：如果政策这样制定，会不会有什么没想到的后果？任何人都会见机行事，"上有政策，下有对策"的情形无处不见。

例如，政府规定公司必须给员工提供一定的福利待遇（比如带薪年假、医疗保险等），那么公司自然减少对劳工的需求，需求曲线向左下方移动；同时，劳工供给会增加，供给曲线向右下方移动。结果是，在新的平衡点，雇用员工的数量和以前差不多，但工资肯定会低于以前的工资。也就是说，员工得到福利待遇的代价是接受低工资；"羊毛出在羊身上"。在这个基础上，如果政府再规定最低工资，而这个工资又高于新平衡点的工资，那么公司的反应就是少雇人。从宏观上说，就是减少了就业，伤害了劳工利益。所以忽视经济规律的、一相情愿的政府规定经常会事与愿违。

同样，1992年美国通过的《残疾人法》的实施效果也不好。这项法规要求公司满足残疾员工的特殊需要：在工资方面，对残疾员工一视同仁；在进大门的台阶旁边要建有斜坡以方便轮椅出入；不能在任何方面歧视残疾人员，否则面临严重罚款等。这个法律的初衷和目的是保证残疾人权益，但结果呢？经济学家通过研究发现，残疾人的就业率、工作时间、税后收入等都有不同程度的减少，原因很简单：雇用残疾人的成本提高了。

　　再比如，免除非洲债务问题也比看上去复杂，不仅仅是一个债权人是否善良宽厚的问题。现在减免一个国家的债务就意味着这个国家今后的贷款利率会上升很多，对它的长期发展不一定是好事，而且对其他省吃俭用、努力还债的国家不公平。更重要的是，资源是可替换的。减免债务省下来的钱是用在保障基础教育、基本设施了呢，还是用在置办军火，恶化地区间、种族间的武力冲突呢？

　　再比如，多数经济学家对移民政策的看法比较开放自由。他们认为，移民从总体来说为美国创造了巨大的经济利益，提供了物美价廉的产品和服务；移民自己也得到很多好处，他们能得到比在自己国家高很多的收入，有更好的生活质量，还可以把钱寄给自己国家的亲朋好友，支持发展中国家的经济建设。这是双赢的经济形式，何乐而不为？但问题是移民会严重增加美国社会福利体系的负担：移民也需要医疗、退休养老金，他们的孩子也需要上公立学校。这些都需要成本。如果限制移民的社会福利，就会产生"二等公民"。在人道主义的旗帜下，政治家要限制"二等公民"的数量。但是，限制移民的同时，也限制了经济上的双赢。此外，经济学家对保护知识产权的缘由、目的、长期和短期之间的利益分配，生产者和消费者之间的利益分配等方面也分析得头头是道。这些在第一本《哈佛经济学笔记》中都有阐述。

　　我在说"经济学家见解独特"这句话时，也有贬义。这是因为他们理智分析、严谨推理的结果和政策推论有时显得不近人情，因而在政治上行不通，在形式上停留于一纸空文的境地。这就如同，一个病人没有力气，他的自然反应是在床上不愿意动；经济学家的建议是你应该站起来，去锻炼身体，这样可以增加食欲，恢复体力。这样的建议显得强人所难，让人觉得经济学家"站着说话不腰疼"。这与"想人之所想，急人之所急"的政治家形成鲜明对比。有些经济学家对民主体制对学术精英的制约觉得反感和一定程度上的无奈，但我觉得这样的制约并不是没有好处，它迫使经济学家开的药方更实际一些。

　　经济学家必须面对现实，否则建造的一切就是空中楼阁。经济学家在反对贸易壁垒的同时，也必须承认并解释很多现象：贸易的好处在逐渐减少，收入两极分化日益严重，贸易导致工厂关闭、工人失业，开放经济通过开放贸易和资本市场束缚了一个国家通过财政政策和货币政策刺激本国经济的效力，矫正"不公平"的贸易规则逐渐侵蚀国家主权等一系列问题。经济学家要对这些挑战作出回应。在第一本《哈佛经济学笔记》中，我们可以看到经济学家在这些方面的努力。

我见到的最不近人情、最没有人味儿的领域应该是家庭经济学。这门课中很大一部分内容是微观经济学在家庭生活中的运用，其目的并不是要解决甚至解释生活中的任何问题，而是要显示微观经济学的威力无边。如果家庭生活、夫妻关系真能被微观经济学解释清楚，那样的人只能是机器人了。听了这门课的三分之一之后，我觉得我有更好地使用自己时间的地方。

经济学家有时也会把一些人为因素（例如政治因素）考虑进去，把这些因素作为已知的外部条件直接或间接地放入模型内（例如，费尔德斯坦在研究社会保障问题的时候，弗兰克尔在研究气候变化合作框架的时候）。我的直觉是，这样的努力还不够，不仅仅因为类似的努力数量不够，而且因为经济学本身一些固有的特点——例如极端理性——限制了它的有效性。

汪丁丁老师在 2009 年 9 月 9 日发表的文章《为什么逻辑不能与历史完全重合》中对经济学的总结是确切的。他说："从思想史的角度考察，早期的经济学就是人文的一部分。那时，经济学必须是关于人的'科学'。后来，经济学逐渐演变，成为'见物不见人'的科学。弊端太多，以至今天，跨学科的时代，经济学再演变，向着'见人还是人'的科学发展。"他清楚地意识到自己的数学训练导致的思维弱点——倾向于以逻辑取代历史。他说："生活若能被数学模型充分地表达，抽象将丧失其意义，同时，生活将丧失其创造性。"

汪丁丁老师的这段话与萨默斯在几年前我对他的采访中说的一段话有异曲同工之处，他们都强调创造性的重要。在评论完中国的汇率政策、外汇储备等问题之后，我问他："你对中国读者还有什么要说的吗？"萨默斯说："中国的挑战是继续开放经济体系，继续鼓励创业，继续创造一个个人和公司都能创新的环境，一个昨天的好与坏并不意味着明天会怎么样的环境；一个新的创业家可以和那些历史悠久的大公司平起平坐，同样可以融资的环境；一个即使扩张有风险，但仍然可以扩张的环境。"

这是直译。我想用自己的话解释这段话。它强调创造的重要性——人的活力在于创造，经济的活力也在于创造。我们的"挑战"——这是直译，其实就是萨默斯眼里的任务——就是要建立一个允许、鼓励创造的环境，使每个人、每个机构都能发挥主观能动性，积极地推陈出新。这段话还强调自由开放、公平竞争的市场环境的重要性。公平竞争的市场不一定是解决一切问题的最好方法，但一定可以减少很多贪污腐败的机会。在这样的环境里，一个人的过去——他的家庭背景怎样，他爸爸是谁，他从哪所大学毕业的，他有什么文凭，他是否曾经在大公司工作，以及他的一切功与过——都不能说明他的将来。每个人都可以在任何时候有一个崭新的开始。在这样的环境里，重要的是现在你在做什么，而不是过去你做过了什么；重要的是努力工作，敢于创新的过程，而不是结果。我想以此作结。

后 记

　　2010 年暑假，当我在北京的亲戚得知我刚刚出版《哈佛经济学笔记》的时候，他们的即时反应是："哎呀，世界上经济学的书太多了，不少你这一本儿。"我想起在曼昆讲授经济学原理的最后一堂课里出现的喜剧演员鲍曼（详见《哈佛经济学笔记》中第 31 页"曼昆答疑和'神秘来客'"）。鲍曼是华盛顿大学的经济学讲师，但他的真正兴趣是当喜剧演员，借机讽刺经济学。他爸爸对他说："你不可能成为喜剧演员，因为没有需求。"他回答："我是供给派经济学家。"

　　我也可以如法炮制，说自己是"供给派记者"，心甘情愿为读者送货上门。这当然是"走捷径"的回答，但亲戚提出的问题很严肃：我为什么要在众多经济学著作中再加上一本，争夺读者有限的视线和宝贵的时间？我要扪心自问，认真作答。

　　首先，视角独特。从记者的视角出发，《哈佛经济学笔记》不需要读者有很多经济学背景，从直觉的角度解释理论的实际意义和应用。上学的时候，有人问我，你心里的楷模是谁？我一脸空白，完全不知道自己要成为什么样的人。人到中年反而变得有理想、有目标了。文字浅显简洁，道理深刻精辟的《纽约时报》专栏记者大卫·布鲁克斯（David Brooks），帮助读者咀嚼经济时事的《金融时报》专栏记者马丁·沃尔夫（Martin Wolf），还有激浊扬清、气势磅礴的《财经观察》（现《财新观察》）专栏记者胡舒立，都是我学习的榜样。

　　《哈佛经济学笔记》不但出自一个记者手笔，而且还是一个没有中国社会经验的记者之作。"一张白纸"的好处是没有城府、没有偏见，最大限度地保持客观中立。至于这张白纸上的图画是不是最美的，还要靠读者自己评判。

其次，地点独特。哈佛大学本身并没有人们想象的那么独特（理由详见前文《在哈佛学习三年后的心得体会》），但它的确云集了很多专家学者。他们在干什么？想什么？我想利用哈佛这个基地走近，也希望走进他们的思想。

再次，内容独特。我想弥补自己在当学生学习经济学时看不到，也想不到的东西，涵盖更切身的生活体验，更宏大的思想框架，更深远的历史背景和更全面的人文精神。北宋哲学家张载说："为天地立心，为生民立命，为往圣继绝学，为万世开太平。"这不是空话，而是真话。

第一本和第二本笔记都是从几门哈佛本科经济学课程出发，揭示教授向年轻学生传达的主要信息，只有在第二本书后半部分包括其他方面的内容。今后的"哈佛笔记"专栏还要拓展到经济学外的内容，一如既往地取其精华，去其糟粕。

此外，在文风方面，我追求"简单的复杂"，避免"复杂的简单"。我曾经帮助不少学生修改过论文。一些学生的问题在于把简单的思想复杂化了：把原本一段话的内容写成好几段话，把原本一页纸的内容写成好几页，甚至十几页。其中部分原因是要"凑字数"，满足学期论文要在 15~20 页之间的要求。还有一部分原因是学生想"显得复杂深奥"，不但篇幅长，而且语句也长，似乎不这样就表达不了他复杂的思想。其实大可不必。思想的深度与广度对老师来说一清二楚，完全不必装饰。

把复杂的思想变得清晰明了，同时又不丧失其复杂性，应该是我们共同追求的目标。贝多芬的音乐就有这个特点：博大精深、变化莫测的乐章中包含了很多朗朗上口的乐句，令人记忆犹新，情不自禁地佩服他怎么能创作出如此美妙精湛的音乐。贝多芬真正做到了"简单的复杂"。这就是为什么他的音乐耐人寻味，他的魅力经久不衰。

有好奇心的驱动和时间的积累，我能看到希望。当然，我也为努力工作而付出了代价。我先生多次出差可以带家属，我选择不去；孩子的学校多次组织活动，鼓励家长参加，我选择不参加；多位朋友问我为什么不给他们打电话或在网上聊天，我无言以对，不是我不关心他们。我为自己的自私而惭愧。如果"哈佛笔记"专栏在过去三年半中还有一些成绩，那成绩一定属于他们，任何不足都是我的责任，欢迎读者朋友指正。

陈　晋

2011 年 1 月 23 日

于美国剑桥

图书在版编目（CIP）数据

哈佛经济学笔记 2 / 陈晋著 . —长沙：湖南文艺出版社，2011.7
ISBN 978-7-5404-4982-7

Ⅰ . ①哈…　Ⅱ . ①陈…　Ⅲ . ①经济学—通俗读物　Ⅳ . ① F0-49

中国版本图书馆 CIP 数据核字（2011）第 093954 号

上架建议：经济知识

哈佛经济学笔记 2

作　　者：陈　晋
出 版 人：刘清华
责任编辑：丁丽丹　刘诗哲
监　　制：伍　志
特约编辑：于向勇
封面设计：九品轩工作室
版式设计：姜利锐
出版发行：湖南文艺出版社
　　　　　（长沙市雨花区东二环一段 508 号　邮编：410014）
网　　址：www.hnwy.net
印　　刷：三河市中晟雅豪印务有限公司
经　　销：新华书店
开　　本：720×1040　1/16
字　　数：252 千字
印　　张：17.5
版　　次：2011 年 7 月第 1 版
印　　次：2019 年 10 月第 2 次印刷
书　　号：ISBN 978-7-5404-4982-7
定　　价：42.00 元

（若有质量问题，请直接与本社出版科联系调换）